Magdalene L. Frettlöh

Worte sind Lebensmittel

Kirchlich-theologische Alltagskost

Erev-Rav-Hefte
Biblische Erkundungen Nr. 8

Bibliographische Information der Deutschen Bibliothek

Frettlöh, Magdalene L. :
Worte sind Lebensmittel – Kirchlich-theologische Alltagskost / Magdalene L.
Frettlöh. – Wittingen : Erev-Rav 2007
(Erev-Rav-Hefte : Biblische Erkundungen ; 8)
ISBN 978-3-932810-38-1

Weitere Informationen unter: www.erev-rav.de
Bestellung: erev-rav@t-online.de

»Fanden sich deine Worte,
so aß ich sie.«
Jeremia 15,16

»… denn nicht vom Brot allein lebt der Mensch,
sondern von allem, was hervorgeht aus dem Mund Adonajs,
lebt der Mensch.«
5Mose 8,3

Inhalt

Vorwort

Ganz gesammelt ist die alte lesende Frau auf Rembrandt Harmensz van Rijns (1606–1669) Gemälde aus dem Jahr 1631, das ich als Titelbild dieses Bandes ausgewählt habe. Nichts lenkt sie ab. Alles, was ihr Leben sonst bewegt, was sie in Anspruch und Pflicht nimmt, ist zurückgetreten. Jetzt gilt ihre ganze Aufmerksamkeit diesem Buch. Und fast fürchte ich als Betrachterin des Bildes, sie in ihrer Andacht zu stören. Die alte Frau liest mit allen Sinnen: Ihre runzlige rechte Hand fährt über die Buchseite, Zeile für Zeile abtastend. Beinahe zärtlich berührt sie die Worte, die sie liest, streichelt sie in intimer Gebärde: Worte – handverlesen. Und offenbar liest sie nicht lautlos, denn ihr Mund ist ein wenig geöffnet. Sie lässt das Buch, das von innen her leuchtet, zu sich sprechen. Konzentriert ist ihr Blick, erwartungsvoll ihre Haltung, der Oberkörper leicht nach vorn geneigt, dem Buch zugewandt, das sie in ihrem Schoß hält, von der linken Hand ein wenig angehoben. So kommen ihr die Worte entgegen und sie nimmt sie – tastend, hörend, sehend – in sich auf. Die Würde des Alters und die Geistesgegenwart verbinden beide miteinander: die lesende Greisin und das mächtige Buch auf ihren Knien. »Die Autorität des Buches und die innere Sammlung der Greisin entsprechen einander.«[1] Der 25 Jahre junge Maler zollt beiden Respekt.

Nichts deutet darauf hin, dass dieses große, gewichtige Buch, dessen hebraisierende Buchstaben es als biblisches Altes Testament identifizieren, ihr zu schwer zum Halten wird, dass es ihr aus der Hand gleiten könnte. Im Gegenteil: Seine Worte scheinen ihr Kraft gegeben zu haben – schon ein ganzes Leben lang. Das aus sich heraus leuchtende Buch erinnert mich an Psalm 119,105: »*Dein Wort ist meines Fußes Leuchte und ein Licht auf meinem Wege.*« Ins faltige, zerfurchte Gesicht der Greisin sind die Spuren gelebten Lebens eingeschrieben, tief eingeschnitten. Wie oft mag ihr das Buch zur Speise geworden sein in dürftiger Zeit, wie oft mögen seine Worte ihr Nahrung gegeben haben, wenn anderes sie auszehrte! Wie erhellend und (be)deutungsvoll mag das Licht gewesen sein, das aus diesem Buch auf ihren Lebensweg fiel!

Worte sind Lebensmittel. Wir brauchen sie *wie* das tägliche Brot, *als* tägliches Brot – Worte, die jenes eine Wort verantworten, das das, was nicht ist, ins Leben ruft, damit es sei: das schöpferische Wort Gottes. Die Beiträge

---

1 Stefan Bollmann, Frauen, die lesen, sind gefährlich. Lesende Frauen in Malerei und Fotografie. Mit einem Vorwort von Elke Heidenreich, München [4]2005, 52.

dieses Bandes verdanken sich dem Nachdenken über das Gotteswort, das sich ins Schriftwort der Bibel eingeschrieben hat. Aus der erlesenen Schrift heraus will es je neu lebendig werden und lebendig machen.

Die achtzehn hier versammelten Beiträge sind – überwiegend als Auftrags- oder Gelegenheitstexte für den kirchlichen Gebrauch – in den Jahren 2000–2007 entstanden. Es sind theologische Gebrauchstexte: Bibelarbeiten und Predigten, Vorträge und Zeitschriftenartikel, theologische Reden und biblische Reflexionen, die weitergesagt und fortgeschrieben werden wollen. Ihre Auswahl orientiert sich an dem Motto des diesjährigen Deutschen Evangelischen Kirchentags in Köln »Lebendig und kräftig und schärfer« (Hebräer 4,12) und geht auf eine Anregung von Gerard Minnaard zurück, der mich eingeladen hat, verstreut und z. T. entlegen erschienene sowie noch unveröffentlichte Texte, die sich auf vielfältige Weise mit der *Macht des Gotteswortes* beschäftigen, im Erev-Rav-Verlag zu publizieren. Ihm und den Mitarbeitenden der Druckerei Carstens in Schneverdingen danke ich für die rasche, unkomplizierte und umsichtige Realisierung dieses Buches.

»Wortmächtig ist, / wer ein Wort zu geben / und zu halten hat«[2]. Gott steht bei uns im Wort, das Er uns gegeben hat. Nehmen wir Gott beim Wort, dass Sie hält, was Sie uns versprochen hat! Und nehmen wir einander beim Wort, das wir uns geben, damit wir wissen, was wir voneinander halten können!

Mögen die hier versammelten Texte das Vertrauen ihrer LeserInnen ins lebendige und kräftige und schärfere Gotteswort stärken. Und mögen sie die Achtsamkeit auf das Wort, das über die eigenen Lippen kommt und aus der eigenen »Feder« fließt, sowie den sorgfältigen und liebevollen Umgang mit Worten fördern und Freude am ernsten Spiel mit ihnen wecken. Auch die Worte dieses Buches wollen – absichtslos-absichtsvoll – ihre LeserInnen nähren.

Magdeburg, im März 2007   *Magdalene L. Frettlöh*

---

2 Elazar Benyoëtz, Der Mensch besteht von Fall zu Fall. Aphorismen, Leipzig 2002, 28.

I. Machtwort – Schriftwort – Gotteswort

Segnen *statt* Fluchen
oder Fluchen *und* Segnen?

Tatworte ohnmächtig-machtvollen Widerstands gegen das Böse[1]

1. Segnen statt Fluchen

»Der halben mus eyn Christen mund eyn segen mund, nicht eyn fluch maul seyn«[2] – so schließt Martin Luther in der ihm eigenen deftigen Deutlichkeit aus der Mahnung des Apostels Paulus im Brief an die Gemeinde in Rom (12,14): »Segnet, die euch verfolgen; segnet, und fluchet nicht!« Und er erläutert sogleich, wie ein solches *Kontrast*verhalten, das dem Fluch mit Segen begegnet, aussehen kann: Denen, die uns nachstellen und nach dem Leben trachten, sollen wir Gutes an Leib und Seele gönnen; denen, die unseren Ruf schädigen und uns unsere Würde nehmen wollen, sollen wir wünschen, dass ihnen Gott Ehre antue und sie vor Schande bewahre; für die, die uns unserer Güter berauben, sollen wir um Glück und Seligkeit bitten ...[3] Anstelle von Rachegelüsten und Forderungen nach Strafe also ein ganz unberechenbares, ja unnatürliches, allemal unerwartetes Verhalten, auf das niemand gefasst ist, das sich nicht der Logik der Re-aktion verdankt, nicht bedingt bleibt durch das, worauf es antwortet, sondern ein eigen(ständig)es, befreiendes Handeln ist und gerade als solches die Kettenreaktion von Gewalt und Gegengewalt zu unterbrechen vermag. Wie sehr bedürfen wir der Kunst einer solchen Kontrastethik, um nicht für immer an das widerfahrene Unrecht, den erlittenen Schaden gebunden zu bleiben *und* um andere nicht unwiderruflich auf ihre (Un-)Taten und deren Folgen festzulegen. Segnen statt Fluchen – ein überraschendes Tun, das einen neuen Anfang setzt – für Opfer und Täter. Ausdruck von Stärke und eben nicht Kapitulation angesichts der Gewalt und des Todes.

Dass auf diese Weise die Gerechtigkeit auf der Strecke bleibe und das Unrecht auch noch *abgesegnet*, jedenfalls aber verharmlost werde – dieser häufig zu hörende Einwand gegen den paradoxen Gebrauch des Segens scheint mir nicht wirklich stichhaltig zu sein, denn der Segen gilt ja nicht der Tat, sondern dem *Menschen*, der sich verfehlt hat. Und nicht auf Verschleierung oder gar Sanktionierung des Getanen zielt dieser Segen, sondern auf die Ermächtigung der schuldig gewordenen Person, sich zu die-

---

1 Erstveröffentlichung in: Lernort Gemeinde. Zeitschrift für theologische Praxis 21/1 (2003), 21-25 (geringfügig erweitert).
2 Martin Luther, Werke. Kritische Gesamtausgabe (=WA) 17/2, 52,13-15.
3 Vgl. WA 17/2, 51,29-32.

ser Schuld zu bekennen, vom eingeschlagenen Irrweg umzukehren und – wenn dies denn möglich ist – zur Wiedergutmachung des Schadens, zur Rehabilitierung, zum Heil(er)werden der Geschädigten beizutragen.

Schwerer wiegt für mich der Einwand, ob wir nicht naheliegende, natürliche und nur allzu verständliche Rachegedanken und Strafwünsche verdrängen, wenn wir uns so ohne weiteres ein Segnen wider und anstelle des Fluches abverlangen, und ob diese nicht wie alles Verdrängte uns irgendwann umso heftiger bedrängen. Ob wir uns nicht überfordern und eine buchstäblich not-wendige Zeit der Trauer und Wut, der Klage, des Schmerzes und des Hasses überspringen, statt diesen Raum und Worte zu geben. So wie gegen einen nicht selten postulierten christlichen Vergebungszwang zumindest eine »Langsamkeit der Vergebung«[4] einzuräumen ist, bei der die Bereitschaft entstehen kann, eine Person von ihrer (Un-)Tat zu entbinden, so ist zu bedenken, ob wir nicht auch die Stärke, segnend dem Fluch entgegentreten zu können, erst gewinnen müssen, anstatt sie jederzeit abrufbar zu haben. Damit ist keineswegs nur eine kathartische Wirkung von Sprechakten wie Klage und Fluch im Blick, sondern die ihnen innewohnende tatsächliche Kraft zur Entmachtung des Bösen angesprochen.

So plädiere ich im Folgenden für eine Praxis des Segnens und des Fluchens als biblisch-theologische Formen des Widerstands gegen das Böse, die je ihre eigene Zeit und ihren eigenen Ort haben. Danach zu fragen, was wann wo aus welchen Motiven bei wem »dran« sein könnte, bedeutet zugleich grundsätzlich zu bedenken, was wir tun, wenn wir segnen oder fluchen, und wie Segen und Fluch – je auf ihre Weise – dem Bösen widerstehen.[5] Ich beginne mit einer persönlichen Erinnerung:

II. Segnen nach dem 11. September 2001(?!)

Es ergab sich, dass ich in den ersten Tagen nach dem 11. September 2001 vor unterschiedlichen Auditorien im kirchlichen Bereich mehrere Vorträge über Segen und Segnen zu halten hatte. Konnte ich unmittelbar nach den Terroranschlägen längst verfertigte Texte unverändert vortragen, als wäre nichts geschehen? Wie vom Segen reden nach einem so gewaltigen, die Welt erschütternden Einbruch des Bösen? Am Morgen des 12. September habe ich genau dies getan: vom Segen geredet wie zuvor, und dieselben Gedanken begannen neu zu sprechen, wurden in einer Situation tiefster Verunsicherung anders gehört und verstanden. Allen voran die Erinnerung, dass Gott von Anfang an Segen mit SEINER Schöpfung im Sinn hat, und die Verheißung, dass Gott ihr segnend zugewandt bleiben will, woran besonders eindrücklich rabbinische Überlegungen zum Anfang der Bibel erinnern:

---

4 Ulrike Bail, Von der Langsamkeit der Vergebung, in: Sexuelle Gewalt gegen Mädchen und Frauen als Thema der feministischen Theologie, hg. von Ulrike Eichler und Ilse Müllner, Gütersloh 1999, 99-123.

5 Vgl. zur Thematik insgesamt Magdalene L. Frettlöh, Theologie des Segens. Biblische und dogmatische Wahrnehmungen, Gütersloh [5]2005.

Jüdischer Auslegung ist es zur Frage geworden, warum die (Erzählung von der) Weltschöpfung, ja die hebräische Bibel überhaupt mit »Bet«, dem zweiten Buchstaben, und nicht mit »Alef« beginnt. Eine der zahlreichen rabbinischen Antworten darauf lautet, dass sie mit »Bet« beginne, weil dies der erste Buchstabe des Wortes beracha *(Segen) sei, während das Wort* arira *(Fluch) mit »Alef« anfange. Gott selbst habe bei sich beschlossen, sie mit der Initiale des Wortes* beracha *beginnen zu lassen, weil Gott wolle, dass sie Bestand habe. Wie aber könne die Welt bestehen bleiben, wenn sie mit dem Anfangsbuchstaben des Wortes* arira *anfange?*[6]

Die Bibel beginnt mit »Bet« – wie die *beracha*, der Segen Gottes. »Segen« und nicht »Fluch« steht am Beginn der Bibel. Aus Gottes Segenswillen entspringt die Geschichte der Schöpfung, und Gottes Segenswirken verdankt sie ihre Erhaltung. »Segen« ist das Vorzeichen vor der Schöpfung, hinter das nicht zurück gefragt werden soll nach einem früheren Sein und Tun Gottes. Segen ist der Inbegriff der Zuwendung Gottes zu IHREN[7] Geschöpfen und Gottes Gegenwart bei ihnen. Durch den Segen erhält Gott die Welt und verleiht ihr Bestand. Der Fluch dagegen gefährdet ihre Fortdauer und droht die Schöpfung ins Nichts zurücksinken zu lassen. Schon der erste Buchstabe der Bibel bezeugt nach dieser rabbinischen Einsicht, dass Gott SEINE Schöpfung nicht preisgeben wird, dass es Gottes Segen ist, der die Schöpfung leben lässt ... Am Morgen des 12. September wurde diese Erinnerung zu einer »Schutz- und Trutzburg« (M. Luther) gegen die Bilder der einstürzenden Türme des World Trade Center und der in den Tod stürzenden Menschen, die jede und jeder vor Augen hatte. Und wieder einmal erwies sich, dass wir nie so segensbedürftig sind wie in den Schwellen- und Grenzsituationen, dass das Segnen die *rite de passage* schlechthin ist, die uns der Kontinuität des Lebens diesseits und jenseits der Unterbrechung unseres Alltags zu vergewissern vermag, indem sie uns die Gegenwart (der Lebensfülle) Gottes bezeugt und Gottes Treue sinnlich erfahrbar macht.

Wenige Tage später – rasch hatten sich offizielle Sprachregeln, die die Terroranschläge als Angriff auf die gesamte westliche Welt interpretierten und den USA im Kampf gegen den Terror die uneingeschränkte Solidarität und Unterstützung der Verbündeten zusicherten, etabliert – stimmte ich einen zweiten Vortrag, wiederum in einem Pfarrkonvent, auf den Grundton des »Segnet, die euch fluchen!«, nicht zuletzt herausgefordert durch jenes inflationär gebrauchte »God bless America«, mit dem zugleich – etwa in der Titelschlagzeile der BILD – die Terroristen ins Höllenfeuer verbannt

---

6 So Midrasch Genesis rabba zu 1Mose 1,1; dazu: Jürgen Ebach, Die Bibel beginnt mit »b«. Vielfalt ohne Beliebigkeit, in: ders., Gott im Wort. Drei Studien zur biblischen Exegese und Hermeneutik, Neukirchen-Vluyn 1997, 85-114.
7 Um der Wahrung des Bilderverbots willen wähle ich für das personale Reden von Gott maskuline wie feminine Pronomina und Artikel, ungeachtet der grammatikalischen Brüche, die sich dabei ergeben. Für eine ausführliche Begründung siehe Magdalene L. Frettlöh, Gott Gewicht geben. Bausteine einer geschlechtergerechten Gotteslehre, Neukirchen-Vluyn 2006, bes. 153 ff.

wurden. [8] Doch dieses »Segnet, die euch fluchen« kam zu früh. Mir schlug eine Welle der Empörung und des Hasses entgegen, die sich in lautstarken, aufgebrachten Forderungen nach der Todesstrafe äußerte. Die Werbung für ein segnendes Kontrasthandeln wurde im Keim erstickt. Ich verstummte angesichts dieses verbalen Gewaltausbruchs unter Pfarrern – und lernte daraus:

Meinen dritten Vortrag in Wochenfrist begann ich mit dem Verlesen eines sog. Rache- oder Feindpsalms, mit Psalm 94, der mit dem Ruf nach dem Erscheinen *Gottes als Richter* beginnt:»Herr, du Gott der Vergeltung, du Gott der Vergeltung, erscheine! Erhebe dich, du Richter der Welt; vergilt den Hoffärtigen, was sie verdienen!« (Luther-Übersetzung 1956/64). Dieser Psalm enthält eine Vielzahl von der Art jener Rachewünsche und Feindklagen, wie sie bei der Aufnahme der Psalmen in das Evangelische Gesangbuch als einer christlichen Gemeinde angeblich unwürdig gestrichen worden sind. Einen Segensvortrag mit einem solchen Fluchtext zu beginnen, das war – allemal nach den Erfahrungen der vorausgegangenen Tage – ein theologisches Abenteuer, das bedacht und behutsam eingeführt werden musste. Meine Hinführung lautete etwa so:

»An niemandem von uns sind die Ereignisse des 11. September spurlos vorbeigegangen. In das Entsetzen, die Trauer und die Wut über die grausamen Terroranschläge mischen sich Angst und Sorge angesichts der Vorbereitung von Gegenschlägen mit militärischer Gewalt. Während die einen so sprachlos sind, dass sie kaum Worte für ihre Betroffenheit von den Gräueltaten, für ihren Schmerz und ihre Ohnmacht finden, haben andere allzu schnell feste Sprachregelungen getroffen: Da wird nun die Welt eingeteilt in eine zivilisierte und eine barbarische. Da wird dem Reich des Bösen der Kampf mit allen zur Verfügung stehenden Mitteln angesagt. Da sollen die Täter und Drahtzieher und ihre Unterstützer wie Freiwild gejagt und ausgelöscht werden wie Ungeziefer. Sie hätten – so heißt es – kein Recht dieselbe Luft wie wir zu atmen. Da werden mit den Verantwortlichen für diese Untaten ganze Landstriche, ganze Völker, eine ganze Religion in Mitleidenschaft gezogen. Und selbst besonnene Reaktionen kalkulieren bei Vergeltungsschlägen den Tod unschuldiger Menschen und die Eskalation der Gewalt in neuen terroristischen Racheakten ein. Wo die grausamen Verbrechen die eigene Verwundbarkeit selbst und gerade einer Großmacht schonungslos offenbart haben, muss wenigstens in der Antwort darauf die eigene Stärke demonstriert werden ...

Eine große deutsche Boulevard-Zeitung titelte am Tag danach:»Großer Gott, steh' uns bei ...!« Knapp eine Woche später lautete ihre Schlagzeile: »Terrorbestie, ewig sollst du in der Hölle sein«.

---

8 Zur religionsproduktiven Kraft der Ereignisse des 11. September siehe die ebenso umsichtige wie überzeugende Analyse von Annette Wilke: Aktuelles zur Gretchenfrage.»Wiederkehr der Religionen« und mediale Inszenierung des »Kampfes der Kulturen«, in: Gretchenfrage. Von Gott reden, aber wie? Bd. 1 (Jabboq 2), hg. von Jürgen Ebach u.a., Gütersloh 2002, 137-171.

Zwischen der Sprachlosigkeit und dem Gebrauch der Sprache als tödliche Waffe, zwischen dem Gefühl der eigenen Ohnmacht und dem Bedürfnis, mit Waffengewalt zu reagieren, zwischen der Angst vor dem immer Höherschrauben der Gewaltspirale und der Überzeugung, in jedem Fall auf der Seite des Guten zu stehen und allemal Gott auf der eigenen Seite zu haben ... – wie kann da besonnenes, vernünftiges, dem Leben und nicht dem Tod dienendes Tun möglich werden – ein Tun, das nicht der Logik der Mörder verhaftet bleibt?

»Lass dich nicht vom Bösen überwinden, sondern überwinde das Böse mit Gutem« (Röm 12,21). Ist das nicht zuviel verlangt? Wohin mit unserem Hass, unserer Wut, unseren Rachegelüsten? Wohin mit unserer Ohnmacht, unserer Angst, unserer Verzweiflung? Wohin mit unseren ganz menschlichallzumenschlichen Gefühlen und unseren Bedürfnissen nach Vergeltung? Wir, auch wir ChristInnen sind doch keine Übermenschen. Und wir sind allemal nicht Gott.

Wir haben eine abgrundtiefe Erfahrung des Fluches gemacht. Fluchen, das heißt jemanden übersehen, sie geringschätzen, achtlos an ihm vorübergehen, sie wie Luft behandeln, ihn leichtnehmen, so leicht, als existierte er gar nicht, sie aus der Gemeinschaft der Lebenden ausschließen. Wie können wir den, der solches tut, segnen? Segnen, das heißt jemandem Gewicht geben, ihr Ehre machen, ihm Anerkennung und Aufmerksamkeit schenken, sie wichtig nehmen und hochachten, seine Gemeinschaft schätzen, ihr Leben in Fülle gönnen. Nur wer sich gesegnet weiß, wird nicht mehr bereit sein, sein eigenes Leben wegzuwerfen – und sei es für vermeintlich noch so hehre Ziele und Überzeugungen. Und nur wer sein eigenes Leben schätzen und lieben kann, wird davor zurückschrecken, das Leben anderer zu vernichten. Nur wer sich als gesegnet erfährt, kann zum Segen für andere werden und die Macht des Fluches brechen.

»Segnet, die euch fluchen!« Ein Segen für die Täter des Terrors vom 11. September?! Ein auch für die meisten unter uns unvorstellbarer, unmöglicher Gedanke. Wieviel näher liegt es, denen, die Tausenden von unschuldigen Menschen den Tod gebracht haben, selbst den Tod an den Hals zu wünschen! Der Segen kann offenbar nicht unser *erstes* Wort sein. Nach dem Zeugnis der Bibel soll er aber das *letzte* Wort haben. Der Segen muss sich durcharbeiten – durch die Klage und den Schrei, durch die Anklage und selbst den Fluch hindurch. Wir müssen unser Entsetzen und unsere Wut, unsere Trauer und unsere Angst, unsere Ohnmacht und unser Bedürfnis nach Vergeltung vor Gott aussprechen können, damit die Gewalt keine Macht über uns findet und damit das Recht und die Gerechtigkeit zum Zug kommen, damit die Opfer zurecht, zum Recht gebracht und die Täter zurecht, zum Recht gewiesen werden können, damit Frieden wird, wo Krieg droht.

Mit dem Einstimmen in die Worte des 94. Psalms folgen wir der Ermahnung des Paulus:»Rächet euch selber nicht, meine Lieben, sondern gebet Raum dem Zorn Gottes, denn es ist geschrieben: ›Die Rache ist mein; ich will vergelten, spricht der Herr.‹ [5Mose 32,35]« (Luther-Übersetzung

1956/64) ... Wo wir Gott die Vergeltung anheimstellen, bleiben die Täter nicht ungestraft und die Opfer nicht rechtlos; und wir selbst können ablassen von der Rache und stattdessen alles Menschenmögliche dafür tun, dass Recht und Gerechtigkeit zum Zug kommen. Als gesegnete Menschen sind wir MitarbeiterInnen Gottes zum Leben, nicht zum Tod.«

Selten habe ich ein so aufmerksames Auditorium und eine so intensive, engagiert-besonnene Diskussion über die Macht des Segens *und* des Fluches erlebt wie während und nach diesem Vortrag ...

III. Der Fluch, der dem Segen den Weg bereitet

Diese Erfahrung hat mich in der Überzeugung bestärkt: Es gibt Situationen, wo ein Fluch im buchstäblichen Sinne not-wendig und darum auch geboten sein, wo er gar zum Segen werden, zumindest dem Segen den Weg bahnen kann. Eine kleine, fast unscheinbare biblische Erzählung erinnert an eine solche Situation:

Am Anfang des Buches der Richter und Richterinnen, in Ri 17,1-3, lesen wir von einer Frau, die um 1100 Silberstücke bestohlen wurde. Angesichts dieses Diebstahls spricht sie einen Fluch aus. Der Fluch bleibt für die Beraubte in dieser Situation das einzige Mittel, sich zur Wehr zu setzen, ihrerseits den Unrechtstäter zu treffen und ihn in seinem bösen Tun zu beeinträchtigen. Der Dieb, der sich selbst mit den 1100 Silberstücken bereichert und schwer gemacht hat, soll durch den Fluch entwürdigt, um sein Gewicht und seine Ehre gebracht und sozial geächtet werden. Der Fluch ist in diesem Fall die »ohnmächtige und mächtige Rede der Ohnmacht«[9]. Wer in der Situation der Ohnmacht flucht, protestiert gegen das erlittene Unrecht und hofft in einer Situation, wo Geschädigte sich ihr Recht nicht selbst verschaffen können, auf die *Gerechtigkeit Gottes*. Der Fluch stellt – wie die Rachegebete der Psalmen – die Wiederherstellung gerechter Verhältnisse Gott anheim. Fluchen in diesem Sinne will das Übel bannen, das Unrecht begrenzen; es zielt auf die Umkehr des Täters. Als *Gegen*wort zur *bösen* Tat kann der Fluch zum Segen werden.

Und so mag es vielleicht nicht überraschen, dass die beraubte Frau auf ihren Fluch hin mit dem Geständnis des Täters konfrontiert wird: »*Die 1100 Silberstücke, die dir genommen worden sind und derenthalben du den Fluch gesprochen und ihn auch vor meinen Ohren gesagt hast – siehe, dies Geld ist bei mir; ich selbst hab's genommen*«, gesteht ihr Sohn, worauf seine Mutter sagt: »*Gesegnet seist du, mein Sohn, von Adonaj*[10]!« Und er gab ihr die 1100 Silberstücke

---

9 Stephan Wyss, Fluchen. Ohnmächtige und mächtige Rede der Ohnmacht. Ein philosophisch-theologischer Essay zu einer Blütenlese, Fribourg 1984.

10 Durchgängig wähle ich in den hier vorliegenden Texten »Adonaj« als Wiedergabe des Eigennamens des biblischen Gottes, des Tetragramms Jhwh, das meist – im Anschluss an die Septuaginta, die griechische Übersetzung der hebräischen Bibel – mit »Herr« übersetzt wird. »Adonaj« ist aber anders als »Herr« eine nur Gott (und eben nicht auch männlichen Menschen) zukommende Anrede und heißt wörtlich verdeutlicht »meine Herren«. Zur Übersetzung des Gottesnamens siehe Jürgen

zurück. Der dem Täter zu Ohren gekommene Fluch bewirkt das Einge-
ständnis der Tat. Doch dabei hat es nicht sein Bewenden, kann es nicht sein
Bewenden haben. Um den ausgesprochenen Fluch zu neutralisieren, das
lebensmindernde, exkommunizierende Wort aufzuhalten und zurückzu-
holen, segnet die Mutter ihren Sohn. Dieser Segen soll und kann den vorausgegangenen Fluch entkräften und unwirksam machen, könnte der
Fluch doch das Leben ihres Sohnes vernichten, ihn um seine Zukunft bringen. Dem Segen wird Macht über den Fluch zugetraut. Und gesegnet kann
der Sohn seiner Mutter das gestohlene Silber zurückgeben. Der Segen rettet ihn vor dem Eintreffen des Fluches, und er gibt ihm zugleich soviel Anerkennung und Gewicht, dass er die Silberstücke nicht mehr braucht. Dass
der Fluch seinen Ort und seine Zeit, aber nicht das letzte Wort haben soll
und wird, von dieser Gewissheit lebt nicht nur jene kleine biblische Episode, sondern sie bestimmt die Segensgeschichte Gottes mit seiner Welt von
Anfang an.

IV. Segnen als Protest

Jeder Gebrauch des Fluches, der in einer Situation menschlicher Ohnmacht
Gott als Richter anruft und Gottes Macht, wirksam für Recht und Gerechtigkeit einzutreten, in Anspruch nimmt, kann aufmerksam machen auf die
kritische wie auf die *affirmative Funktion des Segens*, der – recht verstanden –
alles andere als ein Absegnen der bestehenden Verhältnisse ist:
  Die *kritische* Dimension des Segens liegt vor allem darin, dass segnende
Menschen den Unterschied zwischen gottgewollter und vorfindlicher Lebenswirklichkeit wahrnehmen und benennen, dass sie aufdecken, worin
unsere Verhältnisse hier und heute hinter Gottes sehr guter Schöpfung
zurückbleiben. Segnen zielt auf die Aufhebung dieser Differenz, auf die Beseitigung unseres Mangels – und ist darin ein widerständiges Tun. Es trägt
Protestcharakter. Wer segnet, widerspricht jenen, die wollen, dass die Welt
so bleibt, wie ist, und darum die Anstrengungen für ein Leben bekämpfen,
in dem alle genug haben. Genüge, Schalom haben – das ist ja der Inbegriff
von Segen: »*Adonaj erhebe sein Angesicht auf dich und schenke dir Frieden!*«
(4Mose 6,26). Seine Grenze hat unser Segnen deshalb dort, wo es zur *Ab-
segnung* von Verhältnissen wird, die diesem Ziel zuwiderlaufen. Hier fällt
es aus seiner Entsprechung zum göttlichen Segenshandeln heraus. Denn
Absegnen – das meint ja nicht selten ein nachträgliches Gutheißen von Entscheidungen, die gerade *nicht* gut waren. Da ruht kein Segen drauf!
  Das Widerstandspotential des Segnens bringt auch seine *bejahende*, be-
stärkende Funktion zum Leuchten: Segnen beginnt dort, wo wir die Gleich-
gültigkeit und das Desinteresse gegenüber den Mitmenschen und den übri-

---

Ebach, Art. »Gott, Gottesnamen, Gottesbezeichnungen«, in: Die Bibel in gerechter
Sprache, hg. von Ulrike Bail u. a., Gütersloh 2006, 2356-2360 (Glossar); sowie die
Beiträge von Jürgen Ebach, Frank Crüsemann, Marlene Crüsemann und Klaus
Wengst in: Die Bibel – übersetzt in gerechte Sprache? Grundlagen einer neuen
Übersetzung, hg. von Helga Kuhlmann, Gütersloh ²2005, 150ff.

gen Mitgeschöpfen durchbrechen, wo wir anderen Beachtung und Aufmerksamkeit schenken, sie nicht übersehen oder achtlos an ihnen vorübergehen: im zugewandten Blick, im erhobenen Gesicht, mit einer Geste oder einem Wort des Grußes, aber auch mit einer schützenden Hand, einem mutigen Eingreifen, wo Gefahr für Leib und Leben droht. Wie wir Gottes Segnen als *intensives Grüßen* seiner Schöpfung verstehen können, so ist auch zwischenmenschlich der Gruß die elementarste Form des Segens. In ihm drückt sich – für einen Augenblick – ein unverkennbares Interesse an der Geschichte, am Tun und Ergehen des anderen aus. Im Gruß würdigen wir einander, geben einander Gewicht und Bedeutung, behandeln uns nicht wie Luft.

Dass sich in unserem Segnen Bejahung und Anerkennung aussprechen, wird noch deutlicher, wo uns jemand bittet:»*Gib mir deinen Segen!*« Wenn wir segnend unsere Zustimmung zu ihrer Entscheidung oder seinem Plan und Vorhaben geben, erinnern wir an den Schöpfungssegen als das ursprüngliche»Ja«, mit dem Gott die Freiheitsgeschichte seiner Geschöpfe autorisiert und in Bewegung gebracht hat. Wir wiederholen Gottes Erlaubnis und Ermächtigung seiner Geschöpfe, auf eigenen Füßen zu stehen, eigene Wege zu gehen – und das auch zu können. Wo wir dem Tun und Lassen anderer unseren Segen geben, bringen wir unser Vertrauen in ihre Fähigkeiten und Begabungen zum Ausdruck. Das kann motivieren und bestärken, beflügeln und neue Kräfte freisetzen. Was für ein Segen ist das, wenn jemand zu mir sagt:»Ich traue dir das zu!«»Du schaffst das schon!« Wer andere segnet, traut ihnen mehr zu, als sie sich selbst zutrauen. Segnend mutet er ihnen schon heute die Identität zu, die Gott in ihnen angelegt hat und auf deren Verwirklichung er mit seinem Segen aus ist. »*Es ist noch nicht erschienen, was wir sein werden!*« (1Joh 3,2) – aber der Segen will dies immer mehr an den Tag bringen und offenbar machen.

«*Gib mir deinen Segen!*« – Wer so bittet, gesteht (sich) ein: Ich bin und bleibe angewiesen auf die Beachtung und Anerkennung, das Interesse und die Würdigung durch andere. Jede Bitte um Segen und jede Gewährung von Segen *protestiert* damit gegen das *unmenschliche* Ideal eines *autarken* Lebens. Selbstgenügsam zu sein, anderer nicht zu bedürfen – auch das ist Fluch.

V. ... auf dass der Segen das letzte Wort habe

»Gott ruft Menschen *nicht nur* dazu, *Adressaten* seiner [Segens-]Verheißungen, sondern selbst ein Segen, selbst eine Verheißung für andere zu werden: *vielversprechende Menschen*, denen zu begegnen für andere nur etwas Verheißungsvolles bedeuten kann.«[11] Dass wir ein Segen für andere sein sollen und können, wird sich *zuletzt* auch darin äußern, dass wir jenem Fluch, der aus der Position der Stärke und mit Gewalt Leben vernichtet, mit Segen begegnen werden. Das»Segnet, die euch fluchen« hat seinen Ermög-

---

11 Friedrich-Wilhelm Marquardt, Was dürfen wir hoffen, wenn wir hoffen dürften? Eine Eschatologie. Bd. 1, Gütersloh 1993, 155.

lichungsgrund in dem Leben, dem Sterben und der Auferweckung dessen, der stellvertretend »für uns zum Fluch wurde«, damit sich der Segen, den Gott Israel bleibend verheißen und geschenkt hat, in alle Welt verströmen kann (Gal 3,13f.). Die Auferweckung ist das Segenshandeln Gottes am Gekreuzigten, das die Quelle des Schöpfungssegens, die die Menschheit sich selbst abgegraben hat, wieder sprudeln lässt. Die Auferweckung des Gekreuzigten ist – als Segnung verstanden – *die* göttliche Protesttat.

Das »Segnet, die euch fluchen« weiß darum, dass der Segen Gottes nicht in die Kirchenmauern zu bannen ist, dass er allen Menschen gilt, dass die Kirche und die einzelnen ChristInnen ihn der *Welt* schuldig sind. In seinen Briefen aus der Haft in Tegel hat Dietrich Bonhoeffer, dem wir wesentliche Motive einer Theologie des Segens zu verdanken haben, die *Widerstandspraxis des Segens* als Wahrnehmung christlicher *Weltverantwortung* bedacht:

»Vom Segen Gottes und der Gerechten lebt die Welt und hat sie eine Zukunft. Segnen, d.h. die Hand auf etwas legen und sagen: du gehörst trotz allem Gott. So tun wir es mit der Welt [...] Wir verlassen sie nicht, wir verwerfen, verdammen sie nicht, sondern wir rufen sie zu Gott, wir geben ihr Hoffnung, wir legen die Hand auf sie und sagen: Gottes Segen komme über dich, er erneuere dich, sei gesegnet, du von Gott geschaffene Welt, die du deinem Schöpfer und Erlöser gehörst. [...] Nur aus dem Unmöglichen kann die Welt erneuert [werden, und das] Unmögliche ist der Segen Gottes.« [12]

Der Welt die Hand auflegen – ein eindrückliches Bild, das aus jedem Rahmen fällt. Nicht länger Hand an die Welt legen und damit die Lebensmöglichkeiten zukünftiger Generationen beschneiden oder ganz zunichte machen, vielmehr: ihr segnend die Hand auflegen und sie so mit den unerschöpflichen Möglichkeiten Gottes anreichern, *das* schenkt der Welt Zukunft. In dieser behutsamen und zugleich starken Geste drückt sich Schutz und Anspruch aus. Darin liegt zugleich auch die *politische* Provokation eines Segenshandelns, für das der Segen – ein anderes Bild – die *Signatur* ist, mit der Gott Ihre Schöpfung signiert (das deutsche Wort »segnen« stammt vom lateinischen »signare«) und sich damit für sie zuständig und verantwortlich erklärt hat. Die aufgelegten Hände sprechen die Welt auf ihre Zugehörigkeit zu Gott an. Sie ist keine verlassene, einem hoffnungslosen und blinden Schicksal ausgelieferte, gottlose Welt; sondern sie steht in Beziehung zu ihrem Schöpfer, der das Werk seiner Hände nicht aufgibt. Gott ist darauf aus, dass sie Zukunft hat. Von dieser verheißungsvollen Gewissheit soll die Welt sich berühren und bewegen lassen. »*Du gehörst trotz allem Gott*« – wer der Welt so den Segen Gottes zuspricht, entzieht sie der Verfügungsgewalt und Inbesitznahme durch andere Herren, befreit sie aus der Abhängigkeit von irdischen Mächten und Gewalten, nimmt sie für Gott ein: Wer Gott gehört, gehört keinem und keiner anderen.

---

12 Dietrich Bonhoeffer, Konspiration und Haft 1940–1945 (DBW 16), hg. von Jørgen Glenthøj (†), Ulrich Kabitz und Wolf Krötke, Gütersloh 1996, 657f.

Scharf, schärfer, *sola scriptura*?

Eine Erinnerung an das reformatorische Schriftprinzip aus aktuellem Anlass[1]

Das Rätselwort der Kirchentagslosung 2007 ist längst gelöst: Nicht der Kirchentag, nicht die Evangelische Kirche, nicht die ChristInnen – »lebendig und kräftig und schärfer« ist vielmehr das *Wort Gottes*. Es galt ja »nur« dem kleingedruckten Lesehinweis zu folgen, der sich am unteren Rand des Plakates findet: »Hebräer 4,12«, um das Subjekt dieser Prädikate zu entdecken, oder es sich von anderen, die bereits nachgelesen hatten, sagen zu lassen. Das Rätsel ist gelöst, doch das Geheimnis bleibt: dass nämlich, wer die Bibel liest, es mit *Gottes* Wort zu tun bekommt.

I. Das Gotteswort im Bibelwort – ein *Ereignis*

Dass wir *in der Schrift* dem Wort Gottes begegnen können, bleibt ein, wenn auch offenes *Geheimnis* – und ein verwunde(r)ndes *Wunder* noch dazu … Denn die Bibel an sich ist nicht Gottes Wort. Jede platte Identifizierung verbietet sich hier, weil Gott mit dem eigenen Wort auch gegenüber der Bibel frei ist. Aus freien Stücken lässt Gott sich in die Worte der Heiligen Schrift *einschreiben*, ebenso kann Gott diesem Buch aber auch SEIN Wort *versagen*. Die Unterscheidung von Bibel und Gotteswort wahrt also die Freiheit Gottes. Wer dagegen Heilige Schrift und Gotteswort per se identifiziert, meint im Griff zu haben und zu besitzen, was doch nur unverfügbare Gabe sein kann. Nicht die Differenz von Geist und Buchstabe hilft hier weiter, sondern Gottes Versprechen, sich je neu ins Wort der Schrift zu be*geben*, damit wir in Menschenwörtern das Gotteswort ver*nehmen* können.

Dass Gott im Wort ist, auch und gerade im Bibelwort – das ist und bleibt, wo es wahr *wird*, ein *Ereignis*. Ein Ereignis aber ist, so hat es uns Jacques Derrida gelehrt, eine »unmögliche Möglichkeit«[2]. Es herbeizuführen, liegt nicht in unserer Macht. Ein Ereignis bricht überraschend, unerwartet, unvorhersehbar und unberechenbar in unsere Lebenswelten ein. Es trifft uns unvorbereitet, fällt mit der Tür ins Haus, bisweilen auch über uns her, beansprucht uns und bemächtigt sich unser.

Theologisch gewendet: Ereignisse fallen in den Kompetenzbereich der Heiligen Geistkraft. Deren Gegenwart können wir nicht erzwingen, nicht

---

1 Erstveröffentlichung in: Zeitschrift für Gottesdienst und Predigt 25/2 (2007), 6-9 (geringfügig überarbeitet).

2 Jacques Derrida, Eine gewisse unmögliche Möglichkeit, vom Ereignis zu sprechen. Aus dem Französischen von Susanne Lüdemann, Berlin 2003.

herstellen, sie stellt sich ein. Nicht eine (verbal)inspirierte Schrift, nicht inspirierte Verfasser oder inspirierte Leserinnen evozieren das Gotteswort im Menschenwort, sondern je aktuell inspirierte Lektüren. In begeisterten Lektüren kommt Gottes Wort als lebendiges und kräftiges und scharfes bei Menschen an und macht sie selbst lebendig und kräftig und schärfer. Vielleicht können wir sagen, dass das Wort Gottes der Kanon im Kanon ist[3], doch dieser Kanon steht nicht ein für allemal fest; wir haben ihn nicht, er er*gibt* sich vielmehr je neu.

II. »Sola scriptura« – kontextuell gelesen

Um ebendiese Unverfügbarkeit des Gotteswortes im Schriftwort geht es dem reformatorischen Schriftprinzip. Das *sola scriptura*/allein die Schrift verabsolutiert die Schrift nicht, erklingt es doch im Quartett mit drei anderen SolistInnen: *solus Christus*/allein Christus, *sola fide*/allein durch Glauben und *sola gratia*/allein durch Gnade. Die Bibel, »das gesellige Buch«, durch das »die gesellige Gottheit«[4] zu Wort kommen will, ist damit unhintergehbar kontextualisiert. Darum entsprechen ihr kontextuelle Lektüren.

Die Schärfe des »allein die Schrift«, das der Schärfe des Gotteswortes selbst zu entsprechen versucht, hat eine andere Stoßrichtung: Es richtet sich gegen die kirchliche Domestizierung der Schrift, gegen die Unterordnung der Schrift unter die Tradition, unter Glaubensbekenntnisse, Dogmen und Lehrbildungen. Das *sola scriptura* widerspricht der Vereinnahmung der Schrift durch eine vom kirchlichen Lehramt diktierte oder von theologischen Systemzwängen beeindruckte Lesart der Schrift in Übersetzungen und Auslegungen, die die biblischen Texte selbst ihres Eigensinns und Widerspruchs berauben.

Nur en passant: was für Luther Kritik am Umgang seiner Kirche und der scholastischen Theologen mit der Bibel war, lässt sich heute auch innerprotestantisch kritisch lesen, etwa im Blick auf die aufgeregte Debatte um die »Bibel in gerechter Sprache«[5]. Hinter nicht wenigen Einsprüchen gegen diese Übersetzung scheint die Überzeugung zu stehen, das Gotteswort sei identisch mit der Lutherbibel, und manchmal entsteht der Eindruck, als habe man in der Alten Kirche bereits die Lutherübersetzung kanonisiert. Abhilfe oder doch zumindest Irritation bewirkt da meist schon die Frage: »Meinen Sie die von 1545 oder von 1912?« und allemal die Lektüre von Luthers »Sendbrief vom Dolmetschen«[6].

---

3 Vgl. Eberhard Busch, Weiterlesen – Vom Umgang mit der Heiligen Schrift, in: ders., Verbindlich von Gott reden. Gemeindevorträge, Neukirchen-Vluyn/Wuppertal 2002, 43-57, 47.
4 Kurt Marti, Die gesellige Gottheit. Ein Diskurs, Stuttgart 1989, 10-12.7-9.
5 Hg. von Ulrike Bail u.a., Gütersloh 2006.
6 Martin Luther, Ein Sendbrief vom Dolmetschen und Fürbitte der Heiligen, vom 8. September 1530, in: ders., Ausgewählte Werke, hg. von H. H. Borcherdt, Bd. 6, München ²1934, 1-20.535-538.

Aber auch eine sich selbst dogmatisierende und sich über andere Auslegungsmethoden erhebende historisch-kritische Exegese verspielt ihren befreienden Charakter, wenn sie nurmehr die Texte statt, wie ursprünglich, ihre kirchliche Bevormundung und dogmatische Überfremdung kritisiert und für theologisches Verstehen ausgibt, was historische Erklärung ist. Wie es nicht nur *ein* reformatorisches *sola*/allein gibt, so auch nicht nur *einen* Schriftsinn und nicht nur *eine* Schriftlektüre.

Das reformatorische Schriftprinzip wahrt die bunte Vielfalt des Kanons und die Vielfalt seiner Übersetzungen und Auslegungen, die nicht von außen beschnitten, jedoch von innen, aus der Schrift selbst, überprüft werden sollen. Es zielt darauf, dass die menschlichen Wörter zu(m) WORT kommen, dass sich Gott selbst in der Schrift und wo sie bezeugt wird, ausspricht. Nicht durch das Diktat einer einzigen Interpretation, die den Texten oktroyiert wird, sondern durch die Prüfung jeder Interpretation an der Schrift selbst wahrt der vielstimmige, spannungsvolle Kanon die Einheit der Kirchen. Weil das Kriterium der – auch von Luther in ihrer Notwendigkeit nie bestrittenen – Sachkritik der Bibel in ihr selbst liegt, darum verkommt die *Vielfalt* der Auslegungen nicht zur *Beliebigkeit* eines »Mit der Bibel lässt sich alles und jedes belegen.« Mit dem *sola scriptura* baut die Reformation auf die Selbstdurchsetzungskraft des Gotteswortes, das sich in, mit und unter dem menschlichen Schriftwort, bisweilen auch *gegen* dieses behauptet, zu Gehör bringt und wirksam wird.

III. Die Schrift legt sich selbst aus – oder: ein Wort gibt das andere

Dass der Maßstab der Bibelkritik in der Bibel selbst zu finden ist – bei Luther lautete das Kriterium »*Was Christum treibet*« –, korrespondiert mit der Überzeugung von der Klarheit einer sich selbst auslegenden Schrift. Das »*scriptura sui ipsius interpres*« (die Schrift ist ihre eigene Interpretin) aber wäre falsch verstanden, würde es menschliche Bemühungen um je neue Interpretationen und Übersetzungen der Schrift für obsolet erklären. Im Gegenteil! Gerade weil die Bibel sich selbst auslegt, sich aus sich selbst heraus zu verstehen *gibt*, lohnt sich jede Anstrengung, dem Sinn und Nutzen ihrer Texte auf die Spur zu kommen. Die Rede von der *claritas*/Klarheit der Schrift heißt ja nicht, dass es nicht auch schwer verständliche, dunkle, widersprüchliche und allemal kaum bis gar nicht zu übersetzende Stellen der Bibel gibt. Und es heißt auch nicht, dass alle Texte jederzeit gleich-gültig bzw. zeitlos gültig seien. Mensch lese nur Luthers Vorreden zum Alten und Neuen Testament[7], um von diesem Missverständnis geheilt zu werden.

Ich schlage vor, die Klarheit der sich selbst auslegenden Schrift als *Gabe-Ereignis* zu verstehen: »Ein Wort / gibt das andere: / das ist die große

---

7 Martin Luther, Vorreden zur Heiligen Schrift, in: ders., Ausgewählte Werke. Bd. 6, 21-132.538-549.

Gabe«[8]. Ein Wort gibt das andere zu verstehen … Von klaren Worten, aus denen unverkennbar die Botschaft von der freien Gnade Gottes spricht (diese verleiht der Bibel ihre Autorität, die eben keine formale ist), fällt ein Licht auf andere, erhellt und profiliert sie, damit wir sie klarer und schärfer sehen. Darum auch darf kein Vers als unhaltbar und unrettbar ausgeschieden werden, denn jedes Wort kann zu seiner/SEINER Zeit zum Gotteswort werden. Kanonisch gelesen interpretieren sich die biblischen Texte gegenseitig – auch indem sie sich gegenseitig ins Wort fallen. Die Bibelhermeneutik spricht von *Intertextualität*. Die Bibel ist mit sich selbst im Gespräch, darum können wir »die Bibel ins Gespräch bringen«[9]. Darum ist auch die Konkordanz ein unersetzbares Hilfsmittel im Gebrauch der Bibel. Darum gibt es in der »Bibel in gerechter[er] Sprache« doppelte Marginalien: den Hinweis auf Gesprächstexte (und eben nicht nur Parallelstellen) und das Glossar, das einzelnen Leitworten gilt und deren Vieldeutigkeit aufzeigt. Darum ist es nicht selten hilfreich, einfach weiterzulesen, sich in eine *lectio continua*/fortlaufende Lektüre einzuüben.

IV. Sich das fremde Wort sagen lassen – das *extra nos* des Gotteswortes

Der Unverfügbarkeit des Gotteswortes in der Schrift entspricht sein Charakter als fremdes Wort, als ein Wort, das seine Fremdheit auch nicht verliert, wenn es bei seinen Hörerinnen und Lesern ankommt und diese verändert. Das Gotteswort im Bibelwort ist das Wort, das wir uns nicht selber sagen können und das gerade deshalb ein helfendes, aufrichtendes und zurechtbringendes Wort ist. Auch daran will das *sola scriptura* der Reformation erinnern, indem es die Bibel, aus der uns Gottes Wort ent*gegen*kommt, als souveränes *Gegen*über der Kirche und der Glaubenden deutet. Nicht zuletzt als *Gegenwort* erweist das Gotteswort seine Lebendigkeit und Kraft und Schärfe.

Wenn die Schrift sich selbst auslegt, dann sind nicht wir ihre AuslegerInnen, und schon gar nicht gibt es ein Monopol der Kirche oder der theologischen Wissenschaft auf die rechte Auslegung der Schrift. Die Klarheit der Schrift demokratisiert ihre Lektüren; der Selbstauslegung der Schrift korrespondiert das PriesterInnentum aller Gläubigen. Mehr noch: die sich selbst auslegende Schrift, die je und dann zum Gotteswort *werden* kann, macht *uns* zu *Ausgelegten*.[10] *Claritas scripturae*/Klarheit der Schrift heißt dann auch: im Licht, das von den biblischen Texten auf unser Leben fällt,

---

8 Elazar Benyoëtz, Der Mensch besteht von Fall zu Fall. Aphorismen, Leipzig 2002, 21.

9 Peter Bukowski, Die Bibel ins Gespräch bringen. Erwägungen zu einer Grundfrage der Seelsorge, Neukirchen-Vluyn ²1995.

10 Vgl. Michael Weinrich, Die Bibel legt sich selber aus. Die ökumenische Herausforderung des reformatorischen Schriftprinzips oder vom verheißungsvollen Ärgernis angemessener Bibelauslegung, in: Hubert Frankemölle (Hg.), Die Bibel. Das bekannte Buch – das fremde Buch, Paderborn u.a. 1994, 43-59, 49.

lernen wir uns selbst kennen. Es stimmt ja gar nicht, dass – wie dies immer wieder apologetisch und vollmundig behauptet wird – die Bibel Antworten auf alle unsere Lebensfragen bietet. Wenn wir das meinen, haben wir uns die Bibel bereits zurechtgelegt, sie unseren Bedürfnissen angepasst. Dann lassen wir sie nurmehr das sagen, was wir schon wissen bzw. was wir von ihr hören wollen. Das Wort Gottes, das sich ins Schriftwort kleidet, stellt uns vielmehr infrage, wir sind gefragt – in jeder Konnotation des Wortes.

Zur praktischen Erfahrung des *extra nos*/Außer-uns des Gotteswortes gehört seine Ver*laut*barung, die uns zu HörerInnen macht. Manchmal ereignet es sich, dass wir einen Bibeltext, den wir schon häufig gelesen haben und eigentlich zu kennen meinen, aus dem Mund einer anderen hören – und es ist, als hörten wir ihn zum ersten Mal. Es erschließen sich uns Worte, ganze Sätze und in deren Licht eigene Erfahrungen neu. Ähnlich kann es uns ergehen, wenn wir für uns die Bibel *laut* lesen und das gelesene Wort als gehörtes laut und deutlich vernehmen können. Gerade das sattsam Bekannte bedarf der Verfremdung, damit wir erkennen: Es ist nicht unser eigenes Wort, dem wir da be*gegn*en.

V. Die Schärfe des klaren Wortes – oder: heilsame Gewalt

In der Klarheit der sich selbst auslegenden Schrift, die uns zu Ausgelegten macht, leuchtet die Schärfe des Gotteswortes auf: Dieses Wort kann und wird, wo es uns über uns selbst aufklärt, unbequem und schmerzlich sein, denn es ist ein machtvolles, ja gewalt(ät)iges Wort, schärfer als jedes zweischneidige Schwert, wie es in Hebr 4,12 heißt. Es geht durch Mark und Bein, schneidet ins lebendige Fleisch. Vor allem die DichterInnen wissen um diese Macht des Wortes. [11] Und von Gärtnern und Winzerinnen, Gynäkologinnen und Chirurgen lässt sich lernen, dass manche Schnitte (über)lebensnotwendig sind. Es gibt auch eine Gewalt, die dem Leben dient, scharfe Klingen, die Leben retten, statt es zu vernichten.

Wer mit diesem Wort umgeht, wird es nicht allen recht machen, gerade weil dieses Wort alle zurechtbringen will. Dieses scharfe Wort verträgt sich nicht mit faulen Kompromissen und Feigheit, mit Harmoniesucht, Profillosigkeit und grenzenloser Toleranz, mit Langeweile, Stumpfsinn und Lustlosigkeit. Es schärft unseren Blick für die Wirklichkeit und macht uns empfindsam für die Wahrnehmung der Differenz zwischen der Welt, wie sie uns vor Augen liegt, und der, die nach Gottes Willen sein soll. Differenzsensibel mischen sich seine HörerInnen ein ins Weltgeschehen *und* nehmen Gott beim Wort.

---

11 Vgl. unten Text 4.

Von der Macht des GottesWortes im WortWechsel mit dem Teufel

Bibelarbeit zu Matthäus 4,1-11 [1]

>*Ein Wort
gibt das andere:
das ist die große Gabe*«
Elazar Benyoëtz [2]

I. Einleitung: Die Schrift im Gespräch

»*Von der Macht des Gotteswortes*« – das Thema der Hauptversammlung kommuniziert mit dem Motto und den Bibeltexten des kommenden Kirchentags im Juni in Köln.[3] Jenem ist es mit Hebr 4,12 um das lebendige und kräftige und schärfere Gotteswort zu tun.[4] Seine Lebendigkeit und Energie und immer noch größere Schärfe erweist das Wort Gottes nicht zuletzt im *Gespräch*: nämlich zunächst in den Gesprächen, die die biblischen Texte miteinander führen – die Tradition spricht hier von der *Selbstauslegung der Schrift*[5]. Sodann, wenn sich die Bibel bei uns ins Gespräch bringt und *uns mit sich* ins Gespräch verwickelt, wenn ihre Texte bei uns ankommen, uns ansprechen und bewegen, ihnen in unserem Tun und Lassen zu entsprechen. Und schließlich dort, wo wir die Bibel untereinander ins Gespräch bringen[6]: tröstend und mahnend, belehrend und auferbauend, fragend und Erlebtes deutend, erinnernd und hoffend, einstimmend in Lob und Klage, Dank und Bitte ...

---

1 Gehalten auf der 62. Hauptversammlung des Reformierten Bundes 2007: »Von der Macht des Gotteswortes« – Hamburg, 15. bis 17. Februar 2007. Erstveröffentlichung in: epd-Dokumentation 8/2007, 36-46.

2 Der Mensch besteht von Fall zu Fall. Aphorismen. Mit einem Nachwort von Friedemann Spicker, Leipzig 2002, 21.

3 Instruktive exegetische Skizzen zu den Bibeltexten des 31. Deutschen Evangelischen Kirchentags in Köln bietet das Sonderheft der Jungen Kirche: JK 67/extra (2006).

4 Mit dem Gotteswort-Motto des Kirchentags befasst sich insbesondere Band 4 in der Reihe KLAK-Impulse (Eine Bücherreihe in Zusammenarbeit mit der Konferenz Landeskirchlicher Arbeitskreise Christen und Juden): Lebendig und kräftig und schärfer ...: Das Wort Gottes heute, hg. von Klara Butting u.a., Wittingen 2006. Zur Macht des Gotteswortes vgl. auch unten Text 4.

5 Vgl. etwa Michael Weinrich, Die Bibel legt sich selber aus. Die ökumenische Herausforderung des reformatorischen Schriftprinzips oder vom verheißungsvollen Ärgernis angemessener Bibelauslegung, in: Hubert Frankemölle (Hg.), Die Bibel. Das bekannte Buch – das fremde Buch, Paderborn u.a. 1994, 43-59. Vgl. auch oben Text 2.

6 Eine treffliche poimenische Anleitung dazu bietet Peter Bukowski, Die Bibel ins Gespräch bringen. Erwägungen zu einer Grundfrage der Seelsorge, Neukirchen-Vluyn ²1995.

In allen drei Fällen käme es darauf an, dass das *Schrift*wort für uns und andere zum *Gottes*wort *werde*.[7] Denn die Bibel *als solche* ist ja nicht identisch mit dem Wort Gottes, geschweige denn eine einzige Übersetzung, und sei sie noch so sprachgewaltig und wirkmächtig. Bibelworte können zum Gotteswort *werden*, wenn denn *Gott* es will und die göttliche *Geistkraft* es wirkt. *Wir* können das nicht machen, wir können dem nur im Wege stehen oder uns vom Wort in Dienst nehmen lassen.

Mt 4,1-11 sieht – zumindest auf den ersten Blick – wie ein Wortgefecht und Schlagabtausch mit und um Bibel*worte*, ja fast wie Bibel*sprüche*-Klopfen aus. Geht es um *Gottes* Wort, wo Menschen einander Bibel*sprüche*, etwa die in den Lutherbibeln fettgedruckten, um die Ohren hauen? Auch diese Frage wird uns beschäftigen. Reizvoll sind bei diesem innerbiblischen Bibelgespräch nicht nur die *Bibelzitate*, die zur Sprache kommen, sondern auch die *Gesprächspartner* und die übrigen AkteurInnen sowie *Anlass* und *Ort* des Geschehens: Es ist die Erzählung von der Versuchung Jesu in der Wüste nach Mt 4,1-11, in der das *Schrift*wort gleichsam der Hauptakteur ist. Ob damit auch das *Gottes*wort?!? Diese Erzählung ist der erste der Kölner Kirchentags-Bibelarbeitstexte und nach der Perikopenordnung das Evangelium des Sonntags Invokavit. Sie steht also am Beginn der Passionszeit. Auch dieser liturgische Ort im Kirchenjahr mag nicht unwichtig sein für unser Verständnis der Perikope, in der wir etwas von der Macht des Gotteswortes wahrnehmen können und dabei zugleich in den *sachgemäßen* Gebrauch von Schriftworten eingeübt werden und aufmerksam gemacht auf die Gefahren ihres Missbrauchs.

Ich lese Mt 4,1-11 zunächst in einer eigenen Übersetzung, angelehnt an jene im ebenso großen wie großartigen Matthäus-Kommentar von Ulrich Luz.[8] Ab und zu werden wir den einen oder anderen Seitenblick auf die Parallelen bei Lukas (4,1-13) und Markus (1,12f.) werfen, denn es gibt manch' sprechenden Unterschied in der synoptischen Überlieferung dieser Erzählung.

1 Danach [nämlich unmittelbar nach seiner Taufe] wurde Jesus in die Wüste geführt von der Geistkraft, um versucht zu werden vom Teufel.
2 Und er fastete 40 Tage und 40 Nächte; dann hatte er Hunger.

3 Und es trat der Versucher an ihn heran und sagte zu ihm:
»Wenn du der Sohn Gottes bist, sage, dass diese Steine zu Broten werden sollen!«
4 Er aber antwortete und sagte:»Es steht geschrieben:
›Nicht vom Brot allein wird der Mensch leben,
sondern von jedem Wort, das hervorgeht aus Gottes Mund.‹«

5 Dann nimmt ihn der Teufel mit in die heilige Stadt
und stellte ihn auf die Spitze des Tempels.

---

7 Dazu oben Text 2.
8 Ulrich Luz, Das Evangelium nach Matthäus. 1. Teilband: Mt 1-7 (EKK I/1), Zürich u.a. 1985, 158f.

6 Und sagt zu ihm: »*Wenn du der Sohn Gottes bist, wirf dich hinunter!*
Es steht nämlich geschrieben:
›Seine Engel wird er deinetwegen bestellen,
und auf Händen werden sie dich tragen,
damit du nicht deinen Fuß gegen einen Stein stoßest.‹«
7 Jesus sprach zu ihm: »*Es steht auch geschrieben:*
›Nicht versuchen sollst du den Herrn, deinen Gott.‹«

8 Wiederum nimmt ihn der Teufel mit – auf einen sehr hohen Berg
und zeigte ihm alle Königreiche der Welt und deren Pracht
9 und sagte zu ihm: »*Dies alles werde ich dir geben,*
wenn du niederfällst und mich anbetest.«
10 Da sagt Jesus zu ihm: »*Hau ab, Satan!*
Es steht nämlich geschrieben:
›Den Herrn, deinen Gott, sollst du anbeten
und ihm *allein* dienen!‹«
11 Daraufhin gab der Teufel ihn auf,
und siehe, Engel traten herzu und dienten ihm.

Drei spärlich ausgestattete Dialogszenen in einen knappen Rahmen eingebettet. Jede spielt an einem anderen Ort. Es geht immer höher hinauf.[9] In allen dreien liegt das Gewicht auf einem Schriftzitat. Jesus begegnet seinem Herausforderer mit einem: »*Es steht geschrieben.*« Jeweils ist es ein Zitat aus dem Deuteronomium, dem fünften Mosebuch, also ein Tora-Zitat.

Gehen wir gleich mitten hinein in die Begegnung zwischen Jesus und dem Versucher, wie der Gesprächspartner in V. 3 genannt wird. Dass es sich bei ihm um den *Teufel* handelt, wissen zwar wir LeserInnen vom ersten Vers an (und wir erfahren noch viel mehr!), aber Jesus selbst weiß es hier noch nicht. Für ihn wird dies – jedenfalls bei Matthäus – erst in der dritten Runde des Gesprächs offensichtlich. Zunächst begegnet ihm hier schlicht jemand,

---

9 Lukas bietet eine andere Reihenfolge: Die zweite und die dritte Versuchung sind ausgetauscht, so dass die Versuchungsszene ihren Abschluss in Jerusalem findet, was die Bezüge zur Passion noch deutlicher macht. Karl Barth, der die lukanische Fassung für »lehrreicher« hält, sieht hier den eigentlichen Gipfel der Erzählung erreicht, was zum einen mit dem Ort, der heiligen Stadt, aber auch mit dem Schriftvers im Mund des Teufels und dem Inhalt der Versuchung zu tun habe: »Die nach Lukas dritte Versuchung ist von allen die erstaunlichste. Schon die Dignität des Ortes, des Tempels Gottes in der heiligen Stadt Jerusalem, ist offenbar unvergleichlich viel höher als die immerhin profane jenes Berges, von dem aus Jesus alle Reiche der Welt gezeigt und angeboten wurden. Entsprechend hat auch der Satan, der jetzt als ausgesprochen frommer Mann auftritt, der sogar den Psalter Davids zu zitieren weiß, an Ernst und Gewichtigkeit seines Auftretens entschieden gewonnen. Und vor allem: seine Einflüsterung – kaum noch mit dem häßlichen Wort ›Versuchung‹ zu bezeichnen – ist ja nun im Gegensatz zu allem Vorangehenden die Aufforderung zu einem Akt eines höchsten, eines unbedingten, blinden, absoluten, totalen Gottvertrauens, wie es Jesus als dem Sohne Gottes offenbar aufs dringlichste zukam. Man könnte wohl sagen: zu einem Akt im Sinn und auf der Linie der Antworten, die Jesus selbst auf die beiden ersten Versuchungen gegeben hatte: allein vom Worte Gottes zu leben!« (KD IV/1, Zollikon-Zürich 1953, 289).

der ihn zu einer Art *rabbinischer Disputation*[10] herausfordert, ebenso wie etwa der Schriftgelehrte, der ihn nach dem wichtigsten Gebot fragt (Mt 22,35), oder wie die Pharisäer, wenn sie mit ihm über die Ehescheidung diskutieren wollen (Mt 19,3 par.). Auch dort ist jeweils vom »Versuchen« die Rede, das also keineswegs *per se* teuflisch ist. Sonst wäre ja auch Gott teuflisch, denn in der Vaterunser-Bitte in Mt 6,13 steht dasselbe Wort: »*Und führe uns nicht in Versuchung!*«. Allemal müssen wir uns von dem heute gängigen *moralischen* Verständnis von Versuchung, etwa »der zartesten Versuchung, seit es Schokolade gibt«, verabschieden.

II. Die Bewährung des Gottessohnes im Gehorsam gegenüber der Tora

»*Wenn du Gottes Sohn bist, …*« (V. 3b.6a). Es ist gut, sich von vornherein klar zu machen, dass Jesus es in der Person seines Herausforderers mit einem intelligenten, theologisch versierten und allemal schriftkundigen Gesprächspartner zu tun hat. Dumm ist der Versucher mitnichten.[11] Es geht durchaus um eine Begegnung auf Augenhöhe. Zu Beginn des Gesprächs knüpft der Teufel unmittelbar an die öffentliche göttliche Proklamation bei der Taufe Jesu an: »*Dies ist mein lieber Sohn, an welchem ich Wohlgefallen habe*« (Mt 3,17b). Oder – in der Übersetzung der Bibel in gerechter Sprache: »*Dieses ist mein geliebtes Kind, ihm gehört meine Zuneigung.*« Auch dieser Vers ist voller Anspielung auf die Schrift, etwa auf Ps 2,7 und Jes 42,1. Jesus muss die göttliche Liebeserklärung unter dem geöffneten Himmel am Jordan noch in den Ohren klingen, als er nun in der Wüste auf eben diese Gottes-

---

10 Nach Rudolf Bultmann spiegelt der Dialog zwischen Jesus und dem Teufel »rabbinische Disputationen« wider, hat »die Form eines Streitgesprächs nach jüdischen Vorbildern« (Die Geschichte der synoptischen Tradition, Göttingen ⁹1979, 272.275). Luise Schottroff will diese Versuchungen streng unterschieden wissen, da ihre Verknüpfung einer antijüdischen Lektüre Vorschub leisteten: »In den Evangelien heißt es mehrfach, dass Diskussionen zwischen Jesus und anderen jüdischen Torauslegern als deren Versuch anzusehen sind, ihn ›zu versuchen‹ (z. B. Lk 10,25). Hier bezeichnet das Wort *(ek)peirazein* / versuchen die in jüdischen Auseinandersetzungen über die Konsequenzen der Tora für die Gegenwart übliche ›Herausforderung‹. Sie hat kein zerstörerisches Ziel, sondern nimmt das Gegenüber als Partner ernst. Dieser Wortgebrauch meint also einen völlig anderen Sachverhalt als die Versuchung durch Satan und sollte nicht mit ihr vermischt werden« (Der einsame Kampf Jesu, in: JK 67/extra [2006], 8-14, 14). Damit wird aber die Dynamik der matthäischen Versuchungserzählung nicht ernst genommen. Hier kommt es doch gerade darauf an, dass erst von der dritten Versuchung her das Satanische auch der beiden ersten in den Blick gerät. Außerdem stellt sich die Frage, auf welcher der beiden Seiten das Versuchtwerden durch Gott, womit die Vaterunser-Bitte rechnet, zu stehen käme.

11 »Es geht in keiner dieser drei Versuchungen um das Auftreten eines in erkennbarer Weise gottlosen, gefährlichen oder auch nur dummen Teufels. Und es geht in keiner von den dreien um die Verlockung zu einem auf der moralischen oder gar der juristischen Ebene so zu nennenden Verbrechen oder Vergehen« (K. Barth, KD IV/1, 287).

sohnschaft, zu der Gott selbst sich öffentlich bekannt hat, angesprochen wird. Das soll er nun, so fordert ihn sein Gesprächspartner heraus, unter Beweis stellen, dass er wirklich Gottes Sohn ist. Es geht also, das lässt sich schon von den ersten Worten her sagen, in der gesamten Begegnung um die Bewährung jener *geschenkten Identität*, mit der Jesus in der Taufe von Gott begabt worden ist; es geht um die *Gotteskind*schaft Jesu und darin um sein wirkliches *Mensch*sein.

Und wenn der Versucher sowohl in der ersten wie in der zweiten Herausforderung Jesus so betont als *Sohn Gottes* tituliert, können wir davon ausgehen, dass er es auf eben diese innige, intime Beziehung abgesehen hat. Denn für uns LeserInnen wird der Gesprächspartner Jesu gleich zu Beginn der Erzählung als der *diabolos* (V. 1) eingeführt, also als jene Macht, die das, was zusammengehört, auseinanderbringen, entzweien möchte.[12] Er will einen Keil treiben zwischen den himmlischen Vater und den Sohn auf Erden, will sich zwischen die beiden drängen und den verdrängen, der sich gerade so liebevoll zu seinem Sohn bekannt hat, um sich selbst an dessen Stelle zu setzen.

1. Die Ökonomie des »Brot allein« – oder: das Gotteswort als Lebensmittel

»Wenn du der Sohn Gottes bist, sage, dass diese Steine zu Broten werden sollen!« (V. 3b). Der Versucher weiß, welche Schwäche seines Gegenübers er sich zunutze machen kann. Darum formuliert Lukas anders als Matthäus hier sogar im Singular: *»Bist du Gottes Sohn, so sprich zu dem Stein, dass er Brot werde«* (Lk 4,3 – Luther 1912). 40 Tage *und* 40 Nächte hat Jesus gefastet.[13]

Auch von Mose wird das berichtet (2Mose 34,28; 5Mose 9,9.18) – doch der war auf dem Horeb unmittelbar in der Nähe Gottes. Nährte ihn – anstelle von Brot und Wasser – die Gegenwart Gottes oder waren es die zehn Worte, der Dekalog, den er in Stein eingravieren sollte? Auch von Elia wird das berichtet (1Kön 19,8) – doch der wurde zuvor wundersam von einem Engel gespeist.

Jesus muss tierischen Hunger haben. Und nun erinnert der Versucher ihn an die *göttlichen* Möglichkeiten, die in ihm liegen. Gewiss, wenn Gott Leben aus dem Nichts schaffen und Tote lebendig machen kann und aus Steinen dem Abraham Kinder zu erwecken vermag, wie es in Mt 3,9, also nicht weit vor unserem Text heißt – wie sollte es Gott dann unmöglich sein, aus Steinen Brote zu machen! Wenn das *keine* göttliche Möglichkeit wäre, wäre es auch keine Versuchung für den Gottessohn. Eine Versuchung setzt

---

12 Vgl. Jürgen Ebach, Artikel *diabolos* (griech.) – Teufel, *satan* (hebr.), *satanas* (griech.) – Satan; *daimonion* – Dämon, im Glossar der Bibel in gerechter Sprache, 2343-2345.
13 Nach Mk 1,13, wo nicht vom Fasten Jesu gesprochen wird, versorgen die Engel Jesus während der gesamten vierzig Tage in der Wüste. Bei Lukas fehlen die Engel. Nur en passant sei auf die nur von Markus gebotene Notiz hingewiesen, dass Jesus in der Wüste »bei den Tieren war« (Mk 1,13) – ein paradieschristologisches Motiv.

immer die Möglichkeit der Realisierung voraus oder sie ist keine Versuchung! Endlich könnte Jesus seinen quälenden Hunger stillen und wieder zu Kräften kommen.

Doch bei Matthäus scheint es nicht nur um den Hunger Jesu nach 40 Tagen und Nächten Fasten zu gehen, sondern um den Hunger in der Welt überhaupt. Die Wüste Juda ist voller Steine, steinreich. Brot wie Steine in der Wüste, Brot fast wie Sand am Meer. Endlich, endlich könnte der Hunger weltweit gestillt werden. Endlich könnten alle satt werden. Niemand müsste mehr Hungers sterben. Warum sollte der Gottessohn *das nicht* wollen?! Und was könnten *wir* gegen ein solches Ansinnen vorbringen? Müsste uns nicht alles daran gelegen sein, dass das endlich wahr wird: Brot für alle, Brot für die Welt?! Müssten wir damit nicht Gott in den Ohren liegen, dass er aus Steinen Brot mache?!

Aber dass Steine zu Broten verwandelt werden, ist noch nicht die Garantie, dass *alle* satt zu essen haben, dass niemand mehr hungert. In den rund um die Uhr geöffneten Läden, in denen 24 Stunden am Tag eingekauft werden kann, leuchtet etwas auf von dem Brot wie Steine in der Wüste. Doch während bei uns die Ladenschlusszeiten entgrenzt werden, sterben anderswo weiterhin die Menschen elend, weil ihnen das Nötigste zum Leben fehlt. Und auch in unserem Land ist für eine immer größere Zahl von Menschen das tägliche Brot nicht mehr selbstverständlich. Brot wie Steine in der Wüste, Brot ohne Ende – eine gerechte Verteilung des Brotes, das tägliche Brot für alle wäre damit noch längst nicht garantiert.

Doch ist das nicht mehr als ein, wenn auch gewichtiger Einspruch des gesunden Menschenverstandes. Er erklärt noch nicht, worin hier die teuflische Versuchung liegt. Inwiefern sollte es dem Teufel ausgerechnet mit dieser Herausforderung gelingen, Vater und Sohn zu entzweien, Jesus dazu zu bringen, seine Gotteskindschaft zu verleugnen und sein wahres Menschsein zu verspielen?

Offenbar sind es, jedenfalls in der ersten und zweiten Gesprächsrunde, nicht die Worte des Versuchers, an denen das eindeutig abzulesen ist. Versuchungen sind selten eindeutig auszumachen. Was jeweils auf dem Spiel steht, erfahren wir bei allen drei Herausforderungen erst, wenn wir die *Antworten*, die Jesus darauf gibt, in den Blick nehmen. Sie sind der *Schlüssel* auch zu den Worten des Versuchers. Erst in ihrem Licht wird klar, dass es um wahrhaft Teuflisches geht, dass der Teufel wirklich darauf aus ist, sich Jesus gefügig zu machen und seine Gottesbeziehung zu zerstören.

»Nicht vom Brot allein wird der Mensch leben, sondern von jedem Wort, das aus Gottes Mund kommt« (V. 4). Die Absage, die Jesus dem Teufel erteilt, wäre theologisch ganz und gar unterbestimmt, verstünden wir sie nur als allgemein anthropologischen Hinweis darauf, dass wir Menschen nicht nur leibliche, sondern auch geistige und geistliche Nahrung brauchen. Wer würde das bestreiten wollen?! Es steht aber nicht geschrieben: »... *sondern auch von jedem Wort, das aus Gottes Mund kommt.«* Nach 5Mose 8,3, das Jesus hier halb zitiert, ist das Wort Gottes *das* entscheidende Lebensmittel. Gottes Wort nährt – nicht nur in der Wüste. *»Fanden sich deine Worte, so aß ich sie ...«*

lesen wir in Jer 15,16. Und der johanneische Jesus bekennt:»*Meine Speise ist, dass ich tue den Willen dessen, der mich gesandt hat, und sein Werk vollende*« (Joh 4,34).[14] Jesus ruft die Manna-Erzählung in Erinnerung. Der ganze Vers 5Mose 8,3 lautet nämlich:»*Und GOTT ließ dich [nämlich die Exodusgruppe in der Wüste] leiden und ließ dich hungern. Und GOTT gab dir Manna zu essen, das du nicht kanntest – und auch deine Vorfahren kannten es nicht –, um dich erkennen zu lassen, dass nicht vom Brot allein der Mensch lebt, sondern von allem, was aus dem Mund Gottes hervorgeht, lebt der Mensch.*« Die aus Ägypten Befreiten litten – wie Jesus – Hunger in der Wüste. Aber das Manna, das für sie vom Himmel fiel, ist doch Brot, nicht Wort! Inwiefern lässt sich ausgerechnet an dieser Himmelsspeise erkennen, dass der Mensch nicht vom Brot allein, sondern von jedem Wort lebt, das aus Gottes Mund kommt?

Weil mit dem zitierten Halbvers die ganze Mannageschichte präsent ist und damit auch das kollektive Wissen, dass es nicht nur eine *Gabe*, sondern auch ein *Gebot* Gottes gab: nämlich – außer am Vortag des Sabbats – nur für den täglichen Bedarf zu sammeln, nicht zu hamstern, nicht zu horten, nichts für den nächsten Tag aufzuheben. Wer es dennoch tat, musste die Erfahrung machen, dass seine Vorräte über Nacht ungenießbar geworden waren. Im auf Vorrat gesammelten Manna war buchstäblich der Wurm drin. Es ging – so deutet 5Mose 8,3 diese Wüstenerfahrung – um eine pädagogische Maßnahme Gottes: Israel sollte lernen, auf die täglich neue Fürsorge seines Gottes zu vertrauen. Es war – anachronistisch gesprochen – eine Einübung in die Vaterunserbitte:»*Unser tägliches Brot gib uns heute!*« und darin eine Frage des Hörens auf Gottes Wegweisung.[15] Insofern lebte auch Israel in der Wüste, indem es sich vom täglich neu regnenden Manna ernährte, vom Wort; es lebte aus dem Gebot Gottes, darauf vertrauend:»All Morgen ist ganz frisch und neu des Herren Gnad und große Treu …« (eg 440,1). Auch wo es Brot gibt, leben Menschen von dem, was Gott zu ihnen

---

14 Karl Barth kommt auf Mt 4,4 bei der christologischen Grundlegung der Anthropologie in der Schöpfungslehre der Kirchlichen Dogmatik unter der Überschrift »Jesus, der Mensch für Gott« (§ 44.1) zu sprechen. Der Mensch für Gott – das ist Israel und das ist der Jude Jesus: Woran Israel in der Wüste je neu scheiterte, nämlich auf die täglich neue Fürsorge Gottes zu vertrauen, das praktiziert der Jude Jesus hier:»Zur rechten Erklärung des Satzes: ›Der Mensch lebt nicht vom Brot allein‹ ist also erstens zu bemerken: Er redet nicht im Allgemeinen vom Menschen, sondern es sagt Matth. 4 von Jesus in der Wüste und Deut. 8 von Israel in der Wüste, […] daß er nicht vom Brot allein lebe. Und zweitens: er sagt von diesem Menschen nicht, daß er, […] um als Mensch zu leben, ganz und gar nicht darauf angewiesen sei, Brot zu haben und also, wie der Versucher es Jesus riet, sich selbst Brot zu verschaffen. Nein als Mensch lebt dieser Mensch […] ganz allein von dem, was Gott mit ihm redet. Dieses Reden Gottes schafft es, daß er ist und erhalten bleibt, es nährt und belebt ihn« (KD III/2, Zollikon-Zürich 1948, 78).

15 L. Schottroff spricht in ihrer exegetischen Skizze von der »Einübung des Volkes in die Ökonomie Gottes«, die sie als »Ökonomie der Gnade«, welche alle je nach ihrem Bedarf sättigt, von einer »Ökonomie der Gewalt« unterscheidet, die durch das Horten von Lebensgütern entsteht (Der einsame Kampf Jesu, 10).

spricht. [16] Zwischenmenschlich ist uns das ja nicht unbekannt: dass Worte satter machen können als eine Schnitte Brot, dass sie mehr Lebenskraft geben als eine ausgiebige Mahlzeit. Und dass unser Leben verkümmert, wo das so not-wendige Gespräch ausbleibt. Um wieviel mehr gilt dies dann für Gottes Wort: für das schöpferische Tat-Wort Gottes, das ins Leben ruft; das wegweisende Tora-Wort Gottes, das Leben erhält, und das ermutigende Verheißungswort Gottes, dessen Verwirklichung Leben vollendet! Auch Brot gibt es ja nur, weil Gott das, woraus es gemacht ist, durchs Wort schafft. [17]

Jesus wird später nicht zögern, dem hungernden Volk, das ihn erbarmt, Brot zu verschaffen (Mt 14,14; 15,32) – doch der Provokation des Versuchers widersteht er, weil er darauf vertraut, dass Gott, der sein Volk 40 Jahre mit seinem Wort in der Wüste am Leben erhalten hat, auch nach 40 Tagen und Nächten Fasten für seinen Lebensunterhalt sorgen wird. Darum wiederholt sich für ihn am Ende der Erzählung, wenn der Teufel von der Bildfläche verschwunden ist, die Erfahrung Elijas: Engel kommen und dienen ihm. Jesus hat aus den Gotteserfahrungen seines Volkes gelernt. Er lebt aus den Schriften, aus dem Gehorsam gegenüber Gottes Gebot. Die Tora ist ihm tägliches Brot. Es heißt eben auch nicht: Statt vom Brot lebt der Mensch vom Wort Gottes. Dem, der es abgelehnt hat, sich selbst Brot zu verschaffen, werden die Engel in der Wüste aufwarten (V. 11).

Darin also liegt die erste Versuchung: Sich nicht mehr bedürftig zu wissen, nicht länger angewiesen auf die täglich neue, *unverfügbare*, aber darum um so mehr zu erbittende Zuwendung Gottes. Das ist der erste Versuch des Teufels, einen Keil zwischen Jesus und Gott zu treiben: Jesus soll autark werden, unabhängig von himmlischen Gaben, Gottes selbst als des Gebers aller Lebensmittel nicht mehr bedürftig. Kein Gebet mehr, keine Bitte, kein Dank, kein Lob, keine Klage. Ende der Kommunikation zwischen Gott und Mensch. Lebenserhaltung in autonomer Eigenproduktion. Der Teufel provoziert ihn zu einer Existenz, die nicht einmal er selbst führt, nämlich gottlos zu leben. Erst das im Vertrauen auf Gottes Fürsorge sich aussprechende Angewiesensein auf das tägliche Brot als Gabe macht den Menschen, macht wahrhaft menschliches Leben aus – nicht zuletzt auch deshalb, weil die Einsicht in den göttlichen Gabecharakter aller Lebensmittel den Umgang mit ihnen verändert. Es ist die Anrede, es ist das Gebot Gottes, was den Menschen menschlich macht.

---

16 »Auch das Brot, das er, wäre er nicht in der Wüste, säen, ernten, mahlen und backen oder allenfalls sich kaufen oder stehlen könnte, könnte ihm das Leben als Mensch nicht verschaffen« (K. Barth, KD III/2, 78).

17 »Es ist darum Matth. 4,4 […] so zu verstehen: auch das Brot hat nicht in dem Sinne eine selbständige Nährkraft, daß es den Menschen tatsächlich nähren würde, ohne das Wort Gottes, durch das es geschaffen wurde und von dem es seine Nährkraft erhalten hat, sondern es bedarf, um diese ihm eigene Kraft auszuüben, der dauernden Einwirkung (des *influxus*) des schöpferischen und erhaltenden Wortes Gottes«, wie Karl Barth in der Vorsehungslehre feststellt (KD III/3, Zollikon-Zürich 1950, 76 f.).

2. Himmlische Risikoversicherung im Bibelsprüche-Angebot – oder: Gott lässt sich nicht ins (Schrift-)Wort bannen

Jesus hat mit seiner ersten Antwort dem Versucher das Stichwort, gleichsam einen theologischen Steilpass geliefert. Der nimmt nun den Ball auf: Wenn der Mensch von *jedem* Wort lebt, das aus dem Mund Gottes kommt, dann soll Jesus doch zeigen, ob das auch für ihn gilt, und prompt zitiert der Teufel in seiner zweiten Herausforderung selbst die Bibel, genauer: Psalm 91,11 f. Auch der Teufel weiß, was geschrieben steht. Mit Bibelsprüchen kennt der sich bestens aus.

Die zweite Runde spielt nun nicht mehr in der Wüste, sondern in der heiligen Stadt, die für den Versucher keineswegs tabu ist. Jesus hat sich von ihm mitnehmen und auf den höchsten Punkt des Tempels stellen lassen: *»Wenn du der Sohn Gottes bist, wirf dich hinunter! Es steht nämlich geschrieben: ›Seine Engel wird er deinetwegen bestellen, und auf Händen werden sie dich tragen, damit du nicht deinen Fuß gegen einen Stein stoßest.‹«* Der gegenwärtig wohl beliebteste und häufigste Taufspruch im Mund des Teufels! Das ist delikat.

Doch wiederum: Hat der Versucher nicht Recht, wenn er Jesus herausfordert, dieses Psalmwort zu erproben? Wünschen das Eltern nicht ihrem Kind, dem sie es als Taufspruch gegeben haben, dass es von seinen Schutzengeln in keiner Gefahr verlassen wird? Und was, wenn dieses Kind seinen Taufspruch selbst beim Wort nimmt, auf einen hohen Baum klettert und herabspringen will, denn es wurde ihm doch versprochen, dass Gottes Engel es auf Händen tragen, dass ihm nichts zustößt? Werden wir hier vom Teufel dabei ertappt, dass wir geneigt sind, die Bibel doch nicht so ganz wörtlich zu nehmen. Wie oft begegnet jener Rat gerade in Theologenmund:»Sie dürfen die Bibel aber nicht so wörtlich nehmen!« Ernst nehmen – das gewiss, aber doch nicht wörtlich! Sollen wir also Gott nicht beim Wort, beim Schriftwort nehmen? Oder sind das zwei paar Schuhe: die Bibel wörtlich und Gott beim Wort nehmen? So oder so: Wäre es nicht schön, wenn wir unter Beweis stellen könnten, dass Gott wirklich tut, was ER verspricht, dass Gott Wort hält?

Worin liegt denn da die teuflische Versuchung? Inwiefern sollte es dem Teufel ausgerechnet mit dieser Herausforderung hoch oben auf der Spitze des herodianischen Tempels gelingen, Vater und Sohn zu entzweien, Jesus dazu zu bringen, seine Gotteskindschaft zu verleugnen und sein wahres Menschsein zu verspielen?

Achten wir wieder auf die Antwort, die Jesus seinem Gesprächspartner gibt:»*Es steht auch geschrieben: ›Nicht versuchen sollst du den* HERRN, *deinen Gott.‹*« Jesus kontert das Psalmwort im Mund des Teufels mit einem weiteren Deuteronomium-Zitat, mit 5Mose 6,16a. Da steht nun Bibelwort gegen Bibelwort. Das ist uns ja nicht unbekannt. Ähnliches begegnet uns etwa in der Diskussion um die Segnung gleichgeschlechtlich liebender Menschen: Da berufen sich die Gegner auf jene Bibelstellen, in denen Homosexualität als ein Gräuel für Gott unter Todesstrafe gestellt wird, während andere das

Doppelgebot der Liebe in Anschlag bringen ... Inwiefern aber ist die Berufung des Teufels auf dieses wunderbare Psalmwort ausgerechnet eine Versuchung Gottes?

Suchen wir zunächst wieder das Schriftzitat Jesu an seinem ursprünglichen Ort und in seinem ursprünglichen Wortlaut in 5Mose 6 auf: »Nicht versuchen sollt ihr Adonaj, euren Gott, wie ihr [ihn] versucht habt in Massa.« Damit ist angespielt auf eine Episode während der Wüstenwanderung Israels, die in 2Mose 17 überliefert ist: Die aus Ägypten Befreiten leiden Durst in der Wüste, hadern mit Mose und sehnen sich zurück in die Unfreiheit des Sklavenhauses. Mose deutet diesen Angriff auf sich, bei dem er um sein Leben fürchtet, als ein Versuchen Gottes. Und V. 7 benennt die Versuchung in wörtlicher Rede: »Ist wohl Adonaj in unserer Mitte oder nicht?!«

Darum also geht es: mit dem Schriftzitat Gott auf die Probe zu stellen, die Gültigkeit der Verheißungen zu testen, sich der Gegenwart Gottes in den eigenen Reihen zu versichern, sich Gottes zu bemächtigen, indem man ihn ins Schriftwort einsperrt und darin gefangen hält. Das heißt Gott zu versuchen: Gott mittels seines Wortes in den Griff zu kriegen, Gottes habhaft zu werden ... Darauf zu pochen, dass Gott eben in dem Schriftwort ist, welches man gerade selbst im Mund führt. Da erhebt sich der Glaube Bibelsprüche zitierend über Gott.[18]

Gott steht im Wort, gewiss, auch bei uns, aber Gott geht in IHREM Wort nicht auf. Gott bindet sich ans Wort, aber Gott bleibt auch in dieser Bindung frei, wird nicht Sklave, nicht Leibeigener des gegebenen Wortes. Gott und Wort bleiben nicht weniger unterschieden als Schriftwort und Gotteswort. Wir würden – so lässt sich aus der Antwort Jesu lernen – Gott versuchen, identifizierten wir Gott mit einem Bibelspruch. Die zahlreichen biblischen Texte, die von der Reue Gottes sprechen, bezeugen die Unterscheidung Gottes vom eigenen Wort. Und leben wir nicht auch davon, dass Gott bisweilen das zugesprochene Wort nicht wahr macht?[19] Gerade am heiligen Ort, sei es auf den Zinnen des Tempels oder innerhalb der Kirchenmauern, tut die Erinnerung an die Selbstunterscheidung Gottes von SEINEM Wort Not. Wo wir Bibelsprüche klopfen und sie einander an den Kopf knallen und um die Ohren schlagen, da meinen wir, mit dem Wort über Gott im Wort verfügen zu können, Gott auf der Zunge und im Griff zu haben und SIE allemal auf unserer Seite zu wissen ... Doch Gott kann sich vom gegebenen Wort distanzieren. Und manchmal bleibt Gott sich und uns gerade darin treu, dass Gott das gegebene Wort nicht wahr macht.

Was aber ist dann die Alternative? Die von Jesus aufgerufene Deuteronomium-Stelle nennt sie: »Bewahren, bewahren sollt ihr die Gebote Adonajs, eures Gottes, und seine Zeugnisse und seine Bestimmungen, die er dir geboten hat. Und du sollst das Rechte und das Gute in den Augen Adonajs tun ...« (5Mose 6,17-18a). Offenbar will der Teufel Jesus gerade mit dem Psalmwort davon

---

18 Vgl. dazu K. Barths Auslegung in: KD IV/1, 289f.
19 Etwa die Abraham in 1Mose 12,3a gegebene Verheißung, dass Gott denjenigen verfluche, der Abraham geringschätzt.

abhalten, den Willen Gottes zu tun, indem er die *providentia Dei*, die Für-sorge Gottes mit dem Sturz in die Tiefe erprobt, gleichsam mit der gött-lichen Lebensversicherung experimentiert. So wird Jesus auch bei seiner Verhaftung keine Engel zu Hilfe rufen (Mt 26,53 f.) und auch nicht vom Kreuz herabsteigen, als man ihn dazu auffordert (27,40). Beides hätte ihn davon abgebracht, den Willen Gottes zu erfüllen. Wir sehen: Auch das Schriftwort kann Medium der Versuchung sein, selbst ein Psalmvers kann zum teuflischen Wort werden.

Aber zu dem, der sich durch das Engelwort von Ps 91,11 f. im Mund des Teufels *nicht* versuchen lässt, Gott zu versuchen, werden die Engel kom-men und ihm den Tisch decken: göttliche »Gnadenwirtschaft«[20] für den, der den Geboten Gottes treu geblieben ist (V. 11).

3. Die Welt zu Füßen gelegt bekommen – oder: wer ist unser Gott?

Beim dritten Mal ist zwar nicht alles, aber doch vieles anders: Noch einmal lässt sich Jesus vom Teufel *mitnehmen*, dieses Mal auf einen sehr hohen Berg. Dort legt ihm der Versucher die ganze Welt zu Füßen, »*alle Staaten der Welt und ihre Reichtümer*« (Kirchentags-Übersetzung). Und dann kommt er un-verblümt zur Sache und es wird von der dritten Versuchung her unmissver-ständlich deutlich, worum es auch schon bei den ersten beiden ging: Der Teufel will Jesus und seinen himmlischen Vater auseinander bringen, um selbst Macht über ihn zu gewinnen. Er soll nicht länger der *Gottes*sohn sein, darum redet er ihn jetzt auch nicht mehr als solchen an. »*Dies alles werde ich dir geben, wenn du niederfällst und mich anbetest*« – der Teufel selbst will als Gott verehrt werden. Statt den Willen seines himmlischen Vaters zu tun, soll Jesus sich dem Teufel unterwerfen, ein einziges Mal wenigstens vor ihm niederknien und ihn anbeten. Es würde ja auch sonst niemand sehen[21], bliebe ganz unter uns ... Und dann gehöre ihm alles, was er sehe.

Müßig zu erwägen, ob dieses Angebot ein ungedeckter Scheck ist, ob dem Teufel überhaupt gehöre, was er da offeriere. So allerdings hat es Lukas gesehen.[22] Es geht aber hier in der Matthäus-Fassung ja nicht in ers-ter Linie um Besitz und Reichtum und Macht über die ganze Welt, es geht – und darauf führt uns dieses Mal nicht erst die Antwort Jesu, sondern schon die Herausforderung des Teufels – um das erste Gebot: Wem dienen

---

20 Kurt Marti, geduld und revolte. die gedichte am rand. Mit einem Vorwort von In-geborg Drewitz, Stuttgart 1984, 36: »gnadenwirtschaft // haben / und teilen // wenig haben / austeilen // weniger haben / mehr austeilen // nichts haben / viel austeilen // in der wüste / die lustige / wirtschaft // wo das wort / zum wirte / geworden // bis alles verteilt / bis alle gehabt«.

21 Von ZuschauerInnen ist in allen drei Versuchungsszenen nicht die Rede, darum kann die Versuchung im ersten und zweiten Fall auch nicht darin liegen, dass Jesus seine Messianität durch ein Schauwunder unter Beweis stellen soll.

22 »Dir will ich diese ganze Macht und deren Glanz geben, denn mir ist sie überge-ben und ich gebe sie, wem ich will« (Lk 4,6). Offenbar geht Lukas davon aus, dass dem Teufel *von Gott* selbst die Weltmacht gegeben ist, damit er Jesus mit diesem Angebot versuchen kann.

wir, auf wen hören wir, worauf setzen und bauen wir, ja – von wem lassen wir uns begaben, wessen Macht lässt uns stark sein, in welche Bindung begeben wir uns, wem vertrauen wir unser Leben an?

Es gibt im Bonhoeffer-Film »Die letzte Stufe« eine Szene, die voller Anspielungen auf die biblische Versuchungsgeschichte ist: Oberstkriegsgerichtsrat Manfred Roeder, der während des ganzen Films – angefangen von Razzien im Predigerseminar über die Verhaftung und langen Verhöre bis zur Hinrichtung – der eigentliche Gegenspieler Bonhoeffers ist, offeriert dem Häftling Bonhoeffer, gespielt von Ulrich Tukur, für diesen und seine Familie die Freiheit, wenn er im Namen des Deutschen Reiches mit den Alliierten verhandele. Der große Saal, in dem diese knappe, aber alles entscheidende Unterredung stattfindet, ist voller Nazi-Embleme, Insignien einer teuflischen Macht. Der Fußboden aus schwarzen und weißen Quadraten gleicht einem Schachbrett. Der Krieg ist nicht mehr zu gewinnen, da will man sich der internationalen Kontakte Bonhoeffers und des hohen Ansehens, das der Theologe im Ausland genießt, bedienen, um der bedingungslosen Kapitulation zu entgehen.

Bonhoeffer wird dieses Angebot ablehnen – nicht, weil kein Verlass darauf ist, dass Roeder Wort hält, sondern weil er sich damit in den Dienst des Bösen gestellt hätte. »Freiheit – die letzte Versuchung«, so lautet Bonhoeffers/Tukurs eigener, fast geflüsterter Kommentar nach dem unmissverständlichen »Nein« an die Adresse Roeders. Wütend verlässt daraufhin Roeder den Raum ... »Dann gibt es nur eins! ... Sag NEIN!«[23] Wolfgang Borcherts Vermächtnis, sein letzter Text, ein Manifest – wenige Tage vor seinem Tod im November 1947 in Basel geschrieben, liest sich wie ein Kommentar zu dieser Filmszene.

In seiner eindrücklichen Auslegung der Versuchungsgeschichte bedenkt Karl Barth, was es bedeutet hätte, wenn Jesus tatsächlich für einen Augenblick vor dem Teufel in die Knie gegangen wäre:

»Er hätte sich dann dazu entschlossen, die Frage nach der Überwindung und Beseitigung des Bösen fallen zu lassen, die faktisch ja unverkennbar bestehende Oberherrschaft des Bösen in der Welt anzuerkennen, das Gute [...] nur noch eben [...] auf dem Boden und im Rahmen dieser Oberherrschaft zu tun. [...] Man bemerke: ein Abschwören Gottes, ein Übertritt zum Atheismus war ja als Preis für dies alles nicht gefordert, nur eben ein Hutlüften vor dem Geißlerhut, nur eben ein diskreter, unter vier Augen zu vollziehender Kniefall vor dem Teufel, nur eben die stille, aber solide und nicht wieder rückgängig zu machende Anerkennung, daß er [nämlich der Teufel, M.F.] in jenem prachtvollen Reich das erste Wort sprechen und das letzte behalten, daß im Grunde Alles beim Alten bleiben solle.«[24]

---

23 Wolfgang Borchert, Das Gesamtwerk. Mit einem biographischen Nachwort von Bernhard Meyer-Marwitz, Hamburg 1975, 318-321.
24 KD IV/1, 288f.

Wieder beantwortet Jesus die Herausforderung des Versuchers mit einem Tora-Zitat, nämlich 5Mose 6,13. Doch zuvor schleudert er ihm ein »Hau ab, Satan!« entgegen.[25] Vom Satan ist nur an dieser Stelle der Erzählung die Rede. Ist der Teufel der Durcheinander- und Auseinanderbringer, der Entzweier, so der Satan »der Hinderer«/»der Anfeinder«/»der Quertreiber«, der sich »zwischen Gott und die Erfüllung seines Willens stellt«[26]. Mit der Aufforderung, ihn anzubeten, liegt die Feindschaft des Teufels offen zutage, seine Feindschaft gegen Gott *und* Mensch. Jesus weist den Versucher als Satan von sich und nimmt selbst Zuflucht zum Urbekenntnis Israels und zum Gebot, dem einen Gott allein zu dienen: »*Den* Herrn, *deinen Gott, sollst du anbeten und ihm allein dienen!*« Eben dies schlägt den Teufel in die Flucht. Wo Jesus mit den Worten seines Volkes sich zu Gott bekennt, muss der Teufel erkennen, dass er nichts mehr ausrichten kann. Diesem Bekenntnis ist seine Verführungskunst nicht gewachsen. Der Teufel gibt Jesus auf.

Am Ende des Matthäusevangeliums wird Jesus wieder auf einem Berg stehen (28,16)[27] und sagen: »*Gegeben ist mir alle Macht im Himmel und auf der Erde*« (V. 18b). Nicht um Macht*verzicht* als solchen geht es also, wenn er zu Beginn seiner öffentlichen Wirksamkeit die Gabe des Teufels ausschlägt. Entscheidend ist vielmehr, von wem er sie empfängt, wessen Macht es ist, wann und woraufhin sie ihm zuteil wird. »*Gegeben ist mir alle Macht* ...« – darin liegt die Anerkennung der Herrschaft Gottes als des einen und einzigen Herrn. Mehr als ihm der Teufel hatte bieten können, wird dem auferweckten Gekreuzigten geschenkt werden, der den Willen seines Vaters im Himmel erfüllt hat. »*Der Macht[demonstrations]verzicht des irdischen Jesus weist auf die Vollmacht des Auferstandenen voraus.*«[28]

Eben dieser Weg in den Geboten Gottes wäre zu Ende gewesen, bevor er richtig begonnen hätte, wenn Jesus das Angebot des Teufels angenommen hätte. Er hätte den Gott verraten, dessen Weisungen er doch in dieser Welt folgen, ja sie leibhaftig verkörpern wollte. Doch dem, der allein Gott dienen will, treten die Engel an die Seite, um ihm zu dienen und für ihn zu sorgen. Wenn der Teufel weicht, nahen die Engel. Das ist das mythologische Setting unserer Erzählung. Können wir auf es verzichten? Lassen sich der Teufel und/oder die Engel ohne erheblichen theologischen Substanzverlust ersetzen?

---

25 Zwangsläufig fehlt dieses Motiv in der lukanischen Fassung infolge der Vertauschung der zweiten und dritten Szene.

26 Jürgen Ebach, Streiten mit Gott. Hiob. Teil 1: Hiob 1-20, Neukirchen-Vluyn 1995, 11.

27 Auch in der Erzählung von der Verklärung (Mt 17,1ff.) finden wir Jesus auf einem hohen Berg und es wiederholt sich dort (17,5b) die Gottessohnproklamation aus 3,17. Und nicht zuletzt ist die *Berg*predigt (Mt 5-7) jene große Rede Jesu, in der er sich zur Gültigkeit der Tora Gottes bekennt und diese auslegt.

28 U. Luz, Matthäus, 164.

III. Der Satan als personifizierte Macht des Bösen – Entlastung Gottes und/oder des Menschen?

Die biblische Erzählung lässt keinen Zweifel daran, dass die Initiative für die Versuchung Jesu von Gott selbst ausgeht. Die Geistkraft Gottes, die Jesus gerade erst bei der Taufe empfangen hat, führt ihn in die Einsamkeit der Wüste, an den bevorzugten Aufenthaltsort dämonischer Mächte, und treibt ihn dort dem Teufel direkt in die Arme. Deutlicher noch als bei Matthäus ist dies im Lukasevangelium zu lesen: »*Jesus aber kehrte erfüllt von der heiligen Geistkraft vom Jordan zurück und wurde von der Geistkraft in der Wüste umgetrieben*« (Lk 4,1). Jesus hat sich die Begegnung mit dem Teufel nicht selbst ausgewählt, er hat die Versuchung nicht gesucht, sondern Gott führt ihn hinein. »Die Anfechtung folgt auf den Geistbesitz.«[29] Der Teufel ist nicht nur Widersacher Gottes, sondern auch Gottes *Mitarbeiter*. Er hat keine andere Macht als die, die ihm von Gott gegeben ist. Nur wenn Gott selbst ursächlich an unserem Versuchtwerden beteiligt ist, geht die Vaterunser-Bitte »*Und führe uns nicht in Versuchung …!*« nicht ins Leere.

Unauflösbar ist die Versuchung Jesu mit seiner Taufe verbunden. Kennt die Tauferzählung noch keine Antwort Jesu auf die göttliche Liebeserklärung: »*Dies ist mein lieber Sohn, an welchem ich Wohlgefallen habe*« (Mt 3,17b), so finden wir eben diese dort noch fehlende Antwort nun in der Geschichte von der Versuchung: Jesus bewährt hier die von Gott in der Taufe eröffnete Vater-Sohn-Beziehung als eine gegenseitige, indem er dem Willen Gottes entspricht, auf die Tora hört und sie zur Sprache bringt. Die Versuchung stellt also, so könnten wir sagen, am Beginn der öffentlichen Wirksamkeit Jesu eine Art *Konfirmation* dar: In der Taufe hat Gott sich zu ihm bekannt, nun bekennt er sich zu Gott – und er tut dies ausschließlich im Vertrauen auf die Tora. Und ich möchte noch einen Schritt weitergehen: Indem Gott die Gottessohnschaft Jesu in Gestalt seines Toragehorsams erprobt, zielt Gott zugleich auf die Bewährung der eigenen Weisungen. Gott prüft die Lebenskraft der Tora im Widerstand gegen das Böse. Gott fordert die Macht des eigenen Wortes im Disput mit dem Teufel heraus. Und das Gotteswort erweist sich als lebendig und kräftig und schärfer als alle noch so reizvollen Einflüsterungen und Verlockungen des Satans. Jesu Berufung auf die Tora vertreibt den Satan.

Wenn nun die Gestalt des Teufels in unserer Erzählung ebenso wenig wie im Hiobbuch der Entlastung *Gottes* dient, weil der Teufel beide Male im Dienst Gottes steht, welche Funktion kommt dann dieser mythologischen Personifikation des Bösen zu?

Wird das Böse personifiziert und als Satan oder Teufel namhaft gemacht und zudem noch ins Verhältnis zu Gott gesetzt, ist es nicht länger eine anonyme, schicksalhafte Macht, der die Menschen hilflos, ohnmächtig und stumm ausgeliefert sind. Dem identifizierten Bösen können sie entgegentreten und ihm Widerstand leisten. Es hat einen Namen und ein Gesicht.

---

29 Hans-Joachim Iwand, Predigt-Meditationen, Göttingen [3]1966, 436.

Die Benennung des Bösen ist ein erster Schritt zu seiner Entmachtung. Und wenn vollends die Versuchung durch das Böse nicht ohne den Willen Gottes geschieht, dann kann und muss Gott selbst für ihre Abwehr und Überwindung in Anspruch genommen werden: »*Führe uns nicht in Versuchung, sondern erlöse uns von dem Bösen.*« Gott ist dafür verantwortlich zu machen, dass es menschenmöglich wird, dem Bösen zu widerstehen.

Wenn wir dagegen Gott nur einen lieben Gott sein lassen, der uns nichts antut, weil er vielleicht überhaupt nichts tut, wie kann dieser Gott dann kompetent sein, uns von dem Bösen zu erlösen? Weil das Böse *keine selbstständige Macht neben Gott* ist, können wir Gott die Erlösung vom Bösen nicht nur zutrauen, sondern sie auch bei Gott einklagen. Weil auch der Teufel seine Macht dem Wort Gottes verdankt, das ihn in seinem eingeschränkten Kompetenzbereich agieren lässt, ist das Wort Gottes mächtig, ihm die Stirn zu bieten und ihn zu vertreiben.

Und noch eine andere befreiende Erkenntnis verbindet sich für mich mit der Personifizierung des Bösen in der mythologischen Gestalt des Satans: »Zum ›Teufel‹ gehört die Erfahrung, daß das Böse nicht einfach im freien Belieben des Menschen steht, sondern Macht über ihn haben kann.«[30] Selbst vom Gottessohn heißt es in unserer Erzählung, dass er vom Teufel *mitgenommen* wurde. Wir dürfen dabei getrost unser Alltagssprachliches »das nimmt mich mit« mithören. Die mythologische Figur des Teufels demonstriert die Macht des Bösen über uns Menschen und wahrt dabei zugleich die Unterscheidung zwischen dem Bösen und uns. Weil es den Teufel gibt, noch dazu in Diensten Gottes, sollen und brauchen wir keinen Menschen verteufeln. Die Gestalt des Teufels wehrt einer Diabolisierung von Menschen, so bestialisch sie sich auch gebärden mögen. Das Böse kann sich des Menschen bemächtigen, kann ihn besessen halten, aber es bleibt eine Differenz zwischen dem Humanum und dem Bösen. Dafür steht der Teufel als personifizierte böse Macht.[31] Weil kein Mensch mit dem Bösen identisch ist, kann er – mit Hilfe des lebendigen und kräftigen und immer noch schärferen Gotteswortes – den Teufel, der ihn beherrschen will, besiegen.

IV. »Und führe *uns* nicht in Versuchung …!« – zur Hermeneutik der Versuchungsgeschichte als messianische *und* paränetische Erzählung

Die Auslegungsgeschichte von Mt 4,1-11 ist von der Frage geprägt, ob es sich hier um Versuchungen handelt, wie sie nur Jesus zu Beginn seiner öffentlichen Wirksamkeit nach seiner Taufe widerfahren konnten, oder um

---

30 U. Luz, Matthäus, 167.
31 Wenn Jesus in Mt 16, 23 einem Petrus, der ihn vor der tödlichen Passion schützen will, ebenfalls ein »*Hau ab, hinter mich, Satan!*« entgegenhält, dann geht es dabei nicht um die Identifikation des Petrus mit dem Bösen, sondern um dessen Bemächtigung durch den Versucher, der Jesus davon abhalten will, mit der Passion den Willen Gottes zu erfüllen.

solche, denen alle in der Gemeinde ausgesetzt sind. Rudolf Bultmann etwa vertritt die letzte Sicht:»Alle drei Versuchungen sind [...] keine spezifisch messianischen, sondern solche, in denen grundsätzlich jeder Gläubige steht.«[32] So verstanden hat die Erzählung ein *paränetisches* Interesse: die Glaubenden sollen sich das Vertrauen Jesu in die Macht des Gotteswortes, den Gehorsam des Gottessohnes zum *Vorbild* nehmen.

Eine exklusiv christologische Interpretation findet sich dagegen bei Karl Barth, der hier eine Versuchung findet,»die weder vorher noch nachher je über einen Menschen hereingebrochen ist, von der so nur er [nämlich Jesus, M.F.] angefochten werden konnte.«[33] Barth interpretiert Mt 4,1-11 und mehr noch Lk 4,1-13 im Kontext des priesterlichen Amtes Jesu. Die Versuchungsgeschichte gehört zum Weg des an unserer Stelle gerichteten Richters. Die Versuchungen zielen alle darauf an, dass Jesus eben diesen Weg verlässt, dass er die mit der Johannestaufe als einer Bußtaufe (Mt 3,11) angetretene stellvertretende Übernahme der Sünde aller Menschen wieder aufgibt, dass es ihm nicht länger darum geht, die Gerechtigkeit Gottes zu erfüllen (Mt 3,15), dass er sich die Not seiner Mitmenschen nichts mehr angehen, sich von ihr nicht in tödliche Mitleidenschaft ziehen lässt, sondern dem Leiden aus dem Weg geht. Für Barth nimmt die Versuchungsgeschichte die Passion und den Kreuzestod Jesu als eine stellvertretende Lebenshingabe vorweg. Wie dieser für uns gestorbene Tod ist sie darum exklusiv christologisch-soteriologisch und nicht paränetisch zu verstehen.

Für die lukanische Fassung der Versuchung mag das zutreffen, für die matthäische m.E. aber nicht: Der letzte Vers der Versuchungsszene im Lukasevangelium lautet:»Und als der Teufel die Versuchung ganz vollendet hatte, blieb er von ihm [Jesus] fern bis zum günstigen Moment [= Kairos]«(Lk 4,13). Bei Lukas weist die Versuchungsszene voraus auf die nächste Gelegenheit, die der Teufel wieder zum Angriff nutzen wird. Bei Matthäus dagegen weicht der Teufel und Engel dienen Jesus. Diese Engel am Ende der Versuchungsgeschichte nehmen jenen Engel vorweg, der am Ostermorgen den Stein vom Grab wälzt und den Frauen von der Auferstehung kündet (Mt 28,2f.5f.). Mt 4,1-11 präludiert die Auferweckung Jesu, in der sich die Gerechtigkeit Gottes erfüllt. Denn die Auferweckung ist Gottes Handeln am Gekreuzigten, mit dem er das Leben und Leiden Jesu als einen Weg im Tun und Hören der Tora ins Recht setzt. Von ihrem Ende her gelesen ist die Versuchungsgeschichte des Matthäusevangeliums eine *Ostererzählung*. Im Osterereignis erweist das Wort Gottes seine Todesmächtigkeit.

Es ist der Dienst der Engel, der das Licht des Ostermorgens auf die Erzählung von der Versuchung fallen lässt. In diesem Licht wird die Versuchung Jesu transparent für die Versuchungen der Gemeinde. In diesem Licht wird deutlich, wie Jesus *und* die Gemeinde den Versuchungen des Bösen begegnen, ihnen standhalten und sie überwinden können. Die hier

---

32 R. Bultmann, Geschichte der synoptischen Tradition, 274.
33 KD IV/1, 287.

genannten Versuchungen sind ja keine alltäglichen, sie sind ins Grundsätzliche gesteigert, damit an ihnen ebenso grundsätzlich deutlich wird, welche Macht das Gotteswort, welche Widerstandskraft gegen lebenszerstörende Gewalten das Vertrauen auf Gottes *Gesetz* hat. Leben wir aus der Gerechtigkeit Gottes, die uns in der Auferweckung Jesu geschenkt wird, so werden wir uns wie Jesus auf das Wort verlassen, das uns hilft, als Gerechte zu leben, auf die Tora. So grundsätzlich die Versuchungen auch sind, denen Jesus hier ausgesetzt ist, in ihnen blitzen ja auch Erfahrungen auf, die wir machen:

Dass wir versucht sind, unser Leben selbst zu sichern, anstatt auf die täglich neue Fürsorge Gottes zu vertrauen; dass das Bibelwort, das wir im Mund führen, zu einem teuflischen Wort werden kann, wo wir mit ihm über Gott verfügen wollen; dass wir uns – und sei es nur durch einen kleinen Kniefall im Verborgenen – jenen Mächten und Gewalten andienen, die die Rolle Gottes in unserem Leben einnehmen möchten ...

So *inklusiv* gedeutet korrespondiert die matthäische Versuchungserzählung mit der Vaterunserbitte: »*Und führe uns nicht in Versuchung, sondern erlöse uns von dem Bösen!*« Was sich dort im Sprechakt der Bitte ausspricht, begegnet hier als von Jesus erfülltes Gebot. Mit der Wiederholung von Versen aus dem Deuteronomium, die den Teufel zur Aufgabe zwingen, wird in Mt 4,1-11 das Schriftwort zum Gotteswort, das Jesus und uns nährt. Es ist Gottes Tora-Wort, das vom Bösen erlöst.

Eindrücklicher kann die jüdische *und* unsere reformierte Überzeugung, dass Gottes Gebot eine *Gestalt des Evangeliums* ist[34], kaum sichtbar werden. Die Versuchungsgeschichte spottet jeder Antithese von Gesetz und Evangelium und sie weckt, wie der Heidelberger Katechismus in Frageantwort 90 formuliert, »Lust und Liebe, nach dem Willen Gottes in allen guten Werken zu leben«.

---

34 Vgl. Karl Barth, KD II/2, Zollikon-Zürich 1942, 564 ff.

41

Durch Mark und Bein. Mitten ins Herz

Mit DichterInnen im Gespräch zur gewaltigen Macht des (Gottes-)Wortes [1]

I. Das ins Herz treffende Wort

>*Wenn durch Worte soviel auszurichten ist, –*
warum läßt es sich nicht durch Worte verhindern?«
Elias Canetti [2]

»Ein Wort gab das andere ...« – das sagen wir meist im Nachhinein, wenn es zum Streit kam, wenn ein zunächst ruhiger, sachlicher Wortwechsel zum hitzigen Wort*gefecht* wurde, zum *Schlag*abtausch mit Worten, die trafen und saßen: Eine harmlose Diskussion schaukelt sich hoch, der Ton wird schärfer, die Wortwahl beleidigender. Was konstruktive Kritik sein könnte, mündet in pauschale Vorwürfe. Zuerst mag es noch ein Spiel sein, ein rhetorisches Kräftemessen vielleicht, dann wird daraus bitterer Ernst. Da kommen einem Worte über die Lippen, über die man noch beim Aussprechen erschrickt. Eigentlich meint man das gar nicht so. Doch man kann sie nicht mehr zurücknehmen; andere fliegen hinterher, verletzendere noch, die Trefferquote steigt von Wort zu Wort.

In Hilde Domins Wort-Gedicht »Unaufhaltsam« [3] findet sich die Zeile: »Besser ein Messer als ein Wort«. Sie lässt uns schaudern, spüren wir beim Lesen doch beinahe leibhaftig das Messer an der Kehle oder zwischen den Rippen. Was aber ist dieses Messer gegen ein Wort, das trifft?!

>*Ein Messer kann stumpf sein.*
Ein Messer trifft oft
am Herzen vorbei.
Nicht das Wort.«

Hilde Domin kennt die Treffersicherheit des Wortes, das schon unterwegs Spuren der Verwüstung anrichten kann:

>*Wo das Wort vorbeifliegt,*
verdorren die Gräser,
werden die Blätter gelb,
fällt Schnee.«

---

1 Erstveröffentlichung in: »Lebendig und kräftig und schärfer«. Das Wort Gottes heute (KLAK-Impulse 4), hg. von Klara Butting u. a., Wittingen 2006, 68-75.
2 Der Beruf des Dichters. Münchner Rede, Januar 1976, in: Elias Canetti, Das Gewissen der Worte. Essays, Frankfurt a. M. ¹¹2005, 272-283, 275.
3 In: Hilde Domin, Gesammelte Gedichte, Frankfurt a. M. 1987, 170f. Die folgenden nicht eigens ausgewiesenen Zitate stammen aus diesem Gedicht.

Das einmal ausgesprochene Wort lässt sich nicht entkräften, nicht entmachten von nachgeschickten Worten, nicht einmal einholen und aufhalten:

»Es kommt immer an,
es hört nicht auf, an-
zukommen.«

Doch gerade *weil* sie um »das schwarze Wort« wissen, haben DichterInnen so viel *Vertrauen* in das Wort, suchen seine Nähe; sie finden »Heimat in der Sprache«[4], »gehen Hand in Hand mit der Sprache / bis zuletzt«[5]. Hilde Domins Gedicht »Unaufhaltsam« und Elias Canettis Essay »Wortanfälle« sind keine Worte *über* das Wort, sondern beredte Zeugen der Wirkung des Wortes, an der sie selbst teilhaben. In diesen Texten verant*wort*en Domin und Canetti das ihnen gegebene Wort, das sie (vor)finden, aber nicht erfinden. Von wem könnten wir, die wir mit dem *Gotteswort* umzugehen haben, besser lernen, (Gott) aufs Wort zu hören, als von den DichterInnen, die eine gehörige Portion Respekt vor der Macht des Wortes zeigen und zugleich volles Vertrauen in sie setzen? Ihr poetisches Wort weiß sich – wie wir noch deutlicher sehen werden – in der Nähe des Gotteswortes und hilft uns so bei dessen *Wahr*nehmung.

Für Elias Canetti ist es nicht verwunderlich, »daß jemand, der mehr als andere mit Worten umgeht, von ihrer Wirkung auch mehr erwartet als andere«[6]. Was aber erwarten *wir* vom Wort Gottes, welche Taten trauen wir ihm zu? Wenn wir hoffen, dass es *die Welt bewegt*, kann es dann nur das liebe, sanfte, harmlose Wort sein, das niemanden beunruhigt und keiner wehtut?

II. Das eigenmächtig-machtvolle Wort

»Die eigentümliche Kraft und Energie von Worten spürt man dort am stärksten,
wo man […] gezwungen ist, andere an ihre Stelle zu setzen.«
Elias Canetti[7]

»Ein Wort gab das andere …« Hier meldet sich die *Eigenmächtigkeit* des Wortes zu Wort. In diesem Wortgeschehen handelt das *Wort* selbst. Wir haben, was wir sagen oder schreiben nicht in der Hand, nicht im Griff (selbst dann nicht, wenn wir irgendwo das Wort *ergreifen*), können seine Wirksamkeit nicht kontrollieren und nicht beherrschen. Wir kennen die Erfahrung nur zu gut, dass uns unsere Worte aus dem Ruder laufen. Und selbst wer immer das letzte Wort haben oder behalten muss (als sei jemals das letzte Wort gesprochen!), besitzt es nicht und verfügt nicht über seine

---

4 So der Untertitel von Hilde Domins »Gesammelten Essays« (Frankfurt a. M. 1993).
5 Hilde Domin, Der Baum blüht trotzdem. Gedichte (1999), Frankfurt a.M. [6]2006, 45.
6 Der Beruf des Dichters, 275.
7 Wortanfälle. Ansprache vor der Bayerischen Akademie der Schönen Künste (1969), in: ders., Das Gewissen der Worte, 166-170, 167 f. Das ist ein Satz, der nicht zuletzt auf die Schwierigkeit des Übersetzens hinweist.

Wirkung. Vielleicht sprechen wir auch deshalb davon, dass, wer schweigt, kein Wort *verliert*. Nicht *wir* haben Macht über das Wort, sondern das Wort bemächtigt sich *unser*. Es schafft sich seine eigene Wirklichkeit und lässt dabei Sprechende wie Hörende nicht unverändert.[8]

Diese Einsicht, dass das Wort seiner selbst mächtig ist, dass es sich durchsetzen und sein Ziel erreichen wird, ist aber nicht nur eine bisweilen irritierende, die Redenden und Schreibenden verohnmächtigende Erfahrung. Sie kann auch entlastend und befreiend sein, allemal wenn es um das Gotteswort in Menschenmund und -hand geht: Gottes Wort kann für sich selbst einstehen; wir können ihm mehr zutrauen als uns selbst. Mit seiner Souveränität verbindet sich für mich auch die Hoffnung, dass es sich wehren kann gegen unseren Missbrauch, dass es sich nicht auf Dauer für Motive und Absichten, Wünsche und Pläne einspannen lässt, die ihm selbst zuwider sind.

Als aus sich heraus vollmächtiges Wort ist das Gotteswort das Gegenteil des leeren, unwirksamen, kraftlosen Wortes, das nichts auszurichten vermag. Es ist *Tatwort*. Es bringt mit sich, wovon es spricht:»So wird mein Wort sein, das aus meinem Munde geht: Es wird nicht leer zu mir zurückkehren, es habe denn getan, was ich wollte, und ausgerichtet, wozu ich es sandte«, sagt *Gott* (Jes 55,11). Zu beachten ist dabei nicht nur die Wirkkraft des Gotteswortes, sondern ebenso seine *Rückkehr* zu Gott: Gott empfängt das gegebene Wort zurück – verändert, gefüllt, angereichert in der Ant*wort* des Menschen. Gottes Wort zu verantworten, bedeutet, des Wortes eigener Macht nicht im Wege zu stehen, es bei uns ankommen und *sich aussprechen* zu lassen.

III. Die schöpferische Lebenskraft des energiegeladenen Wortes

> *»Denn das Wort ist, seiner Natur nach,*
> *Wort des Lebens.«*
> Hilde Domin[9]

Die Kirchentagslosung redet nicht weniger *gewaltig* als Domins Gedicht von der Wirksamkeit des Wortes. Anstelle eines (stumpfen) Messers dient in Hebr 4,12 das sprichwörtlich zweischneidige Schwert als Vergleich. Doch bevor die *durchdringende Schärfe* des Gotteswortes ins Bild gesetzt wird, steht betont eine andere Bestimmung voraus:

---

8 Machen nicht wir die Worte, sondern die Worte uns? Sind die Worte, die *wir* machen, ohnmächtiger als jene, die *uns* machen? Oder muss nicht vielmehr diese Alternative von *Machen und Gemachtwerden* überholt werden zugunsten eines Wechselspiels von *Geben und Nehmen*, von gegenseitigem *Im-Wort-Sein*? Dazu unten Abschnitt 5.

9 »Daß nicht einer Tod meine, wenn er Leben sagt«. Die Dichtung der Nelly Sachs, in: H. Domin, Gesammelte Essays, 100-118, 117.

»Ja, lebendig ist das Wort Gottes und kräftig und schärfer als jedes zweischneidige Schwert,
dringt durch Seele und Geist, geht durch Mark und Bein; es richtet über Gedanken und Pläne des Herzens.
Vor Gott ist kein Geschöpf unsichtbar, alles liegt unverhüllt und ungeschützt vor Gottes Augen.
Bei Gott stehen wir im Wort.« [10]

Alles, was Hebr 4,12 über das Gotteswort sagt, steht unter diesem Vorzeichen: Dieses Wort ist *lebendig*; ja, es ist (allemal als Tora, als Wegweisung) das *Leben*: »Denn kein leeres Wort ist es für euch, sondern es ist euer Leben« (5Mose 32,47a; vgl. Apg 7,38). Käme dieses Wort nicht bei uns an, sagte es uns nicht, wie wir vor Gott und miteinander leben können, schwiege Gott und enthielte uns das eigene Wort vor, dann wäre *dies* unser Tod, lebt doch der Mensch nicht vom Brot allein, sondern von *allem*, was Gott über die Lippen kommt (5Mose 8,3; Mt 4,4). Das Wort Gottes ist kein Sterbenswörtchen, sondern ein elementares Lebensmittel – wie das tägliche Brot. Es nährt uns.

Lebendig ist das Wort, weil es das Wort des *lebendigen Gottes* ist (vgl. Hebr 3,12; 10,31; 12,22). Wo uns dieses Wort trifft, begegnen wir der Lebensfülle Gottes, schöpfen wir aus der Quelle des Lebens (Ps 36,10). Die Lebendigkeit des Wortes steht und fällt mit dem, der im Wort zu Wort kommt. Lebendig ist das Wort Gottes, weil es *Leben schafft*: weil es das, was nicht ist, ins Dasein ruft und durch seinen Weckruf sogar Tote lebendig macht (Röm 4,17). Unter dem Zu- und Anspruch des Gotteswortes kommt das Leben wie gerufen. Eben diese Kreativität des göttlichen Wortes bedingt seine *gewaltige Energie*. Denn was dem Tod Leben abzutrotzen vermag, muss der Gewaltsamkeit, der Brutalität des Todes gewachsen sein, muss stärker als der Tod sein. Es ist die *Todesmächtigkeit* des Gotteswortes, seine Überlegenheit über den Tod, die es so *energisch* macht. [11] Was passiert, wenn *uns* dieses energiegeladene Wort anvertraut wird?

Die machtvollsten Sprechakte, mit denen Menschen das schöpferische Gotteswort verantworten, sind *Segen* und *Fluch* [12]: Im Segnen wiederholt sich Gottes Bejahung und Anerkennung geschöpflichen Lebens. Segnen ist ein intensives Grüßen und Willkommenheißen im Leben; im Segen spricht sich Aufmerksamkeit und Achtung, Interesse und Zustimmung, Begleitung und Unterstützung aus. Wer einen Menschen segnet, lässt sie nicht links liegen, behandelt ihn nicht wie Luft, sondern macht ihn bedeutungsschwer, schenkt ihr Würde und Ehre, bringt Begabungen zum Blühen und stiftet lebensförderliche Beziehungen. Entsprechendes gilt für unser *Gott-*

---

10 Leicht veränderte Fassung der Übersetzung der ExegetInnengruppe beim DEKT. Um den der Lutherbibel entnommenen Wortlaut der Losung »Lebendig und kräftig und schärfer« wortwörtlich beizubehalten, ist in der Kirchentagsübersetzung auf die betonte Voranstellung des »lebendig« verzichtet worden.
11 Damit ist allerdings noch nichts über die Lautstärke des Wortes gesagt. Auch wenn Gott uns etwas flüstert, kann dies ins Herz treffen.
12 Vgl. oben Text 1.

segnen, mit dem wir Gottes Segen gesättigt mit zwischenmenschlichen Erfahrungen zu Gott zurückkehren lassen und Gott Gewicht geben.

Dieser *affirmativen* Kraft des Segens korrespondiert seine *kritische* Funktion: Segensworte sind nur dann *Lebens*worte, wenn sie nicht *absegnen*, was buchstäblich der Fall ist, was den Weisungen Gottes zuwiderläuft und hinter der sehr guten Schöpfung zurückbleibt, sondern wenn sie auf Schalom, auf *Leben zur Genüge* für alle Geschöpfe aus sind. Darum bedarf es im Vorletzten zur Wegbereitung des Segens hier und da auch des *Fluchens* als der Gegenrede zum bösen Wort und zur Unrechtstat. Der Fluch entmächtigt und bannt das, was Leben mindert, gefährdet und tötet. Während der Segen Gemeinschaft schenkt, exkommuniziert der Fluch.

Segen und Fluch sind *Machtworte*, über deren Eintreffen wir nicht verfügen, die uns aber zu sagen geboten sind. Darum will der Umgang mit ihnen gelernt sein. Wer sich ihrer leichtfertig bedient, läuft Gefahr, sie zu missbrauchen. Je mehr wir dem Wort Gottes zutrauen, desto sorg- und achtsamer muss unser Umgang mit ihm sein, damit er wirklich dem Leben dient. Bei unserer Ver*antwort*ung des Gotteswortes kommt alles darauf an,»daß nicht einer Tod meine, wenn er Leben sagt«[13].

IV. Die Schärfe des durchdringenden und kritischen Wortes

>*Erforsche mich, Gott, und erkenne mein Herz;*
>*prüfe mich und erkenne meine Gedanken!*«
>Psalm 139,23

Seine (neu)schöpferische Wirksamkeit erhält das Gotteswort nicht zuletzt dadurch, dass es bis ins Innerste des Menschen eindringt, durch Mark und Bein geht, ins Herz und damit ins Zentrum unseres Wollens, Fühlens und Planens vorstößt. Seine eindringliche Schärfe dient der Entbergung des Menschen vor *Gott* – nicht seiner beschämenden Bloßstellung vor anderen *Menschen*. Richtet nach Hebr 4,12 das Gotteswort gerade darin etwas aus, dass es uns *richtet*, nämlich die Gedanken und Pläne unseres Herzens offenlegt, beurteilt und zurechtbringt, dann steht auch dies unter dem Vorzeichen, dass das Wort Gottes unser *Leben* und nicht unser Tod ist. Das durchdringende Gotteswort gibt unser Herz den Blicken *Gottes* frei, es stellt uns nicht vor Menschen zur Schau. Es richtet, indem es *auf-* und nicht *zu*grunderichtet. Das hat Konsequenzen für unsere Verkündigung des Gotteswortes: Nicht *wir* als ZeugInnen dieses Wortes halten Gericht über Mensch und Gott, sondern das Wort selbst ist Richter, fällt sein Urteil, spricht frei. Unser Umgang mit dem Gotteswort darf kein investigativer sein, als hätten wir die Herzen unserer Mitmenschen oder gar das Herz Gottes zu erforschen und deren Gedanken und Pläne zu richten.

Es verhält sich mit dem in Hebr 4,12f. beschriebenen Getroffensein vom Gotteswort wie mit den Gotteserfahrungen des 139. Psalms:»Adonaj, du

---

13 Nelly Sachs, Völker der Erde, in: Fahrt ins Staublose. Gedichte, Frankfurt a. M. 1988, 152.

erforschst mich und kennst mich …«» Weil kein Geschöpf vor Gott unsichtbar ist, deshalb können *und* brauchen wir uns vor Gott nicht zu verbergen, Gott nichts vormachen. Das Wort, das ins Herz geht, lässt sich von Masken und Schleiern, Verstellungen und Lügen nicht blenden und täuschen. Vor ihm gibt es keine Reserven. Es bahnt sich unaufhaltsam seinen Weg zum Herzen des Menschen, führt in die Krise und legt die Wahrheit frei.

Es ist von Zeit zu Zeit vonnöten, uns selbst und *auch Gott* daran zu erinnern, dass die schneidende und alles durchdringende Schärfe des Gotteswortes dem *Leben* dient und keinem Geschöpf den Tod bringen soll. Denn nicht nur wir, auch Gott kann sich vergessen und die Lebendigkeit des gegebenen Wortes aus dem Blick verlieren. Mose hat einst Gott emphatisch daran erinnert, dass er das Leben und nicht den Tod seines Volkes will (vgl. 2Mose 32,7-14), und der auferweckte Gekreuzigte liegt Gott bis zum jüngsten Tag für das Leben der Schöpfung in den Ohren: *Gottes Wort in Gottes Ohr* – um unsert- *und* um Gottes willen!

V. Das sich in Ewigkeit selbst gebende Wort

>*Am Ende ist das Wort | immer |*
>*am Ende | das Wort.«*
>Hilde Domin [14]

In Hebr 4,12f. wie in Hilde Domins Gedicht »Unaufhaltsam« hat buchstäblich das Wort das *letzte Wort*. So furchterregend und beklemmend das alles durchdringende und ins Herz treffende Gotteswort auch ist – die mit seiner scharfen Wirksamkeit verbundene Gewaltsamkeit darf nicht verschwiegen werden! – wer sich von diesem Wort treffen und erkennen und so ins Leben rufen lässt, macht hier wie dort eine über das Erschrecken hinausgehende Entdeckung: nämlich die der *bleibenden Verlässlichkeit* und Geltung des Wortes. *Nie ist das Wort am Ende, sondern immer steht am Ende das Wort.* Der Treffsicherheit des scharfen Wortes korrespondiert seine *Beständigkeit*. Die Anspielung Hilde Domins auf jenes Wort, das am Anfang bei Gott war (Joh 1,1), ist nicht zu überhören. Auch hier gibt es eine unübersehbare Nähe des DichterInnenwortes zum Gotteswort: »Das Wort unseres Gottes besteht für immer« (Jes 40,8b). Auch das gehört zur Gewaltigkeit des Gotteswortes: dass es bleibt, dass Gott uns im gegebenen Wort *treu* ist. Darum Martin Luthers Bitte: »Das Wort sie sollen lassen stahn« (eg 362,4). Eben darin ist unser Gott »ein feste Burg«, dass Gott das einmal gegebene Verheißungswort nicht zurücknimmt.

»*Ein Wort*
gibt das andere:
das ist die große Gabe« [15].

Elazar Benyoëtz' Aphorismus schenkt uns einen zweiten Blick auf die alltagssprachliche Wendung»Ein Wort gab das andere«. Er lehrt sie uns als

---

14 S.o. Anm. 3.

großartiges *Gabe-Ereignis* verstehen. Jemandem sein Wort geben – das ist ein Versprechen, verheißungsvoll. Den, der uns sein Wort *gibt*, dürfen und sollen wir beim Wort *nehmen*: »Das wörtlich / Genommene – / das tatsächlich Gegebene«[16]. Wer uns ihr Wort gibt, steht bei uns im Wort. Auf die Erfüllung des gegebenen Wortes dürfen wir pochen – wenn nicht Gott gegenüber, wo dann?! Gott antwortend beim Wort nehmen, bedeutet für ChristInnen, sich bei Gott auf den zu berufen, in dem dieses Wort *Fleisch*, ein lebendiger Mensch wurde, der mit uns mitzufühlen und mitzuleiden weiß (vgl. Hebr 4,15; 5,2). Auf die energische Wirksamkeit des Gotteswortes fällt noch einmal ein neues Licht, wenn wir bedenken: Auch *Gott* geht das gegebene Wort durch Mark und Bein, es schneidet Gott ins eigene Fleisch, trifft mitten ins göttliche Herz. Denn Gott ist im auferweckten Gekreuzigten leibhaftig bei uns im Wort. Dieser steht bei uns dafür ein, dass Gott Wort hält, denn er ist das »Ja und Amen« (2Kor 1,20) auf alle Gottesverheißungen.

---

15 Elazar Benyoëtz, Der Mensch besteht von Fall zu Fall. Aphorismen. Mit einem Nachwort von Friedemann Spicker, Leipzig 2002, 21.
16 Ebd., 79.

II. Schalom-Worte:
Gerechtigkeit – Frieden – Versöhnung – Heilung

»Gerechtigkeit erhöht ein Volk.«

Biblische Einsichten und aktuelle Perspektiven [1]

I. Zum Geburtstag: ein Weisheitswort der Gemeinde fürs »Volk« – Titelgedanken

Eine Kirchengemeinde wird 300. Und sie wünscht sich, was bei einer *reformierten* Gemeinde auch nicht verwunderlich ist, im Rahmen ihrer ausgiebigen und fröhlichen Feiern und Feste aus diesem Anlass als kleine Geburtstagsgabe auch einen *biblisch*-theologischen Vortrag mit aktuellen Akzenten. Zum Titel dieses Vortrags wählt sie selbst ein biblisches Zitat, eine Weisheit aus dem alttestamentlichen Buch der Sprüche: »Gerechtigkeit erhöht ein Volk« (Sprüche 14,34a). Mit dieser Themenwahl sagt die Gemeinde sehr viel von sich selbst, ohne dass sie dabei ausdrücklich von sich selbst spricht. Denn sie ist weder Subjekt dieses Titelsatzes, noch sein Objekt, jedenfalls nicht direkt.

Gewiss, der politische Begriff des *Volkes* ist immer wieder auch *ekklesiologisch*, also zur Bezeichnung der Kirche gebraucht worden: die Gemeinde Jesu Christi, die Christen und Christinnen als das *Volk Gottes*. Aber dieser *Ge*brauch war nicht selten ein *Miss*brauch, denn er war meist dadurch gekennzeichnet, dass man sich als das *neue* Volk Gottes an die Stelle des (erst)erwählten Gottesvolkes, an die Stelle Israels setzte, dass man das Eigentumsvolk Gottes ersetzte und enterbte, ihm die bleibende Erwählung absprach, als habe Gott selbst seinem Volk den Bund gekündigt. Der Begriff des Volkes *Gottes* ist nicht weniger belastet als der Volksbegriff selbst, allemal in deutschen Landen. [2]

Wenn wir uns als Gemeinde Jesu Christi unter dem Leitwort »Gerechtigkeit« auf einen Text der *hebräischen* Bibel, des Alten Testaments, beziehen, haben wir auch und zuerst darauf zu achten, dass es beim *Gebrauch* dieses Textes *gerecht* zugeht, dass wir Israel, dem diese Texte vor uns gehör-

---

1 Um die Anmerkungen erweiterter Vortrag im Rahmen der Feiern zum 300. Geburtstag der Evangelisch-reformierten Gemeinde Braunschweig am 16. Mai 2004. Erstveröffentlichung in: öffentlich und ungehindert. 300 Jahre Ev.-reformierte Gemeinde Braunschweig: Predigten und Vorträge, hg. im Auftrag des Presbyteriums der Ev.-reformierten Gemeinde Braunschweig von Sabine Dreßler-Kromminga und Klaus Kuhlmann, Braunschweig 2005, 33-59 (gekürzte Fassung).
2 Zu einem den Antijudaismus der Tradition aufdeckenden und überwindenden ekklesiologischen Gebrauch des Motivs »Volk Gottes« vgl. Michael Weinrich, Die Kirche als Volk Gottes an der Seite Israels. Ekklesiologische Annäherungen an eine Israel-bezogene Ekklesiologie, in: ders., Kirche glauben. Evangelische Annäherungen an eine ökumenische Ekklesiologie, Wuppertal 1998, 190-223.

ten und bis heute gehören, gerecht werden. Und das gilt auch dann, wenn es um einen Vers internationaler Weisheitsliteratur geht. Auch Bibelübersetzung, Bibelgebrauch und Bibelauslegung sind eine Frage der Gerechtigkeit.[3] Auch und gerade beim Thema »Gerechtigkeit« haben wir uns daran zu erinnern, dass wir nicht die ersten AdressatInnen der biblischen Texte sind, dass wir bei dem, was Israel und was in Israel gesagt wird, zuhören dürfen, dass wir also *Mit*hörende sind – ebenso wie wir auch *Mit*gesegnete sind.[4] Und dass wir als *Mit*hörende mehr als genug zu hören bekommen, dass wir dabei keineswegs zu kurz kommen.[5] Wir haben es als christliche Gemeinde erst mühsam und schmerzhaft lernen müssen, dass es *keine* narzisstische Kränkung ist, nicht die Hauptperson zu sein, nicht im Zentrum zu stehen, dass es vielmehr ein wunderbares Geschenk ist, überhaupt dabei zu sein, im Juden Jesus von Nazareth, den wir als den Messias, den Christus bekennen, mit im Bunde zu sein mit dem Gott Israels und seinem Volk. 300 Jahre Teilhabe an der Beziehungsgeschichte Gottes mit seinem Volk und seiner Welt – wahrlich ein Grund zum Feiern!

Nun ist aber in Sprüche 14,34a gerade nicht vom *Volk Gottes* die Rede, weder von Israel noch von der Kirche. Das zeigt schon der Parallelsatz in der zweiten Vershälfte:

Gerechtigkeit erhöht ein Volk,
aber eine Schande für die Nationen ist die Sünde.

Es geht um das Volk und um die Nation als politische Größe, es geht um das politische Gemeinwesen, kleinräumiger um die BürgerInnengemeinde, nicht die Kirchengemeinde, großräumiger: um die Ökumene der Menschheit, nicht der Kirche. Die reformierte Gemeinde Braunschweig spricht mit der Wahl dieses Titels nicht ausdrücklich von sich selbst, aber sie sagt damit sehr viel über sich selbst. Ich möchte den mir vorgegebenen biblischen Titel verstehen als ein Zitat in Ihrem Mund, als ein Wort der Kirchengemeinde an das Volk, als eine Zu*mut*ung an die Menschen hier in

---

3 Vgl. dazu die Beiträge in: Die Bibel – übersetzt in gerechte Sprache? Grundlagen einer neuen Übersetzung, hg. von Helga Kuhlmann, Gütersloh ²2005.

4 Andernorts habe ich dafür plädiert, das Wörtchen »mit« als *fundamentaltheologische* Kategorie zu verstehen: Magdalene L. Frettlöh, Mit Abraham gesegnet. Segenstheologie und -praxis als Einweisung der Kirche(n) in die Lebensverbindlichkeit mit Israel, in: Erneuerung in Kirche und Gesellschaft. Ökumenische Zeitschrift. Heft 96/97 (III/IV 2003), 23-31, bes. Abschnitt 2: »Vergesst das ›mit‹ nicht!«; dies., Theologie des Segens. Biblische und dogmatische Wahrnehmungen, Gütersloh ⁵2005, 271 ff.

5 »Wenn ich auf die Worte der hebräischen Bibel höre, kann ich mir von ihnen etwas sagen lassen, indem ich auf das höre, was Israel gesagt ist. [...] Israel ist Adressat, die Judenheit bleibt Adressatin der Worte der hebräischen Bibel. Sie ist angeredet. Aber ich kann, (folge ich dem Midrasch:) ich *soll* zuhören. Indem ich auf das höre, das *Israel* gesagt ist, mache ich Israel seinen unverwechselbaren Ort nicht streitig, sondern nehme den Ort ein, den die an Israel adressierten Texte mir als einem Menschen aus den Völkern einräumen« (Jürgen Ebach, Hören auf das, was Israel gesagt ist – hören auf das, was in Israel gesagt ist. Perspektiven einer »Theologie des Alten Testaments« im Angesicht Israels, in: Evangelische Theologie 62 [2002], 37-53, 48).

Braunschweig, in unserem Land, in unserer Welt. Ein Wort – Zuspruch und Anspruch zugleich –, mit dem die Kirchengemeinde sich verantwortlich weiß und verantwortlich macht für das, was in ihrer Stadt, in ihrem Land, auf unserer Erde passiert.

»Gerechtigkeit erhöht ein Volk.« In der fünften Barmer These[6] – auch die Barmer Theologische Erklärung hat ja einen runden Geburtstag in diesem Jahr – steht der Satz:

»Sie [die Kirche] erinnert an Gottes Reich, an Gottes Gebot und Gerechtigkeit und damit an die Verantwortung der Regierenden und Regierten.«

»Gerechtigkeit erhöht ein Volk.« Dieser Satz im Mund der Gemeinde ist im Sinne von Barmen 5 eine Erinnerung an die politische Verantwortung der Regierenden und Regierten, und zwar eine Erinnerung, die deren Tun und Lassen an Gottes Reich, Gebot und Gerechtigkeit als ihren Maßstab zurück bindet. »Gerechtigkeit erhöht ein Volk.« Eine Gemeinde, die so spricht, bleibt nicht bei sich selbst, ist nicht ängstlich um ihren eigenen Bestand und ihre eigene Zukunft, um ihre Mitgliederzahlen und ihre Steuereinnahmen besorgt. Sie agiert nicht selbstbezüglich, kreist nicht um sich selbst. Aber sie braucht Mitarbeitende und Mitbetende, Gelder und Räume, um ein solches Wort tun und sagen zu können.

Eine Gemeinde, die so spricht, lässt sich im gesellschaftlichen Diskurs das eigene Wort nicht verbieten, besteht vielmehr darauf, »öffentlich und ungehindert«[7] zu sprechen, sich einzumischen – und gerade darin das ihr Gebotene, das von Gott Gebotene zu tun. Eine Gemeinde, die so spricht, nimmt, um es beim Namen zu nennen, ihr *prophetisches* Amt[8] ernst und wahr.

Es gehört ja zu den besonderen Stärken und Schätzen unserer reformierten Tradition, dass wir nicht nur das Werk Jesu Christi als eine Wiederholung der Berufe und Institutionen Israels verstehen und so vom königlichen, priesterlichen und

---

6 Zu Barmen V vgl. etwa Karl Barth, Die These 5 der Barmer Erklärung und das Problem des gerechten Krieges, in: ders., Texte zur Barmer Theologischen Erklärung. Mit einer Einleitung von Eberhard Jüngel und einem Editionsbericht hg. von Martin Rohkrämer, Zürich 1984, 185-211; Rundgespräch: Zur Problematik von Barmen V heute, in: Barmer Theologische Erklärung 1934-1984: Geschichte – Wirkung – Defizite (Unio und Confessio 10), Bielefeld 1984, 211-241; Wolfgang Huber, Aufgaben und Grenzen des Staats. Politische Ethik im Anschluß an die 5. Barmer These, in: ders., Folgen christlicher Freiheit. Ethik und Theorie der Kirche im Horizont der Barmer Theologischen Erklärung (NBST 4), Neukirchen-Vluyn 1983, 95-112.

7 »öffentlich und ungehindert« – dieses Zitat aus der Gründungsurkunde der Reformierten Gemeinde Braunschweig, dem Privileg Anton Ulrichs, des Herzogs zu Braunschweig und Lüneberg, vom 8. Mai 1704 war das Motto der Jubiläumsveranstaltungen.

8 Zum prophetischen Amt (Christi und) der Kirche vgl. etwa Michael Weinrich, Das prophetische Amt Jesu Christi und der Dienst der Gemeinde in der Welt. Skizzen zu Karl Barths Theologie der Geistes-Gegenwart, in: ders., Kirche glauben, 114-132; Gerrit Noltensmeier, Das prophetische Amt der Kirche und die Zeitgenossenschaft evangelischer Theologie (unveröffentlichter Vortrag, gehalten am 19. Juli 2003 in Bochum-Laer).

prophetischen Amt Jesu Christi sprechen.[9] *Vielmehr gehen wir davon aus, dass diese messianischen Ämter Jesu Christi inklusiv sind, dass wir an ihnen partizipieren, dass wir selbst als Christen und Christinnen messianische Menschen sind, miteinander und füreinander priesterlich, königlich und prophetisch wirken. Für den Heidelberger Katechismus ist die Wahrnehmung dieser messianischen Aufgaben die Antwort auf die Frage »Warum wirst aber du ein Christ [eine Christin] genannt?« (FA 32). Und dazu zählt er auch, dass wir »mit freiem Gewissen in diesem Leben gegen die Sünde und den Teufel streiten«.*

»Gerechtigkeit erhöht ein Volk.« – Dieses Wort öffentlich und ungehindert zu sagen, auch das ist messianisches Streiten mit freiem Gewissen gegen die Sünde und den Teufel. Ist es die *Gerechtigkeit*, die ein Volk erhöht, dann geht es eben *nicht* um *nationale Selbsterhöhung*, schon gar nicht um die Erhöhung eines Volkes über andere Völker. Ein »Deutschland, Deutschland über alles ...« ist hier definitiv ausgeschlossen. Vielleicht können wir das »Erhöhen« ein wenig besser verstehen, wenn wir für einen Augenblick das Gegenteil bedenken: »Ungerechtigkeit erniedrigt ein Volk.« Das gilt ja sowohl für das Unrecht, das einem Volk widerfährt, als auch für das Unrecht, das es selbst anderen zufügt. Menschen Unrecht tun, sie ungerecht behandeln – das erniedrigt, demütigt, entwürdigt Opfer *und* TäterInnen. Die schrecklichen, grausamen Bilder, die uns dieser Tage und Wochen aus irakischen Gefängnissen erreicht haben, und die um sie entbrannte öffentliche Diskussion mit all' den unerträglichen Selbstentschuldungs-, Selbstrechtfertigungs- und Selbstbeschwichtigungsversuchen legen diese Erniedrigung auf *beiden* Seiten offen.

»Gerechtigkeit erhöht ein Volk.« kann nun – im Gegenüber zur erniedrigenden Ungerechtigkeit – bedeuten, dass ein Volk überhaupt aufrecht stehen und gehen kann, weil es aufgerichtet wird durch das Tun der Gerechtigkeit. Es kann heißen, dass Gerechtigkeit es allererst lebens- und gemeinschaftsfähig, sozial und human, eben *recht* macht und zurecht=zum Recht bringt. Das *Tun der Gerechtigkeit* – diese Wendung ist ein doppeldeutiger, besser: doppeldeutlicher Genitiv, und es kommt alles darauf an, diese Doppeldeutig/lichkeit nicht einseitig aufzulösen: Es ist das Tun, das die Gerechtigkeit selbst an und unter den Menschen vollbringt, *und* das Tun der Menschen, das Gerechtigkeit hervorbringt. Diese doppeldeutliche Gerechtigkeit, die Gerechtigkeit, die ihm widerfährt, und die Gerechtigkeit, die es selbst praktiziert, macht einem Volk Ehre, gibt ihm Gewicht, schenkt ihm Ansehen, macht es bedeutsam.

Und nun kommt alles darauf an, von *welcher* Gerechtigkeit da die Rede ist. »Gerechtigkeit« gehört ja zu den ganz großen Worten unserer Traditi-

---

9 Den anregendsten Neuentwurf zur (inklusiv verstandenen) Lehre vom dreifachen Amt Jesu Christi bietet Friedrich-Wilhelm Marquardt, Das Bekenntnis zu Jesus, dem Juden. Eine Christologie. Bd. 2, München 1991, 135-237; dazu: Bertold Klappert, Jesus als König, Priester und Prophet. Eine Wiederholung der Wege und des Berufs Israels, in: ders., Miterben der Verheißung. Beiträge zum jüdisch-christlichen Dialog (NBST 25), Neukirchen-Vluyn 2000, 278-295.

on, nicht nur der religiösen und theologischen, auch der politischen, philosophischen, ethischen Tradition. [10] Gerechtigkeit gilt seit alters her als Kardinaltugend, als ethische Norm schlechthin. Und es gibt wohl niemanden, der sich *gegen* Gerechtigkeit aussprechen würde. Für *Gerechtigkeit* sind wir *alle*, aber *welcher* Gerechtigkeit reden wir das Wort? Und wenn wir uns für Gerechtigkeit aussprechen, folgt daraus, dass wir uns auch für Gerechtigkeit einsetzen? Und wenn wir selbst dies tun, wie weit geht dann dieser Einsatz: Ringen wir auch dann noch um Gerechtigkeit, wenn es an unsere eigenen Privilegien geht, wenn uns dieser Streit etwas kostet, wenn dabei auch unsere eigenen Ungerechtigkeiten zur Sprache kommen und beseitigt werden müssen?!

»Gerechtigkeit erhöht ein Volk.« Aber welche Gerechtigkeit? Was ist Gerechtigkeit nach biblischem Verständnis? Was bedeuten *zädäq/zedâqâ* und *dikaiosýnê*, die biblischen Begriffe, die meist mit »Gerechtigkeit« übersetzt werden?

Unserem *landläufigen Verständnis* von Gerechtigkeit haben sich vor allem drei Motive besonders eingeprägt [11]: Da ist zum einen die *Frauengestalt der iustitia* mit verbundenen Augen, mit Schwert und Waage in der Hand. Sie suggeriert eine scheinbar objektive, unumstrittene, unbestechliche Gerechtigkeit, ohne Ansehen der Person, ohne Parteilichkeit, ohne Bedürfnis nach Orientierung an anderen Grundwerten. Gerechtigkeit und nichts als Gerechtigkeit! Eine *absolute* Gerechtigkeit, die nicht nur nicht nach rechts oder links schaut, die überhaupt nicht hinschaut, die blind sein will gegenüber allem Subjektivem. »Fiat iustitia, pereat mundus« – »Gerechtigkeit, und wenn die Welt darüber zugrunde ginge«! (Ferdinand I., 1556-64).

Damit eng verwandt ist ein Gerechtigkeitsbegriff, der sich beginnend mit Plato durch die ganze Philosophie- (und auch Theologie-)geschichte zieht und der in unserem Land und von unserem Land aus dafür gesorgt hat, dass wirklich eine Welt zugrunde ging: »Suum cuique!«/«Jedem das Seine!« Dieser Satz stand über dem Eingang zum KZ Buchenwald. Es ist der Begriff einer zuteilenden Gerechtigkeit, einer *iustitia distributiva*. Doch, und darin zeigt sich bereits im Kern dieses Begriffes seine Selbstpervertierung: Wer entscheidet eigentlich darüber, was das Seine ist, das Jedem, und das Ihre, das Jeder zukommt?! Wer nimmt hier für sich in Anspruch, die zuteilende, zuweisende Instanz zu sein und sich damit zum Vollstrecker dieser Verteilungsgerechtigkeit zu machen? Der Begriff der iustitia distri-

---

10 Einen Überblick bietet Wolfgang Lienemann, Gerechtigkeit (Ökumenische Studienhefte 3), Göttingen 1995; über die gegenwärtigen (theologisch-)ethischen Debatten orientieren die Beiträge in: Kriterien der Gerechtigkeit. Begründungen – Anwendungen – Vermittlungen. Festschrift für Christofer Frey zum 65. Geburtstag, hg. von Peter Dabrock u.a., Gütersloh 2003; zur theologisch-rechtsethischen Reflexion auf Gerechtigkeit: Wolfgang Huber, Gerechtigkeit und Recht. Grundlinien christlicher Rechtsethik, Gütersloh 1996.

11 Vgl. dazu Jürgen Ebach, Gerechtigkeit und ..., in: ders., Weil das, was ist, nicht alles ist. Theologische Reden 4, Frankfurt a.M./Bochum 1998, 146-164; ders., »Auf dem Pfad der Gerechtigkeit ist Leben«. Biblisch-theologische Beobachtungen, in: ders., Weil das, was ist, nicht alles ist, 165-185.

butiva hat, auch wo er uns in weniger tödlichen Kontexten als am Ort eines KZ-Eingangs begegnet, etwas Gewaltförmiges an sich. Er setzt die Herrschaft von Menschen über Menschen voraus und hebt damit die Gleichheit, die er zu propagieren meint, schon im Vorfeld auf. Der *biblische* Einspruch gegen ein »Jedem das Seine!« lautet – und auch das hat mit Gerechtigkeit zu tun: »Jedem und jeder Schalom!« Schalom – wir verdeutschen meist mit »Frieden« – heißt in der Grundbedeutung des Wortes »Genüge«. In Schalom leben Menschen, befriedet sind sie, wenn ihnen Genugtuung widerfahren ist und sie darum Genüge haben, Leben zur Genüge! Nicht ein beschwichtigendes, vertröstendes »Gib dich zufrieden!«, sondern ein: »Lass dir genug *tun*, damit du genug *hast*!« Das Tun des Gerechten – das heißt nicht zuletzt: einander Genugtuung zukommen lassen. Nur wer *Genüge* hat, kann auch *vergnügt* sein! Dieses Wortspiel unterstreicht den unauflösbaren Zusammenhang von Ethik und Ästhetik. Auch in der Gerechtigkeit gehören Ethik und Ästhetik untrennbar zusammen, zielt doch Gerechtigkeit darauf, dass alle genug haben: genug an Lebensmitteln, genug an täglichem Brot, und das heißt in Martin Luthers unüberbietbarer, aber der Übersetzung in heutige Lebenswelten bedürftiger Auslegung:

»Alles, was zur Leibsnahrung und -notdurft gehört als Essen, Trinken, Kleider, Schuch, Haus, Hof, Acker, Viehe, Geld, Gut, frumm Gemahl, frumme Kinder, frumm Gesinde, frumme und treue Oberherrn, gut Regiment, gut Wetter, Friede, Gesundheit, Zucht, Ehre, gute Freunde, getreue Nachbarn und desgleichen.« [12]

Und das dritte Motiv in unserem populären Verständnis von Gerechtigkeit ist der Gegensatz, zumindest die Spannung von *Gerechtigkeit und Barmherzigkeit*. Wir sprechen von »Gnade vor Recht ergehen lassen« und gehen davon aus, dass im Begnadigungsakt das Recht nicht zum Zug kommt. Ein solches Verständnis, das die Gnade nicht *im* Recht und nicht *als* Recht, sondern als Alternative zum Recht wahrnimmt, lebt ebenfalls vom Begriff der zuteilenden Gerechtigkeit, in diesem Fall von Strafen und Belohnen bzw. Verurteilen und Freisprechen.

»Ich halte mehr von Vergebung als von Gerechtigkeit, weil Gerechtigkeit den Opfern nicht hilft. [...] Mit Strafe und Gerechtigkeit kann ich als Opfer wenig anfangen. Verbrecher können bestraft und aus dem Verkehr gezogen werden. [...] Aber das alles nützt den Opfern nichts. [...] Als ich mit dem Vergeben begonnen hatte, fiel eine Last von meinen Schultern, die ich fast 50 Jahre mit mir herumgetragen hatte. Die Vergebung schafft einfach die Möglichkeit, dass ein Opfer wieder zu jemandem wird, der kein Opfer ist. Der Schmerz verschwindet, und man ist einfach ein ganz normaler Mensch. Ein Überlebender hat das Recht zu vergeben.« [13]

---

12 Martin Luther, Der Kleine Katechismus für die gemeine Pfarrherr und Prediger, in: Die Bekenntnisschriften der Evangelisch-Lutherischen Kirche, Göttingen ⁸1979, 499–541, 514,3-10.
13 Eva Mozes Kor/Harald Welzer, »Ein Überlebender hat das Recht zu vergeben«. Eva Mozes Kor, in Mengeles Experimenten gepeinigter Zwilling, über ihre Befreiung aus der Opferrolle, in: Frankfurter Rundschau Nr. 135 (Freitag, 13. Juni 2003), 2.

Diese leidenschaftliche Absage an die Gerechtigkeit und das nicht weniger leidenschaftliche Plädoyer für Vergebung *statt* Gerechtigkeit stammt aus dem Mund von Eva Mozes Kor, einer Überlebenden der Zwillingsversuche von Mengele in Auschwitz. Ihre Geschichte machte im Frühsommer 2003 über mehrere Wochen als sog. Welzer-Brumlik-Kontroverse Schlagzeilen in der Frankfurter Rundschau. Nach dem Tod ihrer Zwillingsschwester hatte Eva Mozes Kor Dr. Münch, einen ehemaligen KZ-Arzt, getroffen und ihm vergeben. Vergeben zu können statt Gerechtigkeit zu fordern war für sie der Weg, um aus der ohnmächtigen, hilflosen Opferrolle herauszukommen und wieder handlungsfähig zu werden. Auch hier – und nur deshalb erinnere ich an diese Debatte[14] – lebt die Alternative von einem Gerechtigkeitsbegriff, der sich primär mit der Bestrafung der UnrechtstäterInnen verbindet: Gerechtigkeit erscheint täterorientiert, Vergebung dagegen opferorientiert. Würden wir im Gegenzug dazu etwa Berichte und Protokolle aus der südafrikanischen »Truth an Reconciliation Commission«, der Wahrheits- und Versöhnungskommission, in der die schlimmsten Gräueltaten aus der Zeit des Apartheidregimes öffentlich gemacht wurden[15], lesen, wären wir gerade von seiten der Opfer mit einer vehementen Forderung nach Gerechtigkeit konfrontiert.

Nun aber der Blick auf einige wenige ausgewählte Beispiele aus der Fülle biblischer Gerechtigkeitstexte. Ein Kriterium für die Auswahl war dabei die zum Jubiläums-motto erhobene Spitzenformulierung aus dem Edikt vom 8. Mai 1704: »öffentlich und ungehindert«. Das (doppeldeutliche) Tun der Gerechtigkeit ist öffentlicher Gottesdienst im Alltag der Welt. Wer diesen hindert, schadet sich selbst. Ein zweites Kriterium: dass zumindest ein spezifischer Frauentext zur Sprache kommt. Es gibt – auch beim Bibellesen – keine Gerechtigkeit ohne Geschlechtergerechtigkeit!

---

14 Zur Einzeichnung der Geschichte von Eva Mozes Kor in aktuelle Debatten um Schuld und Vergebung vgl. Magdalene L. Frettlöh, »Der Mensch heißt Mensch, weil er … vergibt.« Philosophisch-politische und anthropologische Vergebungs-Diskurse im Licht der fünften Vaterunser-Bitte, in: »Wie? Auch wir vergeben unsern Schuldigern?« Mit Schuld leben (Jabboq 5), hg. von Jürgen Ebach u.a., Gütersloh 2004, 179-215.

15 Einen einführenden Überblick bietet Erich Geldbach, Die Wahrheits- und Versöhnungskommission in Südafrika. Hintergründe und Ergebnisse, in: Zeitschrift für Theologie und Gemeinde 5 (2000), 99-116. Zur theologisch-ethischen Reflexion der Arbeit der Wahrheitskommission vgl. Wolfgang Lienemann, Gerechtigkeit und Versöhnung. Erinnerung erlittenen Unrechts im Kampf um ein neues Südafrika, in: Politik der Versöhnung (Theologie und Frieden 23), hg. von Gerhard Beester-möller/Hans-Richard Reuter, Stuttgart 2002, 197-230.
Die Romane von Antjie Krog: »Country of my Skull« (Johannesburg 1998) und Gillian Slovo: »Roter Staub« (Aus dem Englischen von U. Strätling, Frankfurt a.M. 2003) sind tief berührende belletristische Dokumente für die Konfrontation mit der Vergangenheit des südafrikanischen Apartheidstaates in den Anhörungen der Wahrheits- und Versöhnungskommission.

II. Göttliche und menschliche Gerechtigkeit –
biblisch-theologische Beobachtungen in aktuellen Kontexten

Im Verständnis der Bibel – das stelle ich summarisch voran – ist Gerechtigkeit, sei es die göttliche, sei es die menschliche, weder *blind* noch *unparteiisch* noch *gnadenlos*. Und sie ist allemal kein *absoluter* Wert. Sie steht vielmehr im Bunde, nicht selten auch im Konflikt mit anderen Werten. Sie kommt ins Gespräch, disputiert mit Wahrheit und Recht, begegnet Frieden und Sicherheit, hinterfragt Ordnung und Moral, bringt Leben, bewährt und bewahrt Freiheit und streitet gegen Unrecht und Tod. So *konstitutiv* und *fundamental* die Gerechtigkeit sowohl für das Gottsein Gottes als auch für die Menschlichkeit des Menschen ist, sie ist kein Wert an und für sich. Es geht immer um Gerechtigkeit und ..., aber es geht nie ohne Gerechtigkeit.[16] Was in der jeweiligen konkreten Situation das Gerechte ist, darum muss gestritten werden, das steht nicht ein für alle Mal fest, aber es gibt unaufgebbare und unhintergehbare biblische Kriterien, Inhalte und Perspektiven der Gerechtigkeit.

Gerade weil wir beim Begriff »Gerechtigkeit« zunächst und zumeist an die iustitia distributiva denken, haben Bibelwissenschaftler sich darum bemüht, insbesondere die hebräischen Worte »*zädäq*« und »*zedâqâ*«, die mit »Gerechtigkeit« übersetzt werden, noch einmal anders zu verdeutlichen. Der Hamburger Alttestamentler Klaus Koch hat dabei den Terminus der »Gemeinschaftstreue« geprägt.[17] Wer sich an *zädäq* orientiert und *zedâqâ* praktiziert, zeigt ein gemeinschaftsgemäßes Verhalten, übt Solidarität und Loyalität, stellt zerbrochene Gemeinschaftsbeziehungen wieder her, gibt dem *zaddîq*, dem, der gerecht ist und sich gerecht verhält, Recht. Mehr noch: an nicht wenigen Stellen der hebräischen Bibel ist *zädäq/zedâqâ* gleichsam materiell, stofflich vorgestellt, kann vom Himmel herabregnen und sich verströmen, kann aus der Erde hervorsprossen und blühen. Klaus Koch geht deshalb davon aus, dass mit *zädäq/zedâqâ* nicht nur eine Norm und eine Praxis gemeint sind, sondern zugleich auch ein *Heilszustand*, eine *heilvolle Sphäre*, in der gemeinschaftstreues Verhalten allererst gedeihen kann. Vielleicht können wir hier auch von einem Solidarität fördernden *Klima* sprechen.

1. Gottes fremde Gerechtigkeit und unsere Gerechtmachung: Gerechtigkeit als Gabe und Aufgabe

Nach biblischem Verständnis ist die Gerechtigkeit nicht – wie etwa in der aristotelischen Ethik – ein *habitus*, den wir uns zulegen und den wir dann besitzen, über den wir verfügen können. Wir werden nicht dadurch gerecht, dass wir je länger, je mehr gerechte Dinge tun. Wir bleiben vielmehr

---

16 Vgl. dazu J. Ebach, Gerechtigkeit und ... .
17 Klaus Koch, Art. »*zdq*«, gemeinschaftstreu/heilvoll sein, in: Theologisches Handwörterbuch zum Alten Testament. Bd. II, hg. von Ernst Jenni unter Mitarbeit von Claus Westermann, München/Zürich 1984, 507-530.

darauf angewiesen, dass die Gerechtigkeit uns buchstäblich entgegenkommt, dass sie uns geschenkt und zugeeignet wird. Bevor Gerechtigkeit zu *Norm* und Inbegriff unserer *Praxis* wird, bevor sie uns zu tun *aufgegeben* wird, wird sie uns *gegeben*. Sie kommt uns von außen zu als ein Geschenk, das wir uns nicht selber machen können. Wir sind nicht aus uns selbst gerecht, sind also keine *selbst*gerechten, sondern von Gott gerecht gemachte, zurecht gebrachte Menschen. Und nur darum können wir gerecht leben und gerecht handeln. Als externe *Gabe* wird uns Gottes Gerechtigkeit zur *Aufgabe*. In der Sprache der Tradition ist das der unauflösbare Zusammenhang von Rechtfertigung und Heiligung.

Es ist der Kern der paulinischen Rechtfertigungslehre, dass Gott uns teilhaben lässt an SEINER Gerechtigkeit, dass Gott uns zu Menschen macht, die Gott Recht geben und darin Gott recht sind.»Deum iustificare«–Gott Recht geben, das ist die Grundbedeutung von Rechtfertigung.[18] Gott will mit der Schöpfung, will mit uns Menschen zu IHREM Recht kommen, will, dass wir selbst unser Lebensrecht nicht verspielen. Darum macht Gott uns gerecht.

Gerechte sind keine selfmade men oder women. Vielmehr gilt:»Der/die Gerechte wird aus Treue leben.« Auf diese prophetische Gewissheit aus Hab 2,4 greift Paulus in seinem Brief an die Gemeinden in Galatien zurück (Gal 3,11).[19] Das ist die berühmte *Glaubensgerechtigkeit*: die Gerechtigkeit, die wir nicht selber herstellen können, sondern die sich bei uns einstellt aufgrund von Treue, genauer: aufgrund der Treue *Jesu von Nazareth* zu den Weisungen und Verheißungen des Gottes Israels und dann unserer Treue zu Jesus als dem Messias, als dem, der uns in die Sphäre der Gerechtigkeit des Gottes Israels hineinbringt. In einer unheilvollen christlichen Auslegungsgeschichte ist dieser *Glaubens*gerechtigkeit, die urjüdisch ist –

Und Abram vertraute auf/glaubte an Adonaj,
und er rechnete es ihm als Gerechtigkeit an (1Mose 15,6; Galater 3,6). –

als Kampfbegriff eine sog. *Werk*gerechtigkeit entgegengestellt worden – mit der Folge, dass man meinte, für ChristInnen habe das Gesetz des Alten Testaments, die Tora ihre Gültigkeit verloren. Doch das Gottvertrauen Jesu

---

18 Siehe dazu Hans Joachim Iwand, Glaubensgerechtigkeit nach Luthers Lehre (1941), in: ders., Glaubensgerechtigkeit. Lutherstudien (ThB 64), hg. von Gerhard Sauter, München ²1991, 11-125, 21:»Gott recht geben heißt: ›Deum iustificare‹. Eigentlich bedeutet dieser Ausdruck: Gott rechtfertigen. Es handelt sich also bei dem, was wir die reformatorische Lehre von der Rechtfertigung nennen, nicht nur um die Rechtfertigung des Menschen vor Gott, sondern zugleich und unumgänglich um die Rechtfertigung Gottes im Menschen. Gott will zu seinem Recht kommen, darum offenbart er sich; so wie er in sich Wahrheit, Gerechtigkeit und Leben ist, will er es auch außerhalb seiner – nämlich in uns – werden. [...] Dieses Wahr-Werden Gottes in uns nennt Luther ›Deum iustificare‹.«
19 Zum Zusammenhang vgl. ausführlich M. L. Frettlöh, Theologie des Segens, 303 ff.; zum Problem im Kontext des Briefes an die galatischen Gemeinden: Brigitte Kahl, Der Brief an die Gemeinden in Galatien. Vom Unbehagen der Geschlechter und anderen Problemen des Andersseins, in: Kompendium Feministische Bibelauslegung, hg. von Luise Schottroff/Marie-Theres Wacker unter Mitarbeit von Claudia Janssen und Beate Wehn, Gütersloh 1998, 603-611.

von Nazareth findet seinen Ausdruck gerade im Tun der Tora, in einem Leben nach und aus der Schrift. Darum kann auch für uns, die wir uns – um Gottes und unserer selbst willen – auf die Treue Jesu berufen, unser Glaube nicht toralos, nicht gesetzesfrei sein.[20] Sondern die Gerechtigkeit Jesu, die Gott uns zugute hält und zueignet, setzt uns instand, nun unsererseits so auf Gott zu vertrauen, wie Abraham und wie Jesus es getan haben, und aus diesem Vertrauen heraus das Tun des Gerechten zu wagen. Gerade weil wir unsere Kräfte, unsere Zeit und unsere Phantasie, unser Engagement und unsere Leidenschaft nicht damit vergeuden müssen, uns selbst zu verwirklichen, selbst zu behaupten und selbst zu rechtfertigen, können wir sie in den Dienst der Gerechtigkeit, der Gemeinschaftstreue, der Solidarität stecken.

2. Gerechtigkeit für die Armen: Kriterium für das Gottsein des lebendigen Gottes

Der 82. Psalm[21] entführt uns in eine Götterversammlung, in der der Gott Israels als Richter der anderen Götter auftritt. Und das Kriterium, nach dem Gott über das Gottsein der anderen Götter richtet, ist das Tun der Gerechtigkeit:

1 Gott steht da in der Gottesversammlung,
inmitten der Götter will er richten:
2 »Wie lange wollt ihr unrecht richten
und die Frevler begünstigen?
3 Richtet den Niedrigen und die Waise auf,
den Elenden und Armen setzt ins Recht,
4 lasst entrinnen den Niedrigen und Bedürftigen,
aus der Hand der Frevler rettet sie!«
5 – Sie erkennen nichts, und sie verstehen nichts,
im Finstern gehen sie hin und her,
es wanken die Fundamente der Erde –.
6 Ich sagte (mir): Götter seid ihr,
Kinder des Höchsten allesamt.
7 Jedoch wie ein Mensch sollt ihr sterben
und wie einer der Fürsten fallen!
8 Steh auf, Gott, richte die Erde auf,
dir sind ja zu eigen alle Völker![22]

---

20 Vgl. dazu Frank Crüsemann/Gabriele Obst, Müssen sich Christinnen und Christen an das Gesetz des Alten Testaments halten?, in: Ich glaube an den Gott Israels. Fragen und Antworten zu einem Thema, das im christlichen Glaubensbekenntnis fehlt (KT 168), hg. von Frank Crüsemann/Udo Theissmann, Gütersloh 1998, 114-118; Frank Crüsemann, Maßstab: Tora. Israels Weisung für christliche Ethik, Gütersloh 2003.

21 Zur folgenden Auslegung vgl. Frank Crüsemann, Meine Kraft ist in den Schwachen mächtig, in: Junge Kirche 48 (1987), 610-614.

22 Verdeutschung nach J. Ebach, »Auf dem Pfade der Gerechtigkeit ist Leben«, 168.

Wir werden der aktuellen Brisanz dieses Psalmtextes unmittelbar ansichtig, wenn wir bei dieser Götterversammlung nicht an ein polytheistisches Pantheon anderer Religionen, sondern an *die* Götter denken, die in *unserer* Gesellschaft und Gegenwart verehrt werden, vor denen *wir* uns beugen, die *wir* bedienen: die Globalisierung, das Geld, der Fortschritt, die Geschwindigkeit, die Flexibilität, die Mobilität, der Gewinn, die Sachzwänge, das Im-Netz-Sein, der Erfolg, die Gesundheit, die faltenlose, lebens- und altersspurenfreie Schönheit ... Doch *Gott* genannt zu werden verdient nur, wer den Armen und Bedürftigen zu ihrem Recht verhilft, wer sie aus ihrem Elend, ihrer Not, ihrer Bedrückung aufrichtet. Der 82. Psalm versammelt all' jene Gruppen von Menschen, deren elementare Lebensrechte, deren Überleben in Gefahr ist, Menschen, die darauf angewiesen sind, dass andere sie zurecht bringen, für ihr Recht und ihre Versorgung eintreten, sie wieder auf die Beine stellen: Arme und Unterdrückte, Entrechtete und Gedemütigte, Waise und Erniedrigte – also genau jene Gruppen, um deretwillen die Propheten unmissverständlich scharfe Sozial- und Kultkritik üben.

Wer diese *personae miserae*, die Menschen, die der sich erbarmenden Gerechtigkeit bedürfen, noch mehr unterdrückt und sie am Boden liegen lässt, wer Unrechtstäter begünstigt, statt den Entrechteten Gerechtigkeit widerfahren zu lassen, wer die Bedrängten nicht aus dem Zugriff der Gewalttätigen befreit, hat nicht nur aufgehört, Gott zu sein, sondern erschüttert die Fundamente der Erde, bringt sie ins Wanken. Erbarmen geschieht hier gerade im und als Einsatz für Recht und Gerechtigkeit. Barmherzigkeit und Gerechtigkeit fallen nicht auseinander. Ohne diese Gerechtigkeit, ohne die *zedâqâ*, die Menschen aufrichtet und aufatmen lässt, hören nicht nur Götter auf, unsterblich zu sein, sondern wird das Leben auf dieser Erde haltlos, verlieren wir den Boden unter den Füßen, stehen wir vor dem Abgrund. Gerechtigkeit ist also nach Psalm 82 buchstäblich eine *fundamentaltheologische* Kategorie.

An dieses Gerechtigkeitskriterium ist auch das Gottsein des Gottes Israels gebunden. Der Gott, der andere Götter an ihrem Einsatz für das Recht der Entrechteten misst, bleibt ihm selbst verpflichtet. Auch unser Gott wird sich nur dann als lebendiger, Leben schaffender und fördernder Gott erweisen, wenn SIE Gerechtigkeit übt. Darum ist es mehr als ein liturgisches Moment, wenn Psalm 82 in einen Bittruf der Gemeinde einmündet: »*Steh auf, Gott, richte die Erde auf, dir sind ja zu eigen alle Völker!*« Zum menschlichen Tun des Gerechten gehört auch, dass wir Gott an SEINE Verantwortung für die Welt erinnern und Gott mit unserem Gebet bewegen, Gott gleichsam Beine machen, doch für Recht und Gerechtigkeit in dieser Welt zu sorgen. Auch der endgültige, alle überzeugende Erweis des Gottseins unseres Gottes steht also noch dahin, Gottes Gottsein steht und fällt damit, dass Gott gerecht richtet und das heißt: Menschen aufrichtet. Bonhoeffers Diktum vom Beten *und* Tun des Gerechten[23] heißt mit Ps 82 auch: »Beten *als* Tun des

---

23 »Unsere Kirche, die in diesen Jahren nur um ihre Selbsterhaltung gekämpft hat, als wäre sie ein Selbstzweck, ist unfähig, Träger des versöhnenden und erlösenden

Gerechten«. Denn auch unser Gott ist noch nicht aus dem Schneider und möchte nicht ohne uns, nicht ohne unsere Mitarbeit, nicht ohne unsere Gebete Gott sein.

3. Das menschliche Tun der Gerechtigkeit: eine Einladung an Gott, unter uns zu wohnen

»Gott ist gegenwärtig« (eg 165), so singen wir nicht selten zu Beginn unserer Gottesdienste. Die Bibel bindet die Zusage der Gegenwart Gottes, auch der kultischen Gegenwart an das Tun des Gerechten, an eine *Entsprechung* zwischen göttlicher und menschlicher Gerechtigkeit.

Bewahrt Recht und übt Gerechtigkeit,
denn nahe ist meine Hilfe zu kommen
und meine Gerechtigkeit, offenbar zu werden (Jesaja 56,1).

Hier in Jesaja 56,1, zu Beginn des dritten, des nachexilischen Teils des Jesajabuches, wird die Aufforderung, zwischenmenschlich Recht und Gerechtigkeit zu praktizieren, mit dem Nahekommen, dem Entgegenkommen der Rettung und Gerechtigkeit Gottes begründet. Nicht aus sich selbst heraus, sondern aufgrund der Nähe der göttlichen Gerechtigkeit werden Menschen fähig, ihrerseits Gerechtigkeit zu üben. Gottes Gerechtigkeit kommt zu Hilfe, damit Menschen sich gerecht verhalten können.

Das Tun des Gerechten versteht sich also nicht von selbst. Menschen vermögen es nicht aus eigener Kraft. *Faktisch* ist vielmehr alltäglich zu beobachten, dass die Gerechten umkommen, dass die Gewalt und das Böse und nicht das Recht herrschen. Da ist die Bibel ganz *realistisch* und – ganz *aktuell*:

Der Gerechte geht zugrunde, und niemand nimmt es sich zu Herzen,
die Männer der Treue werden hinweg gerafft,
während es niemand bemerkt,
dass vor dem Angesicht der Bosheit hinweg gerafft wird der Gerechte (Jesaja 57,1).

Und im Blick auf die Justiz heißt es in Jesaja 59,4:

Niemand ruft an mit Gerechtigkeit,
und niemand spricht Recht mit Verlässlichkeit.
Man vertraut auf Nichtiges und redet Lüge,
man geht schwanger mit Verderben und gebiert Unheil.

Wortes für die Menschen und für die Welt zu sein. Darum müssen die früheren Worte kraftlos werden und verstummen, und unser Christsein wird heute nur in zweierlei bestehen: *im Beten und im Tun des Gerechten unter den Menschen.* Alles Denken, Reden und Organisieren in den Dingen des Christentums muß neugeboren werden aus diesem Beten und diesem Tun« (Dietrich Bonhoeffer, Gedanken zum Tauftag von Dietrich Wilhelm Rüdiger Bethge Mai 1944, in: ders., Widerstand und Ergebung. Briefe und Aufzeichnungen aus der Haft [DBW 8], hg. von Christian Gremmels u.a., Gütersloh 1998, 435f.; Hervorhebung M.L.F.).

Wo Recht und Gerechtigkeit ins Gegenteil verkehrt werden, kann Gott nicht bei den Menschen ankommen und bleiben. Denn es sind die Menschen, die eine Trennwand zwischen sich und Gott aufrichten mit ihren Untaten. Wo zwischenmenschlich die Gemeinschaftstreue mit Füßen getreten wird, weil Menschen tatenlos zusehen, wie andere gequält und erniedrigt werden und vor die Hunde gehen, gibt es keine Gemeinschaft mit dem gerechten Gott. Wer zwischenmenschlich die Solidarität aufkündigt, vertreibt Gott aus dieser Welt. Menschliches Zusammenleben ist für Gott nur einladend und attraktiv, Gott kann es nur unter uns aushalten, wo wir Gerechtigkeit praktizieren. Wie diese Praxis *konkret* aussieht und dass das Tun des Gerechten immer ein *befreiendes* ist, darüber lässt uns das Jesajabuch nicht im Unklaren:

... Unrechtsfesseln öffnen, Jochstricke zerreißen,
Misshandelte als Freie entlassen, und jedes Joch sollt ihr zerbrechen!
Geht es nicht darum: für Hungrige dein Brot brechen,
umherziehende Arme sollst du ins Haus führen,
wenn du Nackte siehst, bekleide sie,
und vor deinen Mitmenschen sollst du dich nicht verschließen!? (Jesaja 58,6f.)[24]

Wo dies geschieht – und Jesus hat dieser Praxis im Gleichnis vom Weltgericht in Matthäus 25 endgültiges Gewicht gegeben –, da können und dürfen wir gewiss sein, dass Gott ausgesprochen gern bei uns nicht nur zu Gast ist, sondern sich zuhause, heimisch fühlt.

Diese konkrete Gerechtigkeitspraxis »Brich dem Hungrigen dein Brot ...« zieht Gott an, lockt SIE in unsere Mitte:

Dann wirst du rufen und Adonaj wird hören,
du wirst schreien, und ER *sagt: Hier bin ich!/Hier hast du mich! –*
dann, wenn du aus deiner Mitte entfern(t hab)en wirst
Unterjochung, (Mit-)Finger(n)-Zeigen und böse Rede (Jesaja 58,9).

Mehr noch:

Und es geschieht: bevor sie rufen, antworte ich,
noch reden sie, und ich erhöre (schon) (Jesaja 65,24).

Gott kommt unserem Bedürfnis nach Gottesnähe nicht nur *entgegen*, indem ER uns mit SEINER Gerechtigkeit zu gerechtem Tun motiviert und ermächtigt. Gott wird uns sogar *zuvor*kommen, wenn wir Gerechtigkeit üben. Auch das macht die Gerechtigkeit Gottes aus: Gott ist entgegenkommend und zuvorkommend.

---

24 Übersetzung nach J. Ebach, »Auf dem Pfade der Gerechtigkeit ist Leben«, 181. Zur Auslegung des ganzen Kapitels vgl. ders., Lauthals für Gerechtigkeit. Bibelarbeit über Jesaja 58, in: ders., Weil das, was ist, nicht alles ist, 186-205.

4. Gerechtigkeit als Erinnerungsarbeit: Gemeinschaftstreue auch gegenüber den Toten

Nicht nur lebende, auch tote Menschen können um ihr Recht gebracht, entehrt und entwürdigt werden. Darum schließt der Einsatz für Gerechtigkeit auch die Toten mit ein. Um dies zu veranschaulichen, möchte ich an eine Geschichte aus den Erzelternerzählungen der Genesis erinnern, die auch noch in manch' anderer Hinsicht für das Gerechtigkeitsthema bedenkenswert ist. Zeigt sie doch, dass bisweilen der Einsatz für Recht und Gerechtigkeit durchaus in Konflikt mit der herrschenden Moral und Ordnung treten und zum bewussten Bruch mit ihr führen kann. Für Gerechtigkeit streiten – das ist allemal *in Ordnung*, aber das muss keineswegs immer in *der* Ordnung sein.[25] Um Gerechtigkeit zu kämpfen, kann auch *außerordentliche* Formen annehmen und ist damit ein Hinweis darauf, dass das Beharren auf der *einen* und vermeintlich *einzigen* richtigen und gültigen Lebensordnung der Gerechtigkeit und mit ihr dem Leben im Weg stehen kann, dass es Leben oft eher erstickt als fördert.

Und noch ein weiteres lässt sich aus dieser Geschichte lernen, nämlich dass in einer patriarchalen, von Männern dominierten Gesellschaft Frauen nicht selten zu »Listen der Ohnmacht«[26] greifen müssen, um der Gerechtigkeit den Weg zu bahnen. Manchmal führt, wie in unserer Geschichte, der Weg der Gerechtigkeit geradezu über ein »unmoralisches Angebot«.

»Sie ist im Recht gegen mich« oder, wie wir diese Wendung in 1Mose 38,26 auch übersetzen können:»Sie ist gerecht im Verhältnis zu mir«/»Sie ist gerechter als ich.«[27] Gemeint ist Tamar. Und wer das sagt, ist der Jakob-Sohn Juda, ihr Schwiegervater. Diesem Urteil, das hier dem Freispruch von der Todesstrafe gleichkommt, ist eine Geschichte auf Leben und Tod vorausgegangen, die uns bei aller Dramatik vielleicht doch auch ein wenig schmunzeln lässt: Tamar war zunächst mit dem Judasohn Er verheiratet worden, der aber starb, die Ehe blieb kinderlos. Die Tora sieht für die Regelung des Erbrechts eines kinderlos verstorbenen verheirateten Mannes das Rechtsinstitut der *Leviratsehe* vor: damit der ohne Nachkommen Verstorbene eine Zukunft hat, damit seiner auch weiterhin gedacht wird, sein Name erhalten bleibt, soll möglichst sein nächster männlicher Verwandte die Witwe heiraten.[28] Die Kinder, die aus dieser Ehe hervorgehen, sind in gewisser Weise die Kinder des Toten. Entsprechend wird Tamar die Frau ihres Schwagers Onan. Onan aber weigert sich, seinem Bruder Kinder zu

---

25 Für diese Differenz siehe Bernhard Waldenfels, Ordnung im Zwielicht, Frankfurt a.M. 1987.
26 Listen der Ohnmacht. Zur Sozialgeschichte weiblicher Widerstandsformen, hg. von Claudia Honegger/Bettina Heintz, Frankfurt a.M. 1984.
27 Zur folgenden Auslegung vgl. J. Ebach, Gerechtigkeit und …, 154-157.
28 Zur Leviratsregel vgl. 5Mose 25,5-10 und zu ihrer Praxis das Buch Ruth. Zu den Familiengesetzen des deuteronomischen Gesetzes insgesamt: Frank Crüsemann, Die Tora. Theologie und Sozialgeschichte des alttestamentlichen Gesetzes, München 1992, 291-304.

zeugen. Er verstößt damit gegen die Solidarität der Familie, und im Sinne des Tun-Ergehen-Zusammenhangs lässt Gott Onan für dieses »asoziale« Verhalten sterben. Juda verweigert Tamar daraufhin die Leviratsehe mit seinem dritten Sohn und schickt sie in ihr Elternhaus zurück.[29] Aber Tamar findet sich nicht damit ab, dass ihrem verstorbenen Mann Er vorenthalten wird, was nur recht und billig ist, und so sinnt sie auf eine List und nimmt die Sache der Gerechtigkeit in die eigene Hand.

Als Prostituierte verkleidet, kreuzt sie den Weg ihres Schwiegervaters, der sich inzwischen über den Tod seiner eigenen Frau hinweg getröstet hat, und schläft unerkannt mit ihm. Als Pfand für den vereinbarten Dienstleistungslohn erhält sie von Juda seinen Siegelring, Schnur und Stab – also eine Art Personalausweis. Doch der Knecht, der sie entlohnen soll, findet sie nicht mehr. Stattdessen wird Juda nach einiger Zeit zugetragen, seine Schwiegertochter habe Unzucht begangen und sei dabei schwanger geworden. Juda, der selbst die rechtlich gebotene Fürsorgepflicht für Tamar verweigert hat, sieht mit ihrem Tun die Familienehre in den Schmutz getreten und will sie verbrennen lassen. In letzter Sekunde gelingt es Tamar, mit dem Pfand die Identität dessen aufzudecken, von dem sie schwanger ist. Das öffnet Juda die Augen: »Du bist gerechter als ich!«

Die Erzählung lässt keinen Zweifel daran, dass Tamar gegen eine Ordnung verstoßen hat, indem sie wissentlich mit ihrem Schwiegervater schlief. Nach 3Mose 18,15 ist das Unzucht. Doch Juda setzt gerade diese Ordnungsverletzung ins Recht, wenn er Tamar als gerecht bezeichnet. *Sie* und nicht er hat dem Toten Solidarität erwiesen und das Recht der Leviratsehe durchgesetzt. *Sie* hat sozial gehandelt. *Sie* hat des Toten gedacht, ihn nicht vergessen. Auch *Erinnerungsarbeit* gehört zur Gerechtigkeit. Der Ägyptologe Jan Assmann hat diese soziale Gerechtigkeit, die beim eigenen Tun die Folgen für andere mit im Blick hat und die sich auch noch für die Toten verantwortlich weiß, »konnektive Gerechtigkeit«[30] genannt. In ihr kommen Erinnerung und Verantwortung zusammen.[31]

---

29 F. Crüsemann, Tora, 297, hat darauf aufmerksam gemacht, dass »alle Erwähnungen des Levirats im Alten Testament […] um das Problem der Weigerung der betreffenden Männer bzw. um die Schwierigkeiten [kreisen], die den Frauen bei der Durchsetzung entstehen. […] Für die betroffenen Männer geht es um eine weitgehend altruistische Tat. Es geht um einen Erben, der nicht der eigene ist und der einen Besitz erben soll, der andernfalls ihnen selbst zufallen würde.«

30 Jan Assmann, Ma'at, Gerechtigkeit und Unsterblichkeit im Alten Ägypten, München 1990, bes. Kapitel III und IX.2; ders., Politische Theologie zwischen Ägypten und Israel. Mit einem einführenden Essay von Heinrich Meier: Was ist politische Theologie?, München ²1995, 106.

31 »Erinnerung bedeutet, sich eingegangener Verpflichtungen bewußt zu bleiben, ägyptisch, das ›Gestern‹ nicht zu vergessen. Verantwortung heißt Antwort geben, Rechenschaft ablegen können für sein Handeln gegenüber denen, die von diesem Handeln betroffen sind« (J. Assmann, Politische Theologie, 109). Die Vorstellung der konnektiven Gerechtigkeit berücksichtigt, dass Handeln hier und heute nicht nur Folgen für gegenwärtig und zukünftig Lebende, sondern auch noch für die Toten hat.

5. Gerechtigkeit: Lebenskraft, Lebensmittel und Lebensschutz für *alle* Geschöpfe

1997 fand in Leipzig der Deutsche Evangelische Kirchentag unter dem von nicht wenigen Kirchenleuten *und* Politikern beargwöhnten Leitwort »Auf dem Weg der Gerechtigkeit ist Leben« statt. Es entstammt wie der Titel dieses Vortrags dem weisheitlichen Sprüchebuch: Sprüche 12,28a. Hier wie an vielen anderen Stellen der Bibel wird Gerechtigkeit mit Leben verknüpft. Dass der Gerechte durch Treue/Vertrauen am Leben bleiben wird (Hab 2,4; Gal 3,11), ist uns schon als Überzeugung im Zentrum der paulinischen Rechtfertigungslehre begegnet. Nirgendwo in der Bibel gibt es ein »Gerechtigkeit, und wenn die Welt zugrunde ginge!«

»Auf dem *Weg* der Gerechtigkeit ist Leben.« Betonen wir den Vers so, enthält er eine heilsame Entlastung und ein wohltuendes Versprechen – jenseits des abgegriffenen Slogans »Der Weg ist das Ziel.«: Leben ist uns nicht erst dann verheißen, wenn wir überall Gerechtigkeit bewirkt haben, wenn uns selbst kein Unrecht mehr unterläuft, wenn jede und jeder zu ihrem/seinem Recht gekommen ist, wenn TäterInnen zurechtgewiesen und Opfer zurechtgebracht sind, wenn Schalom, Genüge für alle da ist. Schon auf dem Weg dahin sind wir höchst lebendig. Die Praxis der Gerechtigkeit lässt uns unsere Lebendigkeit spüren. Das Tun des Gerechten macht und erhält vital. Allerdings schließt das nicht aus, dass dieses Tun auch riskant, in Extremfällen sogar lebensgefährlich ist.

Ein Weg bedarf vieler Schritte, unzähliger kleiner und manchmal auch einiger großer, raumgreifender. Manchmal müssen wir auch umkehren, unseren Kurs korrigieren, wir können uns verlaufen, das Ziel aus den Augen verlieren, wir können stolpern und hinfallen. Auch das ist der biblischen Weisheit nicht unbekannt:

Ja, sieben Mal fällt der/die Gerechte und steht (wieder) auf! (Sprüche 24,16).

Denn der Weg der Gerechtigkeit (wieder handelt es sich um einen *doppeldeutigen Genitiv*: Es ist der Weg, den die Gerechtigkeit zu uns geht, und es ist der Weg, den wir gehen, wenn wir Gerechtigkeit üben) liegt nicht im Dunkeln:

Der Pfad der Gerechten glänzt wie das Morgenlicht,
das immer heller leuchtet bis zum vollen Tag (Sprüche 4,18).

Dass wir unser Leben nur bewahren können, wenn wir Solidarität, allemal mit denen üben, die um ihr Recht und ihre Würde gebracht sind, erinnert uns daran, dass es kein autarkes menschliches Leben gibt, dass wir angewiesen sind auf unsere Mitmenschen und Mitgeschöpfe, dass wir unvollkommene Mängelwesen sind, die der anderen zum Überleben bedürfen. Darum:

Der Gerechtigkeit, der Gerechtigkeit sollst du nachjagen,
damit du am Leben bleibst! (5Mose 16,20).

Wer Unrecht tut, gefährdet nicht nur das Leben anderer, sondern auch das eigene. Denn er/sie bringt sich um die Solidarität jener, deren er doch zu einem gelingenden Leben bedarf. Wer nicht auf Gerechtigkeit aus ist, zerstört jene Sphäre menschlichen Zusammenlebens, in der allein das Leben gedeihen kann. Und nicht nur *menschlichen* Zusammenlebens: *Der Gerechte weiß, wie seinem Vieh zumute ist (Sprüche 12,10a).* Wörtlich steht hier: »*Es kennt der Gerechte die Kehle/Seele seines Viehs.*« Das biblische Verständnis von Gerechtigkeit schließt nicht nur das menschliche Zusammenleben ein. Es bezieht sich auf die ganze Schöpfungsgemeinschaft. Wer Tiere als seelenlose Wesen behandelt, übt Unrecht, tut ihnen Gewalt an, raubt ihre Würde, drückt ihnen buchstäblich die Kehle, den Hals zu, lässt sie ersticken.[32]

Mir scheint es auch kein Zufall zu sein, dass die Bibel in einer Vielzahl von *Natur*bildern von der Gerechtigkeit und den Gerechten spricht:

Wenn du meinen Weisungen gehorcht hättest,
dann wäre wie ein Strom dein Frieden
und deine Gerechtigkeit wie Meereswellen gewesen (Jesaja 48,18).

Träufelt, (ihr) Himmel, von oben,
und die Wolken sollen rieseln Gerechtigkeit,
die Erde soll sich öffnen und Heil tragen,
und Gerechtigkeit lasse sie wachsen zugleich (Jesaja 45,8).

Ja, wie die Erde ihre Pflanzen treibt,
und wie ein Garten seinen Samen aufsprossen lässt,
so wird der Herr, Adonaj, aufsprossen lassen Gerechtigkeit … (Jesaja 61,11).

Es flute heran wie Wasser das Recht,
und die Gerechtigkeit wie ein unversiegbarer Bach! (Amos 5,24).

In diesen *Natur*metaphern drückt sich nicht nur die erquickende *Lebendigkeit* aus, die die Gerechtigkeit bewirkt, sie beschreiben nicht nur das *Klima*, in dem Leben wachsen, gedeihen, blühen und reifen kann. Ich lese sie auch als einen Hinweis darauf, dass unser gerechtes Tun sich auf die Natur zu erstrecken hat, auf die Pflanzen und Bäume, die Flüsse und Meere. Was *gleichnisfähig* ist für die Gerechtigkeit, hat auch Anspruch darauf, gerecht behandelt zu werden. Unsere Gemeinschaftstreue darf nicht Halt machen vor Fauna und Flora.

---

32 Zur Frage der Grundrechte von Tieren vgl. Christian Link, Gerechtigkeit – eine Kategorie im Umgang mit Tieren? Ethische Überlegungen zur Bio- und Reproduktionstechnologie, in: Kriterien der Gerechtigkeit, 174-191, und die dort angegebene Literatur zum Thema.

III. Räume der Gerechtigkeit für alles »Volk« – Be-denkliches zum Verhältnis von ChristInnen- und BürgerInnengemeinde

»*Gerechtigkeit* erhöht ein Volk.« Eine Kirchengemeinde, die diese Weisheit den Menschen in ihrer Stadt zuspricht, sagt damit viel über sich selbst. Sie outet sich mit diesem Geburtstagsmotto als eine Gemeinde, die der Stadt Bestes sucht:

... sucht den Schalom der Stadt,
in die ich euch ins Exil geführt habe,
und betet um sie zu Adonaj,
denn in ihrem Schalom werdet auch ihr Schalom haben (Jeremia 29,7).

Dieses Gotteswort schreibt der Prophet Jeremia seinem Volk, das in Babylon im Exil lebt. »Sucht den Schalom der Stadt!«»Sucht der Stadt Genüge!« Dass die reformierte Gemeinde Braunschweig dies tun würde, darauf hatten ja auch schon Herzog Anton Ulrich mit der Verleihung des Privilegs im Jahr 1704 und Herzog Carl I. mit der Erweiterung desselben im Jahr 1747 gehofft. *Wie* die reformierte Gemeinde Braunschweig in den drei Jahrhunderten der Stadt Schalom gesucht hat, mag diese Erwartungen wohl manchmal auch unterlaufen und enttäuscht haben, waren sie doch vor allem auf wirtschaftlichen Aufschwung gerichtet. Dabei hätten die politisch Verantwortlichen und wirtschaftlich Einflussreichen doch längst lernen können, dass Gerechtigkeit sich nicht zuletzt auch rechnet!

Vielleicht mag im Blick auf die Enttäuschung solcher Erwartungen auch gelten: Ist der Ruf erst ruiniert, lebt sich's gänzlich ungeniert – »öffentlich und ungehindert«! Wer sein Christsein nicht als *intime Interne* zwischen Gott und der einzelnen Menschenseele versteht, wer *Heiligung* ebenso groß schreibt wie Rechtfertigung, wer sich einmischt ins öffentliche Leben, wer es nicht für unbiblisch und unchristlich hält, selbst Politik zu machen, riskiert es, ins Gerede und in Verruf zu kommen. Aber was eine Tamar nicht davon abgehalten hat, sich im Eintreten für das Recht ihres verstorbenen Mannes über die »bürgerliche« Ordnung und Moral hinwegzusetzen, sollte auch unser Eintreten für Gerechtigkeit nicht entmutigen und verhindern. Anwälte und Anwältinnen der Gerechtigkeit brauchen bei aller Empathie und Sensibilität manchmal auch ein dickes Fell und allemal Menschen, die ihnen den Rücken stärken und freihalten! Und nur nebenbei bemerkt: Wer meint, dass der *Glaube* nichts mit *Politik* zu tun habe, und kritisiert, dass die Kirche viel zu viele politische Stellungnahmen abgebe, betreibt ja auch Politik, nur eben eine andere.

Christinnen und Christen brauchen nicht um ihren eigenen Ruf besorgt zu sein, ihre Sorge gilt dem guten Ruf, dem Namen, der Ehre, dem Recht, dem Leben der Menschen, die um all' das gebracht worden sind, Menschen, die es wieder aufzurichten und zurecht zu bringen gilt. Ich weiß, diese Sorglosigkeit um sich selbst ist leichter gesagt als getan.

»Gerechtigkeit erhöht ein Volk.« Eine Gemeinde, die *daran* erinnert, ist *Volkskirche* im besten Sinne des Wortes: Statt weltflüchtig zu sein, übt sie Solidarität mit ihrem Volk, ihrer Stadt und den politisch Verantwortlichen. Sie ist Kirche inmitten und für das Volk, nimmt sich nicht heraus aus dieser Gemeinschaft, geht aber auch nicht in ihr auf und unter, sondern bleibt ihr ein *kritisches Gegenüber*. Was das Tun der *Gerechtigkeit* betrifft, so stelle ich mir dieses Gegenüber, die Unterscheidung *und* Zuordnung von ChristInnengemeinde und BürgerInnengemeinde[33] in einer *dreifachen* Gestalt vor:

Ich wünsche mir die Gemeinde Jesu Christi, welcher Konfession auch immer, als einen unsere Vernunft *erhellenden Kommunikationsraum* der Gerechtigkeit: als einen Ort, an dem unsere landläufigen Gerechtigkeitsbegriffe mit dem biblischen Verständnis von Gerechtigkeit konfrontiert werden, an dem wir Gerechtigkeit als zurechtbringende, als sich erbarmende Gerechtigkeit kennen lernen, an dem eine Gesprächskultur eingeübt wird, in der Menschen einander gerecht werden. Einen Ort, an dem die Sonne der Gerechtigkeit Menschen erleuchtet, ins Verstehen führt und zum Strahlen bringt:»Licht ist ausgesät dem Gerechten, und denen, die aufrechten Herzens sind, Freude«(Psalm 97,11).

Ich wünsche mir die Gemeinde Jesu Christi sodann als einen *exemplarischen Bewährungsraum* der Gerechtigkeit: als einen Ort, an dem diese andere Gerechtigkeit praktisch erprobt werden kann. Das setzt ein Doppeltes voraus: dass die Gemeinde bergender Schutzraum, eine Oase, also ein Stück *Gegenwelt* zur Gesellschaft ist und doch zugleich auf diese bezogen, für diese offen und einladend bleibt. In der Praxis des *Kirchenasyls* etwa kommt beides zusammen. Das Tun des Gerechten innerhalb der Kirchenmauern sollte so attraktiv sein, dass es außerhalb derselben zumindest so etwas wie ein *Klima* der anderen Gerechtigkeit ermöglicht, eine Atmosphäre, in der Menschen gnädig miteinander umgehen und einander so gerecht werden. Dazu würde auch gehören, dass nichts mehr»gnadenlos billig« ist.

Und ich wünsche mir die Gemeinde Jesu Christi schließlich als einen *verheißungsvollen Hoffnungsraum* der Gerechtigkeit, einen Ort, an dem die Differenz wahrgenommen wird zwischen der Welt, wie sie uns vor Augen liegt, und den Verheißungen einer neuen Erde *und* eines neuen Himmels. Einen Ort, an dem diese Differenzerfahrung gerade nicht in die Resignation und Lethargie führt, sondern uns in Bewegung bringt, hier und heute alles Menschenmögliche dafür zu tun, dass es gerecht zugeht unter uns. Einen Ort, an dem wir zugleich Gott immer noch mehr zutrauen als uns selbst, an dem die *Utopie* des Reiches Gottes lebendig gehalten wird und wir gewiss sein dürfen: Das Unrecht wird nicht das letzte Wort haben, denn »Gott wird abwischen alle Tränen von ihren Augen, und der Tod wird nicht mehr sein, noch Leid, noch Geschrei, noch Schmerz wird mehr sein ...« (Offenbarung 21,4).

Vergessen wir bei all' dem aber nicht: das Tun der Gerechtigkeit ist zuerst immer das, was die *Gerechtigkeit* an uns und uns zugute tut, und erst

---

33 Grundlegend: Karl Barth, Christengemeinde und Bürgergemeinde (ThSt 20), Zollikon-Zürich 1946.

dann das, was *wir* an und für Gerechtigkeit tun. Weil wir *begabt* sind, können wir *geben*. Weil wir gerecht *gemacht* sind, können wir gerecht *handeln*. Darum wird uns nicht nur der Zuspruch, sondern auch der Anspruch zum *Evangelium*. Darum können wir das Gottgebotene mit dem Grundton des Heidelberger »von Herzen willig und bereit« (Frageantwort 1), mit Freude und Vergnügen tun. Es ist ja nicht nur eine *Last*, es ist auch eine *Lust*, Gerechtigkeit zu üben.

In diesem Sinne: Zum Geburtstag alles, was recht ist! Und Glück auf, wie es in Bochum heißt. Auf weitere 300 Jahre – »öffentlich und ungehindert«!

»Der Dienst (an) der *Gerechtigkeit* ist ...
Sicherheit auf Dauer.«

Biblisch- und systematisch-theologische Wegweisungen
zum Thema »Sicherheit« [1]

I. Theologische Sicherheitsbedenken und -fragen –
wider die Verwechslung von Sicherheit und Frieden

»Wie wird Friede? Durch ein System von politischen Verträgen? Durch Investierung internationalen Kapitals in den verschiedenen Ländern? d.h. durch die Großbanken, durch das Geld? Oder gar durch eine allseitige friedliche Aufrüstung zum Zweck der Sicherstellung des Friedens? Nein, durch dieses alles aus dem einen Grunde nicht, weil hier überall Friede und Sicherheit verwechselt wird. Es gibt keinen Weg zum Frieden auf dem Weg der Sicherheit. Denn Friede muß gewagt werden, ist das eine große Wagnis, und läßt sich nie und nimmer sichern. Friede ist das Gegenteil von Sicherung. Sicherheiten fordern heißt Mißtrauen haben, und dieses Mißtrauen gebiert wiederum Krieg. Sicherheiten suchen heißt sich selber schützen wollen. Friede heißt sich gänzlich ausliefern dem Gebot Gottes, keine Sicherung wollen ...«. [2]

Diese von der Friedensbewegung in den 80er Jahren häufig zitierten Sätze Dietrich Bonhoeffers von 1934 haben angesichts gegenwärtiger Sicherheitsdebatten, -strategien und -maßnahmen und allemal angesichts der massiven Vorbereitungen der USA (und einiger ihrer europäischen Verbündeten) für einen Krieg gegen den Irak nichts an Aktualität verloren und sie können dennoch nicht das letzte Wort sein, das evangelische Theologie zum Thema »Sicherheit« zu sagen hat.

So unverzichtbar Bonhoeffers Warnung ist, Sicherheit mit Frieden zu verwechseln, sie darf nicht zum *Gegensatz* von Sicherheit und Frieden verfestigt werden: Schalom, jene Lebensordnung, in der allen *Genugtuung* widerfährt, alle (Leben zur) *Genüge* haben und darum auch *vergnügt* sein können, schließt nach biblischem Verständnis ein, dass Menschen *sicher wohnen*, ohne Bedrohung, gefahrlos und frei von Sorge um ihr eigenes Leben. Wenn Forderungen nach Sicherheit ihren Grund im Misstrauen (und längst nicht jedes Misstrauen ist unberechtigt!) haben, dann kann es nicht darum gehen, solche Sicherheitsbedürfnisse zu denunzieren, es müssen vielmehr die Ursachen des Misstrauens aufgespürt und überwunden

---

1 Erstveröffentlichung in: Zeitschrift für Gottesdienst und Predigt 21/3 (2003), 5-8.
2 Dietrich Bonhoeffer, Kirche und Völkerwelt, in: ders., London 1933–1935 (DBW 13), hg. von Hans Goedeking u. a., Gütersloh 1994, 298-301, 300.

werden. Muss das menschliche Grundbedürfnis, in Sicherheit zu leben, von vornherein *Vertrauen* ausschließen?

Wie es falsche Sicherheiten und ein Wiegen in Sicherheit gibt, das die Gefahr um so größer macht, so gibt es auch untaugliche Mittel und Wege, Sicherheit zu gewinnen, allemal dann, wenn diese das Sicherheitsrisiko noch erhöhen und ihrerseits der Sicherung bedürfen.

Bonhoeffers scharfe Entlarvung vermeintlich sicherer Wege und Mittel zum Frieden, die sich faktisch nicht selten als buchstäblich *tod*sicher erwiesen haben, wirft nicht zuletzt die Frage auf, wem solche Sicherheitsmaßnahmen dienen, wen oder was sie zu schützen beabsichtigen. Absicherungen und Versicherungen, die allein dem *Selbst*schutz dienen, stehen dem Frieden *aller* und einem sicheren *Zusammen*wohnen und -leben von Menschen und Völkern entgegen. Auch und gerade in Fragen der Sicherheit ist vom *Anderen*, von seinem Bedürfnis und ihrem Anspruch her zu denken, zu entscheiden und zu handeln.

Bonhoeffers theologisch-politisches Misstrauensvotum gegen jedes Sicherheitsstreben partizipiert an grundsätzlichen theologischen Sicherheitsbedenken. »Sicherheit« (*securitas*) ist theologisch weithin ein Un-Wort. In den Registern von Dogmatiken etwa kommt der Begriff so gut wie nicht vor. Und wenn Theologie ihm Aufmerksamkeit schenkt, dann als Kontrast zur willkommen geheißenen Schwester, der Gewissheit (*certitudo*). Entsprechend ist dann auch von Glaubens- und Heils-, ja selbst von Gottes*gewissheit*, und nicht von entsprechenden *Sicherheiten* die Rede: »Denn ich bin gewiss ...« (Röm 8,38f.). Dabei wird nicht selten übersehen, dass der Begriff der »certitudo« in seiner Geschichte nicht weniger ambivalent ist als der der »securitas«[3] und dass beide Begriffe alltagssprachlich ohnehin meist synonym gebraucht werden. Dennoch darf nicht unberücksichtigt bleiben, dass »securitas« und nicht »certitudo« Leitmotiv der Pax Romana war und Name einer Versicherung ist. Bei aller Ambivalenz beider Begriffe scheint es eine größere Affinität der »securitas« zur Stabilisierung von Macht, politischer wie ökonomischer, zu geben.

II. Wenn Gerechtigkeit und Sicherheit einander dienen – Sicherheit als Gabe und gebotene Aufgabe

Angesichts berechtigter theologischer Bedenken gegenüber der Versicherungsgöttin »securitas« wie angesichts kurzschlüssiger und besserwisserischer theologischer Diffamierungen von Sicherheitsbedürfnissen ist nach einem theologisch begründeten Verständnis von Sicherheit zu suchen, das den elementaren Wunsch, sicher wohnen und leben zu wollen, ins *Recht* setzt. Denn biblischerseits begegnet dieser Wunsch als Inhalt göttlicher Verheißung an Israel (Jer 23,6; 32,37; 33,16, Ez 34,25.27f.; 38,8.14 u. ö.). Spätes-

---

3 Vgl. Andrea Schrimm-Heins, Gewissheit und Sicherheit. Geschichte und Bedeutungswandel der Begriffe certitudo und securitas, in: Archiv für Begriffsgeschichte 34 (1991), 123-213; 35 (1992), 115-213.

tens wo dies wahrgenommen wird, stößt ein umfassendes theologisches Misstrauen gegen Sicherheit an Grenzen. Zugleich aber wird die Theologie kritikfähig gegenüber der politischen *Ver-*SCHLAG-WORT-*ung* von Sicherheit und ihrer Degradierung zur *Ware*. *An sich* ist Sicherheit ambivalent. Der Begriff »sicher« ist aus dem Lateinischen entlehnt: »securus« heißt ursprünglich »ohne Sorge« (»se cura«), bevor es auch zum zivilrechtlichen Terminus technicus im Sinne von Bürgschaft und Schuldverschreibung wurde (»Welche Sicherheiten haben Sie zu bieten?«). »Ohne Sorge« – das kann aber sowohl ein Befreitsein von quälenden Sorgen und bedrückenden Zweifeln im Sinne einer unerschütterlichen Ruhe und Gewissheit als auch eine fahrlässige Sorglosigkeit und Nachlässigkeit meinen, die mit Selbstberuhigung, Selbstsicherheit und Selbstzufriedenheit einhergeht. In diesem letzteren Sinne haben vor allem die Reformatoren die *securitas* mit der Bosheit (*malitia*) in einem Atemzug genannt und gegen die *certitudo* abgegrenzt. Im Hebräischen wurzeln »sicher« und »Sicherheit« dem Buchstaben nach im Verb »vertrauen«; aber auch Vertrauen kann den negativen Klang einer selbstsicheren Vertrauensseligkeit annehmen.

Schon die Etymologie zeigt also: *Sicherheit ist kein Wert an sich.* Entscheidend ist nicht, ob wir vertrauen und sorgenfrei sind, sondern wem und worauf wir vertrauen, von welchen Sorgen wir wodurch befreit sind. Sicherheit muss mit *anderen Grundwerten* in Verbindung stehen, damit zwischen lebensförderlicher und lebensgefährdender Sicherheit unterschieden werden kann. Von einer solchen Verbindung spricht Jes 32,17[4]:

Und das Werk der Gerechtigkeit ist Frieden,
und der Dienst der Gerechtigkeit ist Ruhe und Sicherheit auf Dauer.

In diesem Prophetenwort kann Schalom mit Sicherheit (und Ruhe) zusammengehen, weil beide auf die *Gerechtigkeit* bezogen sind. Die Mehrdeutigkeit der Genitive ist theologisch bedeutsam und sollte darum nicht einseitig aufgelöst werden: Wenn Sicherheit hier als »Dienst der Gerechtigkeit« benannt wird, dann ist damit sowohl der Dienst gemeint, den die Gerechtigkeit vollbringt, wie der, der an ihr und um ihretwillen geleistet wird. Sicherheit ist Er*geb*nis der Gerechtigkeit (statt mit »Dienst« kann hier auch mit »Frucht« verdeutscht werden), ohne dass die Gerechtigkeit ihr einfach vorausgeht. Vielmehr er-gibt sich Sicherheit im *Tun* der Gerechtigkeit, wobei sowohl die Gerechtigkeit als auch die, die sie praktizieren, Subjekt sind. Sicherheit ist Gabe und Werk zugleich. Darum kann sie nicht *hergestellt* werden. Darum ist sie keine Ware, kein Produkt, dessen Marktwert sich durch Angebot und Nachfrage regeln lässt. Sicherheit *stellt* sich *ein*, wo die Gerechtigkeit an uns und wir an ihr und ihrem Raum arbeiten. Die Sicherheit, die im Einklang mit Schalom steht, ihm entspricht, ist die Frucht

---

4 Siehe Jürgen Ebach, Sicherheit – Unverwundbarkeit – Frieden, in: ders., Theologische Reden, mit denen man keinen Staat machen kann, Bochum 1989, 7-18, bes. 15-18.

unserer *Mitarbeit* mit der Gerechtigkeit. Auf dem Weg der Gerechtigkeit kommen Frieden und Sicherheit zusammen. Ohne Gerechtigkeitsarbeit gibt es weder Sicherheit noch Frieden. Gerechtigkeit ist der Maßstab, an dem die Lebensförderlichkeit der Sicherheit gemessen wird.

Die in Jes 32 als Frucht der Gerechtigkeit gemeinte Sicherheit ist keine auf eigene Stärke vertrauende *Selbstsicherung* von Macht und Reichtum, keine *Selbsterhaltung* auf Kosten anderer, sondern eine Sicherheit des Wohnens:»Und wohnen wird mein Volk auf einer Aue des Friedens und in sicheren Wohnungen und auf stillen Ruheplätzen« (V. 18). Um friedliches, gesichertes Zusammenwohnen, bei dem Menschen zu ihrem Recht und zur Ruhe kommen können, frei von Sorgen um ihren elementaren Lebensunterhalt, geschützt vor Gefahren, bewahrt vor Feinden, geht es in dieser Verheißung. Sicherheit ist kein Gut, das ein Mensch für sich allein beanspruchen und haben kann. Sicherheit ist ein sozialer Wert, eine Qualität menschlichen Zusammenlebens. Sie dient dem Überleben der ganzen Menschheit, ist aber zuerst und bleibend Gottes eigenem Volk, Israel, verheißen. Ohne ein sicheres Wohnen für und in Israel gibt es keinen Frieden im weltweiten Zusammenleben der Völker. Aber auch für die Sicherheit Israels gilt, dass sie, wenn sie mit dem Frieden im Bunde sein will, Frucht der Gerechtigkeit ist, der Gerechtigkeit *Gottes* und der *menschlichen* Arbeit an ihr.

III. Weil der Tod nicht mehr sicher ist – zur Dialektik von Gefahr und Sicherheit

»*Es kann mir nichts geschehen – Ich bin in größter Gefahr.*« Dieser provokative Satz gehört zu den thesenartigen Antworten, die H. Gollwitzer am Ende seines Buches»Krummes Holz – aufrechter Gang« auf die Frage»Womit bekommt man zu tun, wenn man mit dem Evangelium zu tun bekommt?«[5] gibt. Gollwitzers Auskunft gründet nicht in unserer Alltagserfahrung. Die sieht ganz anders aus:»Man kann nie sicher sein! Der Versuch, Sicherheit herzustellen, ist zum Scheitern verurteilt. Das Verlangen nach perfekter Sicherheit vergrößert das Gefühl der Unsicherheit. [...] Wer Sicherheit haben will, wird sich unsicher fühlen; wer sich unsicher fühlt, will immer mehr Sicherheit.«[6] Gegen ein von keiner Versicherung zu beschwichtigendes Unsicherheitsgefühl, das das Bedürfnis nach Sicherheit immer höher schraubt, bekennt Gollwitzer:»Es kann mir nichts geschehen.«Und er begründet diese Sicherheit – das ist Dialektik pur – mit dem Wissen»Ich bin in größter Gefahr.« Die Erlebniskultur-Devise»no risk, no fun«, die sich ja mit der Hochkonjunktur der Versicherungswirtschaft problemlos verträgt, bietet dafür kein Erklärungsmuster. Der Entdeckungszusammenhang der Gewissheit Gollwitzers ist das Evangelium von der Auferweckung des Gekreuzigten:

---

5 Helmut Gollwitzer, Krummes Holz – aufrechter Gang. Zur Frage nach dem Sinn des Lebens, München (1970) [8]1979, 382.
6 J. Ebach, Sicherheit, 8.

Wer bekennt, dass Gott den gekreuzigten Jesus von Nazareth aus dem Tod ins Leben gerufen hat, für den und die ist die höchste Sicherheitsstufe nicht mehr, dass etwas »todsicher« sei (und man deshalb bekanntlich »Gift darauf nehmen könne«). Mit der Auferweckung des Gekreuzigten ist die *Lebens-* und nicht länger die *Tod*sicherheit der Inbegriff von Gewissheit, denn angesichts der Lebensmacht des biblischen Gottes, die sich hier zeigt, ist der Tod selbst nicht mehr sicher – »Tod, wo ist dein Stachel? Hölle, wo ist dein Sieg?« – und hat darum ausgedient, Maßstab letzter Sicherheit zu sein.

Zugleich leuchtet erst im Licht, das von Ostern her auf die Welt fällt, die Gefährdung des Lebens in ihrer ganzen Schärfe und ihrem ganzen Ausmaß auf: »Ich bin in größter Gefahr« – diese Erkenntnis bricht auf, wo wir wahr nehmen, dass Gott sich selbst, das eigene Leben, SEIN Gottsein riskiert hat, um diese Welt, um die Schöpfung aus der größten Gefahrenzone zu bringen, sie aus der Gewalt des Todes zu reißen. Im Bekenntnis zur Auferweckung des Gekreuzigten spricht sich die Gewissheit aus, dass Gott stark wie der Tod ist – und darum stärker. Nur deshalb können wir damit leben, dass nichts sicher ist – ausgenommen das Leben, und alles Menschenmögliche dafür tun, dass es ein gerechtes Leben werde.

IV. »So sicher wie das Amen in der Kirche«

TheologInnen haben für die umgangssprachliche Wendung, dass etwas so sicher sei »wie das Amen in der Kirche«, meist nur ein gelangweiltes Lächeln übrig. Nun gehört dieser Satz zu jenen Redensarten, die eine absolute, unverbrüchliche Sicherheit bestätigen sollen (dazu gehörte übrigens auch einmal die Redewendung »er/sie ist so sicher wie in der Kirche«, die sich auf das Asylrecht an heiligen Orten bezog; auch hier wäre nicht der Sicherheitsbegriff, sondern die Aushöhlung dieser Rechtspraxis zu beklagen!). Nehmen wir das »sicher wie das Amen in der Kirche« doch einmal beim Wort. Vordergründig ist natürlich gemeint, dass es »mit Sicherheit« keinen Gottesdienst gibt, in dem nicht mindestens einmal »Amen« gesagt wird. Spannender und in jedem Fall theologisch interessanter ist die Frage nach der Sicherheit des »Amen« selbst. Wie sicher ist das, was wir mit einem »Amen« bekräftigen und unterschreiben?

M. Luther hat das »Amen«, das vom hebräischen Wort »'*mn*« (sich festmachen an, sich verlassen auf, glauben an; umgangssprachlich: »auf etw./jdn. stehen«) verdeutscht mit »Amen, das ist: Es werde wahr!«. Fr.-W. Marquardt hat ein so verstandenes Amen »ein einzig wahres Wort des Christentums«[7] genannt, denn es stellt die Bewahrheitung dessen, wozu es »Ja und Amen« sagt, Gott selbst anheim, ohne uns dabei aus der

---

7 Friedrich-Wilhelm Marquardt, Amen – ein einzig wahres Wort des Christentums, in: Hören und Lernen in der Schule des NAMENS. Mit der Tradition zum Aufbruch. Festschrift für Bertold Klappert zum 60. Geburtstag, hg. von Jochen Denker u.a., Neukirchen-Vluyn 1999, 146-159.

Verantwortung zu entlassen. Ist die Erfüllung seiner Verheißungen – darunter auch der, dass Israel und die Völker und jeder Mensch sicher und in Frieden wohnen werden – Gottes Werk, so bleibt uns doch die *Bewährung* unserer Hoffnung, dass Gott dies auch tun wolle und werde. Von der Sicherheit in gerechten Lebensverhältnissen gilt, was wir vom Frieden singen: »Frieden gabst du schon, Frieden muss noch werden.« Als Arbeit (an) der Gerechtigkeit ist uns die Sicherheit geschenkt und zu tun geboten.

Der Segen Abigajils und die Entwaffnung Davids

Friedensethische Perspektiven in einer paradigmatischen Segensgeschichte[1]

I. Segnen mit Frieden – Segnen zum Frieden

»Der Segnende handelt ohne Waffengewalt.«[2] Mit diesem Satz interpretiert Manfred Josuttis in seiner Pastoraltheologie Dietrich Stollbergs liturgische Regieanweisung zum Segnen der Gemeinde vom Altarraum aus: »Die Fläche der Innenhand muß zu sehen sein.«[3] Dass die erhobenen und der Gemeinde zugewandten segnenden Hände *leer* sind, macht für Josuttis augenfällig, dass es sich beim Segnen um »eine Aktion der friedvollen Zuwendung, die man wahrnehmen muß«[4], handelt. Dem als gewaltfrei ausgewiesenen Hand-Werk des Segnens entspricht, dass in der Bibel Frieden, Schalom, Inbegriff des Segens ist: »*Adonaj gibt* SEINEM *Volk Macht, Adonaj segnet* SEIN *Volk mit Schalom*«, heißt es in Psalm 29,11; der aaronitische Priestersegen aus 4Mose 6,24-26 »*Adonaj segne dich und behüte dich …!*« mündet in die Bitte um Frieden ein: »*Adonaj wende* SEIN *Antlitz dir zu und gebe dir Schalom!*« Auch in der Erzählung von der Begegnung zwischen Abigajil und David ergeht der Segenswunsch als Friedensgruß: »*Dir Schalom und deinem Haus Schalom und allem, was dir gehört, Schalom!*« lässt David dem reichen Herdenbesitzer Nabal durch seine Boten ausrichten (1Sam 25,6); einer der Knechte Nabals wird diese Grußbotschaft Davids, der Nabal sich vehement verschließt, später als Segensabsicht deuten (V. 14).

Dem Segnen entsprechen aber nicht nur gewaltfreie Gesten und Worte und friedvolle Absichten seitens der Segnenden, sondern dem Segen selbst wohnt die Macht inne, Gewalt zu überwinden, tödlichen Zorn und unbändige Rachegelüste zu stillen, sinnloses Blutvergießen zu vermeiden, zugefügte Beleidigungen und Demütigungen aufzuwiegen. Wie dies geschehen

---

1 Erstveröffentlichung in: Ernstfall Frieden. Biblisch-theologische Perspektiven, hg. von Marco Hofheinz und Georg Plasger, Wuppertal 2002, 163-174. Vgl. auch die ausführlichere Auslegung von 1Samuel 25: Magdalene L. Frettlöh, Der Segen Abigajils und die unmögliche Möglichkeit der Rache Davids. Eine segens- und toratheologische Auslegung von 1Sam 15, in: Freiheit und Recht. Festschrift für Frank Crüsemann zum 65. Geburtstag, hg. von Christof Hardmeier u.a., Gütersloh 2003, 339-359.
2 Manfred Josuttis, Die Einführung in das Leben. Pastoraltheologie zwischen Phänomenologie und Spiritualität, Gütersloh 1996, 95.
3 Dietrich Stollberg, Liturgische Praxis. Kleines evangelisches Zeremoniale, Göttingen 1993, 37.
4 M. Josuttis, Einführung, 95.

kann, lässt sich aus 1Sam 25 lernen, der Erzählung von Abigajil und David, die ich im folgenden als *paradigmatische Segens*geschichte auslegen möchte.

Die Bedeutsamkeit von paradigmatischen Erzählungen liegt nicht darin, dass sie historisch Zutreffendes berichten (müssen), sondern »dass am einmaligen, konkreten Fall vergangenen Geschehens etwas gegenwärtig Gültiges sichtbar wird«. Sie orientieren die Weltwahrnehmung und das Verhalten ihrer LeserInnen, ErzählerInnen und HörerInnen, »indem sie in einprägsamen Bildern und Handlungsverläufen Normen des Wahrnehmens und Maßstäbe des Handelns ausprägen, sei es als Vorbild oder als Schreckbild«[5]. In 1Sam 25 begegnet uns beides: vorbildliches, kluges, lebensförderliches Tun und Lassen einerseits und abschreckendes, dummes, todbringendes Verhalten andererseits. In der Gestalt Nabals und seiner Frau Abigajil stehen *Torheit und Weisheit* einander wie *Fluch und Segen* gegenüber. »Der Segen Abigajils« – so könnte diese Erzählung auch überschrieben sein, womit sowohl die Segensgabe, die Abigajil David und seinen Männern bringt (V. 27), als auch der Segen, den David Gott ihretwegen gibt (V. 32), wie der Segen, den sie von David zurückempfängt (V. 33), gemeint wäre. Denn paradigmatisch erweist sich 1Sam 25 nicht nur hinsichtlich der Konfliktentschärfung und Gewalteindämmung durch segnendes Handeln, sondern auch im Blick auf die Bedeutsamkeit des Segnens überhaupt: Segnen ist ein *responsorisches*, wechselseitiges Geschehen, nicht nur zwischen Menschen, sondern auch zwischen Gott und Mensch. Schon der Segen, den Abigajil für David bereit hält, kann als eine Erwiderung von ihrerseits empfangenem Segen verstanden werden, sei es als Antwort auf die Segenswünsche, die David ihrem Mann Nabal und seinem Haus (und damit ja auch ihr) entboten hat (V. 6), sei es als ver*antwort*licher Umgang mit dem Reichtum Nabals, den dieser, ohne es in seiner Dummheit freilich wahrhaben zu wollen, dem Segen Gottes verdankt. Wir werden zu fragen haben, wie die verschiedenen und zugleich aufeinander bezogenen Segensmotive der Erzählung zur Befriedung des lebensbedrohlichen Konflikts zusammen spielen und worin jeweils ihr spezifischer Beitrag zur Gewaltüberwindung liegt.

II. »Nimm doch meinen Segen …!« (1Mose 33,11) – Abigajil wiederholt den Segen Jakobs

»Nun aber lass' uns diesen *Segen*, den deine Magd meinem Herrn bringt, den jungen Männern geben, die meinem Herrn folgen!« (V. 27) – diese Aufforderung Abigajils an David bildet das Zentrum ihrer langen Rede. Dass Abigajil die von ihr mitgebrachten Gaben nicht einfach als Geschenk, sondern mit dem theologisch gewichtigen Begriff des Segens bezeichnet, scheint kein Zufall zu sein und erinnert an die Wiederbegegnung zwischen

---

5 Thomas Naumann, David als exemplarischer König – der Fall Urijas (2. Sam 11f.), in: Die sogenannte Thronfolgegeschichte Davids: neue Einsichten und Anfragen, hg. von Albert de Pury und Thomas Römer, Fribourg/Göttingen 2000, 136-167, 138.

den Brüdern Jakob und Esau in 1Mose 33:»Nimm doch meinen *Segen*, der dir gebracht worden ist ...!« (V. 11a) bittet dort Jakob.

Der Segensbegriff tritt zur Benennung des überreichen Geschenks, das Jakob seinem Bruder Esau machen will, betont an die Stelle des zuvor wiederholt gebrauchten Wortes *minchâ*: Gabe/Geschenk (32,14.19.21.22; 33,10). In beiden Fällen fungieren die *großzügigen Segensgaben*, die aus der jeweils *vorhandenen Fülle* genommen werden (vgl. 1Sam 25,2.18 mit 1Mose 32,6.14-16), als Versöhnungs- und Friedensgeschenke, die den (vermeintlichen oder tatsächlichen) Zorn des Gegenübers besänftigen und seine Rache abwenden sollen: Als Jakob von seinen zu Esau gesandten Boten mitgeteilt wird, dass Esau ihm mit 400 Männern entgegenziehe (1Mose 32,7), bekommt er es mit der Angst zu tun und fürchtet aus guten Gründen um seinen Besitz wie um sein eigenes und das Leben seiner Söhne (wo ist Dina?) und deren Mütter (32,8.12), hatte der von ihm um Segen und Erstgeburtsrecht gebrachte Bruder ihm doch tödliche Rache geschworen (27,41). Auch David ist mit 400 Männern auf dem Weg zum Haus Nabals, um sich für den verweigerten Anteil an dessen Reichtum zu rächen, als Abigajil vom nahenden Unheil erfährt. Um der tödlichen Bedrohung zu begegnen, ergreifen beide, Abigajil wie Jakob, unmittelbar die Initiative und stellen einen Lebensmittelkonvoi bzw. mehrere Herden zusammen, mit denen die Knechte vor ihrem Antlitz herziehen sollen (1Sam 25,19; 1Mose 32,17), damit David bzw. Esau zuerst der Geschenke und dann erst Abigajils (anstelle von Nabal) bzw. Jakobs ansichtig werde:»*Ich will ihn mit dem Geschenk versöhnen, das meinem Antlitz vorausgeht, und danach will ich sein Antlitz sehen; vielleicht erhebt er [dann] mein Antlitz*« (1Mose 32,21). Dasselbe wie Jakob mag auch Abigajil gedacht haben, als sie ihren Geschenken folgte. Später wird David (von) ihr sagen, dass er *ihr Antlitz erhoben* habe (1Sam 25,35). Der auf das Wiedersehen mit Esau bezogene Wunsch Jakobs findet in der Begegnung zwischen Abigajil und David also seine buchstäbliche Erfüllung.

Beim ersten Blickkontakt neigt sich Abigajil vor David (1Sam 25,23) wie Jakob vor Esau (1Mose 33,3); beide reden ihr Gegenüber als »mein Herr« an und bezeichnen sich als »deine Magd« bzw. »dein Knecht«; beide müssen erst mit eindringlichen Worten auf den anderen einreden, bis er die Segensgabe schließlich annimmt (1Mose 33,11; 1Sam 25,35). Am Ende der Begegnung können sie jeweils versöhnt auseinandergehen, sich für immer oder vorübergehend als (gegenseitig) gesegnete Menschen, die genug, Genüge haben, in Frieden trennen.

III. Geteilter Segen – Leben zur Genüge

Wie sein Name, so sei er selbst, sagt Abigajil von ihrem Mann *Nabal* (V. 25), also ein Narr, töricht und dumm. Nomen est omen – was aber macht die Torheit Nabals aus? Nach Auskunft der Bibel besteht Dummheit nicht in mangelnder intellektueller Begabung, geringer Auffassungsgabe oder fehlender Denkkraft. Ein Tor ist vielmehr, wer in seinem Herzen spricht:»*Es gibt keinen Gott!«* (Ps 14,1) und entsprechend verwerflich und böse handelt, allemal nichts Gutes tut. Ein solcher Mensch ist nicht ungefährlich für seine Mitmenschen, denn

»ist ihm Gott entbehrlich, so ist es ihm der Nächste erst recht. [...] Meint er sich Gott vom Leibe halten zu können, so wird er das dem Wesen seinesgleichen gegenüber mit nur noch größerem Nachdruck ins Werk zu setzen versuchen. [... Er] ist der potentielle und in irgendeiner feinen oder groben Form auch der aktuelle Feind aller anderen. Der Ausbruch des Krieges zwischen ihm und ihnen wird immer nur eine Frage der Zeit, der Gelegenheit, oft genug auch eines lächerlichen Zufalls sein.«[6]

In 1Sam 25 gibt die Forderung Davids, Nabal möge anlässlich des Schafschurfestes das, was er gerade zur Hand habe (V. 8), mit David und seinen Männern teilen, den Anlass dafür, dass Nabals Dummheit in aggressive Verweigerung (V. 14) gegenüber den Bedürfnissen anderer umschlägt und tödliche Gegengewalt auf den Plan ruft. David begründet seinen Anspruch auf Partizipation am Reichtum Nabals damit, dass er und seine Männer weder die Integrität der Hirten Nabals noch dessen Eigentum in der Wüste angetastet haben. Einer der Leute Nabals wird dies Abigajil gegenüber bestätigen und darüberhinaus in Erinnerung rufen, dass Davids Leute nicht nur keine Bedrohung für sie darstellten, sondern ihnen auch ununterbrochen Schutz vor den Übergriffen räuberischer Nomaden geboten haben: *»Eine Mauer waren sie um uns – bei Nacht wie bei Tage«* (V. 16). Man mag die unmissverständliche Forderung Davids als unmoralisch disqualifizieren, hat Nabal doch David ganz offensichtlich nicht beauftragt, seine Hirten und Herden zu beschützen. Wer in Davids Verhalten aber eine Art Schutzgelderpressung sehen zu müssen meint[7], verkennt, dass es hier um den elementaren Lebensunterhalt für seine Männer und ihn, zudem noch in einer Situation der Entrechtung und Verfolgung, geht. Was auf dem Spiel – eher noch: auf Messers Schneide (vgl. V. 13) – steht, ist nicht weniger als eine gerechte Güterverteilung, als ein *Leben in Genüge für alle* in Israel:

Auf der Flucht vor den Nachstellungen des Königs Saul, der ihm nach dem Leben trachtet, hat David, der designierte König Israels/Judas (1Sam 16,1-13), um sich eine Gruppe von mehreren hundert Männern geschart: *»... um ihn sammelte sich jeder Bedrängte und jeder, der einen Gläubiger hatte, und jeder Verbitterte, und er wurde zu ihrem Anführer«* (1Sam 22,2). Um diese immer größer werdende Gruppe von *»*Outlaws*«* (1Sam 22,2 nennt 400, 1Sam 25,13 600 Männer) mit dem Lebensnotwendigen zu versorgen, verlangt David »Tribut« für erbrachte Schutzleistungen.

---

6 Karl Barth, Die Kirchliche Dogmatik IV/2, Zollikon-Zürich 1955, 473f.
7 Vgl. Tobias Kriener, 1. Samuel 25 Abigail (Predigt zu Reminiscere), in: Wenn Eva und Adam predigen. Ein anderes Perikopenbuch. Neue Predigten von Frauen und Männern. Teil 1: Advent bis Pfingsten, hg. von Mieke Korenhof und Rainer Stuhlmann, Düsseldorf 1998, 145-149, 145.

Der dreifache Friedensgruß (V. 6), den David durch seine Boten Nabal und dessen Haus entbieten lässt, kann als Einleitung einer »unmißverständliche[n] Zahlungsaufforderung«[8] wie blanke Ironie, ja Zynismus erscheinen; er lässt sich aber auch als Hinweis darauf lesen, dass Davids Anspruch Nabal nicht in Bedrängnis bringen wird, im Gegenteil: Es wird ihm – so das erste Wort dieses Grußes – zum *Leben* dienen, wenn er von seinem Besitz abgibt. Ihm selbst wird es an nichts fehlen, er und sein Haus sollen und werden *genug* haben. Gefragt ist allein die Beteiligung am *Überfluss*, der sich gerade am Festtag dokumentiert. Nabal aber verweigert den Boten Davids die Gastfreundschaft und weist den maßvollen Anspruch Davids ebenso überheblich wie empört zurück.

Am klugen Kontrastverhalten Abigajils zeigt sich, worin die eigentliche Torheit Nabals besteht: Wenn sie die mitgebrachten Gaben – weit mehr, als David von Nabal gefordert hatte (V. 8.18) – David als *Segen* darbietet (V. 27), dann liegt darin eine *theologische Interpretation* des Reichtums ihres Mannes. Mit den Lebensmitteln, die sie ausdrücklich für die Gefolgsleute Davids bestimmt (übrigens spricht auch dies für ihre große Einsicht, nimmt sie damit doch jeden Verdacht von David, er habe es nur auf seine eigene Bereicherung abgesehen), erkennt sie den ansehnlichen Besitz ihres Mannes als Segen an. Sein Hab und Gut sind gottgegebene Gaben, die nie ganz in menschliche Verfügung übergehen und zum Eigentum werden können, sondern als Leihgaben Gottes mit den Bedürftigen zu teilen sind.

Was Abigajil hier praktiziert, ist nicht weniger als die Erfüllung der mit *bedingten Segensankündigungen* verknüpften *Sozialgesetze* des Deuteronomiums, die sich an die freien Landbesitzer richten.[9] Verdankt sich die Fruchtbarkeit ihrer Felder und ihres Viehs sowie der Ertrag ihrer Arbeit dem Segen Gottes, dann können sie darüber nicht verfügen wie über selbstwirtschafteten Gewinn. Als Segensgaben Gottes entziehen sich ihre Güter dem ausschließlichen Eigenbedarf und verpflichten zum Teilen mit denen, deren Leben durch Mangel statt durch Segen gekennzeichnet ist. Freiheit und Landbesitz, die Früchte biologischen und ökonomischen Wachsens und Gedeihens können nur bewahrt werden, wenn sie solidarisch an die weitergegeben werden, deren elementare Lebensrechte es zu wahren und deren Grundversorgung es zu sichern gilt. Vom freudigen und freiwilligen Besitzverzicht zugunsten der Bedürftigen macht Gott die Gewährung neuen Segens abhängig.

In der Identifizierung der Lebensmittel als *Segen* zeigt sich Abigajils Einsicht in die *Sozialverpflichtung* des Besitzes. Nabal dagegen erweist sich als Narr, weil er seinen Reichtum nicht als Gabe des göttlichen Gebers wahrnehmen will und darum nicht davon abzugeben vermag. Statt seinen Überfluss in gerechte Abgaben einmünden zu lassen, wird er ihn selbst maßlos

---

8 Silvia Schroer, Die Samuelbücher (Neuer Stuttgarter Kommentar Altes Testament), Stuttgart 1992, 106.
9 Vgl. Frank Crüsemann, Die Tora. Theologie und Sozialgeschichte des alttestamentlichen Gesetzes, München 1992, 262 ff.

genießen (V. 36) – wobei die Maßlosigkeit im Selbstgenuss nur die Kehrseite seines Geizes gegen andere ist. Statt sich der gewünschten Lebendigkeit (V. 6) zu erfreuen, wird er zu Stein erstarren (V. 37). Weil er anderen nicht genug zum Leben gegönnt hat, wird er selbst an seinem Überfluss nicht mehr Genüge haben.

Die Segensgabe Abigajils dagegen wirkt friedenschaffend, weil mit ihr die Männer Davids angemessen für ihre Arbeit entlohnt werden und weil sie mehr als ein symbolischer Schritt auf dem Weg zu einem gerechten Güterausgleich ist. Denn kaum etwas bedroht den Frieden mehr, als dass Menschen nicht einmal ihr tägliches Brot haben, während sich auf ihre Kosten andere am Überfluss berauschen. Mit der Wahrnehmung des eigenen Besitzes als *Segen* beginnt die Umkehr aus der Selbstsorge zu einem Tun, das darauf zielt, dass allen *Genug*tuung widerfährt, dass jede/r *Genüge* hat und deshalb *vergnügt* sein kann. Alle sollen feiern können.

IV. Segen – Anerkennung statt Verachtung, Gewicht statt Entwürdigung

Nicht nur, dass seine Boten mit leeren Händen von Nabal zurückkehren und ihre Arbeit in der Wüste damit unentlohnt bleibt, mag David so erzürnt haben, dass er unverzüglich zum Schwert greift und blind vor Wut auf Rache sinnt und den Tod unschuldiger Menschen plant (V. 13.22.34). Noch tiefer muss ihn die Demütigung getroffen haben, die Nabal ihm zugefügt hat. Ausdrücklich hatte David seine Boten beauftragt, *in seinem Namen* Nabal Schalom zu wünschen (V. 5; vgl. V. 9).

David konnte davon ausgehen, dass Nabal wusste, mit wem er es zu tun hatte, dass es der zukünftige König Israels war, der ihm seinen Friedensgruß entbot. David war kein Niemand, er hatte sich bereits einen Namen gemacht als Harfenspieler, der die Depressionen Sauls mit seiner Musik vertreiben konnte (1Sam 16,23), als Sieger im Kampf gegen Goliath und die Philister (1Sam 17), als Freund Jonathans (18,1-3; 20) und Schwiegersohn des Königs (18,17-30) und nicht zuletzt durch die Prominenz, die ihm zunächst durch die Eifersucht, dann die offene Feindschaft Sauls zugewachsen war (1Sam 18ff.).

Aber Nabal, auch hierin *gefährlich* töricht und albern, weist – genau wissend, wer David ist – nicht nur dessen Friedensgruß zurück, sondern rechnet den designierten König (und seine Männer) unter die davongelaufenen, namenlosen Sklaven – »*Wer ist David, und wer ist der Sohn Jischais? Heutzutage gibt es viele Knechte, die sich losgerissen haben, jeder von seinem Herrn*« (V. 10) – und begründet so seine Weigerung, auch nur das Mindeste von seinem Festmahl mit ihnen zu teilen. Mag in dieser ignoranten Zurückweisung auch eine Anspielung auf Davids Flucht vom Hof Sauls liegen, sie entbehrt jedenfalls nicht einer gewissen Ironie, wird Nabal selbst doch bald zu den Herren gehören, denen ihre Knechte die Loyalität aufkündigen (V. 14). Schon hier täuscht Nabal sich selbstsicher und arrogant über seine tatsächliche Lage hinweg. Er lässt den von einem seiner eigenen Leute als *Segens-*

gruß gedeuteten *Friedens*wunsch Davids (V. 14) nicht nur ins Leere gehen, sondern begegnet ihm mit einem Verhalten, das einem *Fluch* gleichkommt. Mit Recht spricht David davon, dass Nabal ihm Gutes mit Bösem vergolten (V. 21) und Schmach zugefügt habe (V. 39). Denn jemandem fluchen heißt, ihn übersehen und missachten, sie leicht nehmen und wie Luft behandeln, ihn um seine Ehre, seine Würde bringen, ihren Namen in den Dreck ziehen. Segnen dagegen bedeutet, jemandem Gewicht verleihen, ihr Aufmerksamkeit und Anerkennung schenken, seine Würde achten, ihren Namen in Ehren halten. Segnen ist die intensivste Form des Grußes, sie eröffnet Beziehung, stiftet Gemeinschaft, macht ver*antwort*lich. Fluchen dagegen schließt aus der Gemeinschaft aus, exkommuniziert. Segnen macht namhaft, Fluchen anonym; Segnen zielt auf Leben zur Genüge, Fluchen führt zum (sozialen) Tod. Nabals Fluch wird zu ihm zurückkehren. Wer Gott nicht wahrhaben will, kann auch seinen Nächsten nicht gelten lassen. So setzt Nabal sich über den ansprechenden und ihn beanspruchenden Friedensgruß Davids hinweg, entzieht sich der Ver*antwort*ung für David und seine Leute und schwört so den Rachefeldzug der Betrogenen (V. 21f.) herauf. Wer keine Anerkennung geschenkt bekommt, verkümmert oder sucht sie zu erzwingen, und sei's mit Waffengewalt. Wessen Würde mit Füßen getreten wurde, bleibt am Boden liegen oder schlägt zurück, um welchen Preis auch immer. David lässt die Schmach nicht auf sich sitzen; er sinnt auf blutige Vergeltung. Er hätte seine Königswürde verspielt, noch bevor sie ihm öffentlich verliehen war, wäre da nicht Abigajil gewesen und ihr *Entgegenkommen mit Segen.*

Das, was ihr törichter Mann dem Erwählten des Gottes Israels vorenthalten hat, bringt Abigajil ihm ohne Zögern entgegen. Der Verachtung ihres Mannes steht ihre Hochachtung für David entgegen. Anstatt ihn wie Nabal zu übersehen, sieht sie ihn bei der ersten Begegnung nicht nur, sondern er*sieht* ihn gleichsam (V. 23 – dass sie ihn dabei auch für sich ersieht, ist noch einmal eine andere Geschichte, vgl. V. 31). Dem beleidigten und gedemütigten, zornentbrannten und auf Vergeltung sinnenden David schenkt Abigajil mit ihren großzügigen Gaben, ihren verheißungsvollen Worten und ihren sprechenden Gesten die Anerkennung, die ihn zum Gewaltverzicht bewegt. Weil ihr Segen ihm Würde und Gewicht verleiht, muss er für seine Reputation nicht länger mit Waffengewalt sorgen. Mit ihrem segnenden Tun erfüllt sie seinen berechtigten Anspruch auf Teilhabe an den Gütern Nabals, darum braucht er sein Recht nicht mehr in eigene Hände zu nehmen. Mehr noch: um ihre Segensgabe in Empfang nehmen zu können, muss er sein Schwert aus der Hand legen. Segen entwaffnet. Statt Hand an Nabal und seine Leute zu legen, kann David nun Abigajil und ihre Gaben mit offenen und leeren Händen empfangen. Jenseits eines kultisch verengten Segensverständnisses sind nicht die Hände der Segnenden, sondern der Empfangenden leer. Wie sollten sie sonst die Segensfülle – und Segen hat es immer mit Fülle und Überfluss zu tun – fassen können?!

Die Friedensrede Abigajils (V. 24-31) ist nicht nur eine rhetorische, sondern auch eine theologische MeisterInnenleistung. Von Anfang an ist es ihr

Ziel, David davon abzuhalten, sich selbst zum Nabal, zum Narren zu machen:

Während Nabal so bösartig ist, dass er nicht mehr mit sich reden lässt (V. 17), bittet sie David um Gehör (V. 24), und er schenkt es ihr (V. 35). Stellvertretend nimmt sie die Schuld Nabals auf sich (V. 24f.) und unterläuft so geschickt die Racheabsichten Davids, die sich ja auf alle *Männer* im Haus Nabals richteten (V. 22.34). Hatte Nabal David auf seine *Vergangenheit* festlegen wollen (V. 10), so spricht sie ihn auf seine großartige *Zukunft* als König in Israel (V. 28ff.) an, ihn gerade auch darin segnend, ist es doch der Segen, der die von Gott in uns angelegten Möglichkeiten realisiert. Nachdem Samuel David noch wortlos gesalbt hatte (1Sam 16,13), nimmt Abigajil mit ihrer prophetischen Gewissheit die Nathan-Verheißung (2Sam 7) vorweg. Sie erweist sich damit als »God's chosen prophet-intermediary«[10]. Als performative Rede bewirken Abigajils Worte, was sie sagen, nämlich dass David seine Zukunft nicht zerstören wird, indem er unschuldiges Blut vergießt. Ihre ganze Rede an David ist getragen von dem »Wissen darum, daß er als der, der er ist und sein wird, das, was er da tun will, nicht tun *darf*, nicht tun *kann* und also faktisch nicht tun *wird*«[11]. Mit einem Schwur bekräftigt sie, dass Adonaj ihn bereits abgehalten *hat*, als Rächer in eigener Sache aufzutreten (V. 26). Mit dem Segen Abigajils ist Gott selbst David so bezwingend in den Arm gefallen, dass dieser not-wendig davon ablassen muss, sich mit eigener Hand zu helfen (V. 32ff.). Schon, indem er den Worten Abigajils Gehör schenkt, und vollends, indem er die Segensgabe aus ihrer Hand annimmt (V. 35), ist für David entschieden, dass die gewaltsame Selbsthilfe, mit der er sich schuldig machen würde, eine *unmögliche Möglichkeit* ist. Von Abigajil gesegnet, anerkannt und gewürdigt als der, der er nach Gottes Willen ist und sein wird, kann David sein Recht Gott anheimstellen. Das segnende Entgegenkommen Abigajils hat seinen Zorn besänftigt, ihm die Waffen aus der Hand genommen und ihm die Zukunft, um die er sich schon gebracht hatte, wieder geschenkt.

V. Wer gesegnet ist, wird klug – wer klug ist, wird segnen

Es bleibt nicht bei der *entwaffnenden* Wirkung des Segens, den Abigajil David gönnt. David knüpft seinerseits ein dreifaches Segensband als Antwort auf Abigajils Entgegenkommen (vgl. den dreifachen Friedensgruß in V. 6): »*Gesegnet sei Adonaj, der Gott Israels, der dich mir an diesem Tag entgegen geschickt hat. Und gesegnet sei deine Klugheit, und gesegnet seist du …!*« (V. 32-33a). Segnend beweist David, dass er der Gefahr entkommen ist, sich selbst zum Nabal zu machen, zu handeln, als gäbe es Gott nicht. Auch aus

---

10 Alice Bach, The Pleasure of Her Text, in: Athalya Brenner (Hg.), A Feminist Companion to Samuel and Kings (A Feminist Companion to the Bible 5), Sheffield 1994, 106-128, 112. Die prophetische Kraft des Redens und Handelns Abigajils betont auch Marion Obitz, 1. Samuel 25: Abigail, in: Mit Eva predigen. Ein anderes Perikopenbuch, hg. von Mieke Korenhof, Düsseldorf 1996, 96-100.
11 K. Barth, KD IV/2, 484.

seinem Segnen spricht nun Weisheit. Indem nämlich sein erstes Segenswort dem Gott Israels gilt, nimmt er diesen nicht nur als den Geber der Segensgabe Abigajils wahr, sondern erkennt in Ihm auch den Akteur hinter ihrem entschlossenen und unerschrockenen Verhalten. Durch Abigajil hat *Gott selbst* David davor bewahrt, zum vielfachen Mörder zu werden. Gott segnend lässt David Gott wirklich Gott sein.[12] Er gibt Gott das Gewicht, das Ihr gebührt. Gott segnend braucht er sich nicht länger selbst an die Stelle Gottes zu setzen, sich als Rächer und als Herr über Leben und Tod aufzuspielen. Mit seinem Segen ermächtigt David Gott geradezu, seinen Rechtsstreit mit Nabal auszutragen (vgl. V. 39). Er anerkennt *und* beansprucht zugleich die Kompetenz Gottes, Gerechtigkeit zu schaffen.

Der zweite Segen Davids gilt der Klugheit Abigajils. Auch darin liegen zunächst Dank und Anerkennung. War *er* im Begriff gewesen, sich wie ihr Mann zum Toren zu machen, so war es *ihre* Klugheit, die ihn von der Unmöglichkeit seines Tuns überzeugt hat. Segnet David die lebensrettende Einsicht Abigajils, so geht es ihm auch darum, dass Gott diese Begabung erhalte und mehre. Mit ihrer Klugheit soll Abigajil weiterhin dem Leben und nicht dem Tod dienen; nach dem Willen des Gottes Israels soll sie ihren Verstand gebrauchen und auch künftig – wie in Davids Fall – mit dieser Gabe das Gebotene tun.

Und schließlich segnet David Abigajil, die »kluge Frau für den Frieden«[13], selbst. Die Rolle Abigajils wird nicht dadurch gemindert, dass David zunächst Gott als den in dieser Geschichte letztlich Handelnden gesegnet hat. Das Wirken Gottes und das Tun Abigajils liegen in der dankbaren Wahrnehmung Davids untrennbar ineinander (V. 32-34). Abigajil hat sich gerade in ihrem segnenden Tun als Mitarbeiterin des Gottes Israels erwiesen, während David auf eigene Faust sein Recht gewaltsam zu bekommen suchte und sich damit zum Gegenspieler Gottes erhob. Mit seinem Segen bestärkt David Abigajil in ihrer cooperatio mit dem segnenden Gott.

David macht so die Begegnung, die durch Abigajils gewaltfreies *Entgegen*kommen möglich wurde, zu einer Beziehung wechselseitigen Respekts und gegenseitigen *Zuvor*kommens (David nimmt die dargebotene Segensgabe erst aus der Hand Abigajils an, nachdem er sie gesegnet hat). Und schließlich entlässt er Abigajil in *Frieden* (V. 35). Segen befriedet. Abigajil wird den Frieden, den ihr Mann Nabal den Boten Davids nicht abgenommen hat, mit nach Hause bringen. Und es ist *ihr*, nicht länger *sein* Haus, in dem dieser Frieden wohnen wird. Aufgerichtet, erhobenen Hauptes und mit aufrechtem Gang kehrt sie, die sich David zu Füßen geworfen (V. 23f.) und ihn gleich 14mal als »mein Herr« angeredet und sich wiederholt als seine Magd bezeichnet hatte (V. 24-31), zurück. Vielleicht waren ihre Gesten und Worte doch mehr und anderes als taktische Selbstminderungsriten,

---

12 Vgl. Magdalene L. Frettlöh, Theologie des Segens. Biblische und dogmatische Wahrnehmungen, Gütersloh ⁵2005, 384 ff.
13 Silvia Schroer, Abigajil. Eine kluge Frau für den Frieden, in: Zwischen Ohnmacht und Befreiung. Biblische Frauengestalten, hg. von Karin Walter, Freiburg i.Br. 1988, 92-99.

um David vom beschlossenen Blutbad abzuhalten. Mit einem feinen Gespür für die Dialektik der Situation hat Karl Barth (in einer der eindrücklichsten Auslegungen dieser Erzählung) von der turmhohen Überlegenheit
gerade *der* Abigajil, die sich vor David zutiefst verneigt, gesprochen.[14]
Abigajil hat diese Überlegenheit nicht gegen David eingesetzt, sondern
sie ihm (und mit ihm ganz Israel) zugute kommen lassen. Sie ist David in
einer Schlüssel- und Schwellensituation seines Lebens segnend entgegen-
gekommen – zwischen zwei Momenten, die David Gelegenheit boten, seinen Verfolger Saul selbst aus dem Weg zu schaffen, statt darauf zu vertrauen, dass Gott ihm den Weg zum Königtum in Juda/Israel ebnen würde
(1Sam 24 und 26). Wie Abigajil mit ihrer prophetischen Sprachmacht die
Aufgabe Samuels nach dessen Tod (V. 1) übernimmt, so ist die Gestalt
Nabals transparent für Saul. Der Segen Abigajils ist als Gottesdienst im
Alltag der Welt ein Politikum. Er sprengt den engen Rahmen eines kultischen und spirituellen Segensverständnisses, das den Segen Gottes hinter
Kirchenmauern oder in den familiären Binnenraum verbannen möchte.
Der Segen Abigajils macht Geschichte in Israel. Und er steht auch heute
noch dafür ein, dass Gesegnete die Einsicht gewinnen, sich nicht selbst mit
eigener Hand helfen zu müssen, auf Gewalt in eigener Sache verzichten zu
können, getrost die Rache, die Durchsetzung der Gerechtigkeit, die eigene
Rechtfertigung und *Genug*tuung Gott zu überlassen.

---

14 Vgl. K. Barth, KD IV/2, 483f.

»Ja, bin denn ich an Gottes Stelle?«
(1Mose 50,19)

Kanzelrede zu 1Mose 50,14-21
(im Rahmen der Josefsgeschichte)[1]

*Die Anmut des Messias Jesus und die Liebe Gottes
und die Gemeinschaft der Heiligen Geistkraft sei mit uns allen!*

»Geht's so mit …?« fragt die Frau an der Kasse mit Blick auf die gerade
bezahlte Ware. Und bevor sie die Alternative aussprechen kann, hör' ich
mich sagen: »Ja, eine Tüte, das wär' nett!« Vor ein paar Jahren hat mir ein
Freund, der allzu selbstverständlich Gewordenes gern noch einmal hinterfragt, erzählt, dass es ihn bei dieser Frage bisweilen jucken würde zu antworten: »Ich fürchte, ich muss es tragen!« Das verdutzte Gesicht der irri-
tierten Verkäuferin könnten wir uns lebhaft vorstellen. Dabei wäre sie doch
nur beim Wort genommen! Denn welche Ware geht schon einfach mit.
Selbst die, die man einfach mitgehen ließe, müsste doch getragen werden!

»Geht's so mit?« – *»Ich fürchte, ich muss es tragen!«* Ja, vieles, allemal Be-
schwerliches und Schwerwiegendes, geht in unserem Leben nicht einfach
so mit, sondern wir müssen es tragen und tragen daran bisweilen schwer.
Und dann kann es passieren, dass wir unter dieser Last selbst schwer erträglich werden. Dass die Bürde, die wir uns selbst oder die uns andere auf-
geladen haben, drückend ist und uns so bedrückt macht, dass wir auch anderen zur Last werden, dass wir die Tragfähigkeit unserer Mitmenschen
und unserer Beziehungen zu ihnen einer großen Belastungsprobe aussetzen, einer buchstäblichen Zerreißprobe. Von der Last, die wir uns in solchen Situationen selbst sein können, ganz zu schweigen! Wie gut, wenn es
dann Menschen gibt, die uns (und das, was uns zu Boden drückt) nicht für
untragbar halten! Und in diesen Wochen und Monaten, in denen wir des
Kriegsendes vor 60 Jahren gegen alles dumme Geschwätz von der »Befrei-
ungslüge« als *Befreiung* gedenken und (angesichts der letzten verbliebenen
AugenzeugInnen) mit den von Deutschen begangenen Verbrechen gegen
die Menschlichkeit in einem Ausmaß konfrontiert werden, das kaum zu ertragen ist – in diesen Wochen und Monaten sucht mich manchmal ein un-
gläubiges Staunen, eine tiefe Verwunderung heim, voller Scham, dass uns

---

1 Gehalten am 19. Mai im Abendmahlsgottesdienst der Fortbildungsveranstaltung
für PfarrerInnen der Lippischen Landeskirche »Der Mensch heißt Mensch, weil
er … vergibt‹? Mit Schuld leben« auf Juist vom 17.–20. Mai 2005. 1Mose 50,15-21 ist
der vorgeschlagene Predigttext für den 4. Sonntag nach Trinitatis in der dritten Peri-
kopenreihe. Bisher unveröffentlicht.

die Völkergemeinschaft bis heute erträgt, obwohl wir ihr doch schier Unerträgliches zugemutet haben. »Die Menschheit schaudert sich. Vor Deutschland? Ja, vor Deutschland«[2], bekannte Thomas Mann in einer von amerikanischen Radiosendern am 8. Mai 1945 veröffentlichten Botschaft.

I.

(17) »So sagt dem Josef:
›Ach, trage doch das Verbrechen deiner Brüder und ihre Verfehlung –
Böses haben sie dir ja angetan!‹«
Aber nun trage doch am Verbrechen derer,
die Knechte des Gottes deines Vaters sind![3]

Fast stammelnd, keuchend, nach Luft ringend[4] klingt im hebräischen Wortlaut die Bitte der Brüder an Josef: »'onnâ' sâ' nâ' [...] we'attâh sâ' nâ'«/ »Ach, trage doch [...] aber nun trage doch ...!« Was für eine Schuldenlast muss das sein, die sie jahrzehntelang mit sich herumgeschleppt haben, die ihnen nun förmlich die Kehle zudrückt, die sie endlich loswerden wollen! Aber ungeheuerlicher noch als ihr Vergehen erscheint ihre Bitte: Josef soll seinen Brüdern das Böse, das *sie ihm* angetan haben, abnehmen und selber tragen! Vergebung, biblisch verstanden, »besteht aus mehr als nur aus einem lösenden oder erlösenden Wort«[5]. Das haben wir schon beim Nachbuchstabieren der Vergebungsbitte des Vaterunser gesehen: Dort hat Vergebung mit dem Erlassen von Schulden zu tun – damit, dass Menschen ihren Schuldnern gegenüber darauf verzichten, ihre Ansprüche durchzusetzen, das ihnen Geschuldete einzuklagen und zurückzufordern. Wir haben eine Ahnung davon bekommen, wie menschen*un*möglich eine solche Vergebung ist und wie sie doch wirklich und wahr werden kann – dort, wo wir auch noch unser Vergeben*können* als Gabe von Gott erbitten: »*Erlasse uns unsere Schulden, wie auch wir [sie] erlassen (haben) unseren Schuldnern!*«[6]

Doch ist hier die Provokation, die Zumutung nicht noch größer? Der Geschädigte, der, dem seine Brüder einst an die Wäsche gingen, dessen Leben sie beinahe auf dem Gewissen hätten – *ausgerechnet der* soll ihnen den Fre-

---

2 Thomas Mann, Essays. Bd. 6: Meine Zeit 1945-1955, hg. von Hermann Kurzke und Stephan Stachorski, Frankfurt a. M. 1997, 12.

3 Übersetzung (auch der folgenden Verse aus 1Mose 50,14-21) im Anschluss an Jürgen Ebach, Mit *Schuld* leben – mit Schuld *leben*. Beobachtungen und Überlegungen zum Anfang und zum Schluss der biblischen Josefsgeschichte, in: »Wie? Auch wir vergeben unsern Schuldigern?« Mit Schuld leben (Jabboq 5), hg. von Jürgen Ebach u. a., Gütersloh 2004, 19-39, 26.

4 »Ihre gleichsam stammelnde Angst wird durch die Armut an Worten gemalt« (Benno Jacob, Das erste Buch der Tora: Genesis, Berlin 1934, 938).

5 Rüdiger Lux, Josef. Der Auserwählte unter seinen Brüdern (Biblische Gestalten 1, hg. von Christfried Böttrich und Rüdiger Lux), Leipzig 2001, 207.

6 Vgl. Magdalene L. Frettlöh, »Der Mensch heißt Mensch, weil er ... vergibt«? Philosophisch-politische und anthropologische Vergebungs-Diskurse im Licht der fünften Vaterunserbitte, in: Jabboq 5 (2004), 179-215, bes. 204-212.

vel und die Sünde abnehmen, die sie nicht länger tragen, mit der sie sich selbst nicht mehr ertragen können?! Wird da nicht das Opfer auch noch zum Sündenbock gemacht?! Widerspricht das nicht aller political correctness, nun den Opfern auch noch die Bürde der Vergebung aufzuladen, es von ihnen abhängig zu machen, ob Versöhnung geschieht?! Wenn die Bibel »Vergeben« als »Tragen« der Untat und der mit ihr verbundenen Schuld versteht, geht sie offenbar davon aus, dass das, was wir anderen an Bösem angetan haben, nur aus der Welt geschafft werden kann, wenn es *buchstäblich* von einer/einem Anderen *aufgehoben* wird, also wenn jemand es den Schuldiggewordenen abnimmt, es selbst übernimmt und trägt oder doch zumindest daran *mit*trägt. Vergebung ist – so verstanden – *stellvertretendes Tragen*. – »Doch in Wahrheit trug sie unsere Krankheiten, und unsere Schmerzen lud sie auf sich. Wir aber hielten sie für eine Geschlagene, von Gott geschlagen und erniedrigt«[7] (Jes 53,4). –

Und wer, wenn nicht Josef, könnte seinen Brüdern diese Last abnehmen? Wer, wenn nicht die, an denen wir schuldig geworden sind und denen wir vieles schuldig geblieben sind, können uns von unserer Schuld befreien?! »Zu groß ist meine Schuld, um sie zu tragen!« (1Mose 4,13). Wir haben die verzweifelte Klage Kains noch im Ohr. Muss nicht Abel seinem Bruder Kain vergeben, »damit es anders anfängt zwischen uns allen«[8]?

Was wird Josef tun? Wird er die ungeheuerliche Bitte seiner Brüder erfüllen? Wird er ihnen abnehmen, was sie ihm angetan haben, ihre Schuld tragen? Wir sind gleich mitten hinein in diese Szene gesprungen und müssen nun erst einmal an den Anfang zurückgehen.

(14) Und es kehrte Josef zurück nach Ägypten, er und seine Brüder und alle, die mit ihm hinauf gezogen waren, um seinen Vater zu begraben, nachdem er seinen Vater begraben hatte.
(15) Da realisierten die Brüder Josefs: Ihr Vater war ja tot.
Und sie sagten: »*Wenn Josef uns nun anfeindet*
und voll auf uns zurück kommen lässt all' das Böse,
das wir ihm angetan haben ...?!«

II.

Die Brüder Josefs (wo ist Dina?) haben einige Zeit gebraucht (und wie gut kennen wir das!), bis sie begreifen, dass ihr Vater tot ist, bis ihnen zum Bewusstsein kommt, was sein Tod für sie, für ihre Beziehung zu Josef bedeuten kann: Der Vater steht nicht länger schützend zwischen ihnen und ihrem Bruder. Sie, die Siebzigjährigen, können sich nicht länger hinter ihm, dem Hundertjährigen, verstecken. Wenn Jakob auch vielleicht nicht wusste, was

---

7 Übersetzung von Jürgen Ebach (vgl. Jürgen Ebach/Magdalene L. Frettlöh, Karfreitag. Das Buch Jesaja [Jes 52,13-15] 53,1-12, in: Die Feste im Kirchenjahr. Gottesdienste und Erläuterungen zum Feiern in gerechter Sprache, hg. von Erhard Domay/Hanne Köhler, Gütersloh 2004, 90-103, 98).
8 Zeile aus Hilde Domins Gedicht »Abel steh auf« (Gesammelte Gedichte, Darmstadt 1947, 364f.).

seine Söhne Josef angetan hatten – *sie* selbst können es nicht vergessen, und *Josef* hat es gewiss nicht vergessen. Wie kann man so 'was auch vergessen! Und nun musste Josef keine Rücksicht mehr auf den Alten nehmen, konnte seiner Vergeltung freien Lauf lassen. Und ist ihre Angst denn so abwegig, dass der Bruder ihnen nun, wo der Vater tot war, endlich heimzahlen wird, was sie ihm einst an Leid und Todesangst zugefügt haben?! Hatte nicht auch Esau, nachdem ihn sein Bruder Jakob um den Segen betrogen hatte, sich geschworen:»Die Tage der Trauer um meinen Vater werden nahekommen, dann will ich den Jakob, meinen Bruder, erschlagen!« (1Mose 27,41)? Es wäre ja nicht der erste Brudermord! Wie lange war es eigentlich her, dass Josef sie das letzte Mal zum Essen eingeladen hatte?![9] War er früher nicht viel großzügiger gewesen? Und wer weiß, was er sich überlegt hatte, als er bei der Rückreise von der Beerdigung an jener Grube Station gemacht hatte, in die sie ihn damals geworfen hatten?![10] Nein, das bilden sie sich doch nicht nur ein, dass Josef sich nun nach dem Tod des Vaters ihnen gegenüber anders verhält!

Wo jene nicht mehr da sind, die die Familie zusammengehalten und für ein irgendwie verträglich-erträgliches Zusammenleben gesorgt haben, da brechen nicht selten die ungelösten Konflikte auf, alter Hass lodert auf, Gewalt eskaliert, Schuld bleibt verschwiegen, aber brennt auf der Seele um so mehr. Da entpuppt sich nicht selten der sog. liebe Frieden als fauler Friede, als trügerische Harmonie. Beklemmende Angst macht sich breit. Und das gilt ja keineswegs nur für den Tod von *Familien*vätern und -müttern. Die Familiengeschichten der Genesis sind auf Schritt und Tritt transparent für Volks- und Völkergeschichte. Und wir haben aus den letzten Jahrzehnten genug Bilder des Schreckens vor Augen davon, welch' dramatische, zerstörerische Wirkung das Ende eines Regimes haben kann, das – und sei es mit Unterdrückung, Terror und Korruption und kräftiger Militärhilfe von außen – die befeindeten ethnischen, sozialen oder religiösen Gruppen zusammengehalten hat. Seit Jahrzehnten, Jahrhunderten schwelende Konflikte brechen eruptiv wie ein Vulkan aus. Familien, Völker, ganze Völkergemeinschaften reißen sie ins Verderben und in den Untergang.

Josefs Brüder wissen: Wenn es eine gemeinsame Zukunft geben soll trotz des Verbrechens und der Schuld, die sie trennt, und wenn diese Zukunft nicht ständig von der Vergangenheit bedrängt und überschattet sein soll, dann muss das Verdrängte auf den Tisch, dann müssen die Verbrechen und die Schuld endlich, endlich nach zwei Generationen beim Namen genannt werden. Und so ergreifen sie die Flucht nach vorn. Wenn es einen Ausweg aus ihrer Angst geben soll, dann müssen sie jetzt reden, endlich mit Josef reden über das, was sie ihm angetan haben. Sie selbst ergreifen die Initiative, weil sie sonst wohl an ihrer Angst und an ihren Erinnerungen ersticken würden.

---

9 Vgl. die Hinweise bei Roland Gradwohl, Bibelauslegungen aus jüdischen Quellen. Bd. 1: Die alttestamentlichen Predigttexte des 3. und 4. Jahrgangs, Stuttgart ²1995, 88-98, 89.
10 Ebd.

Ulla Hahn hat in ihrem jüngsten Roman »Unscharfe Bilder« (dtv 13320, München 2005) ein nachdenkliches Plädoyer dafür gehalten, dass es nicht ausreicht, wenn die Erinnerung und das Schuldbekenntnis nur von den anderen, von uns Nachgeborenen eingeklagt wird (etwa mit dem Katalog der Wehrmachtsausstellung in der Hand!), dass vielmehr die, die sich die Hände (das Herz und die Seele) schmutzig gemacht haben, selbst bereit sein müssen, sich zu erinnern, die verdrängten Bilder des Grauens hochsteigen zu lassen, zu erzählen, eigene Gräueltaten, eigene Schuld einzugestehen. Was ja nicht heißt, dass *wir* Jüngeren nicht nachfragen, nicht auch bohrend nach den Verbrechen, dem Schweigen und der Schuld der Eltern und Großeltern fragen sollen! Wer das als »Schuldkult« diffamiert, hat noch immer nichts, nichts verstanden. Nur erbarmungslos, nur selbstgerecht darf es nicht sein, unser Fragen!

(16) So ließen sie dem Josef dies auftragen:
»Dein Vater hat im Angesicht seines Todes dies aufgetragen:
(17) ›So sagt dem Josef: Ach, trage doch das Verbrechen deiner Brüder und ihre Verfehlung – Böses haben sie dir ja angetan!‹
Aber nun trage doch am Verbrechen der Knechte des Gottes deines Vaters!«

Not macht bekanntlich erfinderisch, vielleicht auch in diesem Fall. »Ist das denn wahr?« fragt bei Thomas Mann Benjamin seine Brüder. »Ich war nicht dabei, als er's sagte.«[11] Wir auch nicht. Die Bibel erzählt nämlich nichts von einem solchen letzten Wunsch und Willen Jakobs. Haben die Brüder das erfunden, zu einer Notlüge gegriffen, um sich noch einmal auf die Autorität ihres Vaters zu berufen, um noch einmal den gemeinsamen Vater schützend zwischen sich und Josef zu stellen? Sie gestehen sich ihre Tat ein, verschweigen auch gegenüber Josef das Böse nicht länger, das sie ihm zugefügt haben, aber sie schieben den Vater vor. Der soll gesagt haben ... Eine Schutzbehauptung mit Berufung auf eine höhere Autorität, um die eigene Haut zu retten. Menschlich-allzumenschlich. Der Fall wird bei den Rabbinen breit diskutiert. Darf man so mit der Wahrheit umgehen? Eine mehrfach bezeugte Antwort: Wenn's dem Frieden dient, wirklich Schalom bringt, dann darf die Wahrheit geändert werden![12] Da dreht sich Kant im Grabe 'rum![13]

Wie groß muss die Angst der Brüder vor Josef gewesen sein, dass sie sich – selbst mit der Autorität ihres Vaters im Rücken – ihrem Bruder nicht unter die Augen trauen! So wie damals, als sie den zerrissenen, blutgetränkten Rock Josefs durch Boten nach Hause schickten (1Mose 37,32), damit der Vater die Kleidung seines Lieblingssohnes identifiziere. Andere vorzu-

---

11 Thomas Mann, Joseph und seine Brüder. Der vierte Roman: Joseph, der Ernährer, Frankfurt a.M. 1991, 537.
12 So etwa im Babylonischen Talmud: bJabmuth 65b; vgl. R. Lux, Josef, 206.
13 Immanuel Kant lehnt kategorisch die Rechtfertigung jeder Lüge, auch der Notlüge ab: Über ein vermeintes Recht aus Menschenliebe zu lügen, in: ders., Schriften zur Ethik und Religionsphilosophie (Werke in sechs Bänden, hg. von Wilhelm Weischedel, Bd. IV), Darmstadt ⁵1983 (=Sonderausgabe 1998), 635-643.

schicken – auch das hat Tradition in dieser Familie. Was hat Jakob nicht alles an guten Worten und mehr noch an Ziegen, Schafen, Kamelen, Kühen und Eseln seinem Bruder Esau mit Boten entgegen geschickt, um dessen befürchteten Zorn zu besänftigen (1Mose 32,1 ff.), als könnten all' diese Gaben den Betrug von damals und die Schuldenlast von Jahrzehnten aufwiegen! Wir wissen, es kam anders, ganz anders, als Jakob befürchtet hatte. Die Geschichte wiederholt sich und doch bleibt nicht alles beim Alten! Und wie reagiert Josef?

III.

Da weinte Josef über ihre an ihn gerichteten Worte.

Josef weint, nicht zum ersten Mal.[14] Die Bibel verschweigt Männertränen nicht und gibt weinende Männer nicht als »Heulsusen« der Lächerlichkeit preis. Und Josef selbst hat es gelernt, dass er seine Tränen nicht verbergen muss, dass er sich ihrer nicht schämen, sich nicht zusammenreißen, sich nicht selbst beherrschen muss, um in der Öffentlichkeit nicht als Schwächling da zu stehen. Er hat gelernt, zu seinen Tränen zu stehen. »Wer fähig ist zu weinen, ist in der Lage auf Herrschaft zu verzichten.«[15] Was macht Josef weinen?[16] Dass seine Brüder nach allem, was er in Ägypten schon für sie und ihre Familien getan hat, immer noch kein Vertrauen zu ihm haben? Dass sie ihn tatsächlich verdächtigen, er wolle sich nun, wo der Vater tot ist, an ihnen rächen? Dass sie nicht selbst zu ihm kommen, sondern – wieder einmal – andere für sich reden lassen? Dass sie sich auf ein Vermächtnis des Vaters berufen und ihn damit unter Druck setzen? Dass sie gar Gott ins Spiel bringen, sich nicht – wie es in den Worten Jakobs heißt – als »deine Brüder« bezeichnen, sondern als »Knechte des Gottes deines Vaters«, also die Sache ganz hoch hängen? Oder weil er ihre Angst, ihre entsetzliche Angst vor ihm sieht und erkennen muss, dass er daran nicht unschuldig ist – nach all' den Spielchen, die er mit ihnen getrieben hat, seitdem sie nach Ägypten kamen, um Brot zu kaufen? Weil mit der Angst der Brüder all' die alten Geschichten wieder hochkommen, die eigenen Ängste und die eigenen Allmachts- und Allwissenheitsphantasien? Weil ihm deutlich wird, dass seine Brüder noch nicht begriffen haben, dass er ein anderer geworden ist, dass es jenen Träumer nicht mehr gibt, den Heranwachsenden, der – als Kind der Lieblingsfrau – vom Vater verhätschelt, von der Herrschaft träumte, von der Herrschaft über seine Brüder, ja über die ganze Familie? – Aber ist das denn so? Ist er denn ein Anderer geworden?

(18) Da gingen seine Brüder selbst hin und fielen vor seinem Angesicht nieder und sagten: »Da hast du uns für dich als Knechte!«

---

14 Vgl. 1Mose 42,24; 43,30; 45,1f.14f.
15 Dazu Rainer Kessler, Männertränen, in: Für Gerechtigkeit streiten. Theologie im Alltag einer bedrohten Welt. Für Luise Schottroff zum 60. Geburtstag, hg. von Dorothee Sölle, Gütersloh 1994, 203-208, 207.
16 Vgl. die jüdischen Stimmen bei R. Gradwohl, Bibelauslegungen, 94.

Da liegen die Brüder vor ihm am Boden. Josef ist, so könnte man meinen, am Ziel seiner Träume angelangt:

>>Hört euch einmal diesen Traum an, den ich geträumt habe!
Wir waren da gerade beim Garbenbinden mitten auf dem Feld
und da blieb meine Garbe aufrecht stehen
und da stellten sich eure Garben ringsherum
und verneigten sich tief vor meiner Garbe« (1Mose 37,6f.).[17]

Die Brüder verneigen sich nicht nur, sie liegen vor ihm auf dem Boden. Drei Worte nur bringen sie über die Lippen: »hinnännû lechâ la'avâdîm« – »Hier hast du uns für dich als Knechte!« Josef ist am Ziel seiner Träume angekommen. Die Brüder, die einst Josef als Sklaven verkauft haben, unterwerfen sich nun ihm als seine Sklaven. Doch spätestens hier mit dem Anblick der vor ihm liegenden Brüder, denen aus Angst um ihr Leben die Kehle wie zugeschnürt ist, spätestens hier platzen Josefs Herrschaftsträume, muss er erkennen, wie menschenverachtend, ja wie pervers es ist, den Traum der Herrschaft von Menschen über Menschen, über die eigenen Brüder und Schwestern, Söhne und Töchter des einen Gottes, zu träumen!

IV.

(19) Da sagte Josef zu ihnen:»Habt keine Angst! Ja, bin denn ich an Gottes Stelle?
(20) Ihr nämlich habt euch gegen mich Böses ausgerechnet.
Gott hat es zum Guten summiert, um das zu tun, was heute zutage liegt:
zum Leben zu bringen ein großes Volk.«

»Ja, bin denn *ich* an *Gottes* Stelle!?«[18] Liebe Schwestern und Brüder, diese rhetorische Frage – *das* ist der Schlüsselsatz unserer Szene und vielleicht der ganzen Josefserzählung.[19] Nicht jener in den meisten Lutherbibeln fett-

---

17 Übersetzung: J. Ebach, Mit *Schuld* leben – mit Schuld *leben*, 23.
18 Josef zitiert wörtlich seinen Vater Jakob (vgl. 1Mose 30,2). Die Geschichte wiederholt sich und dennoch bleibt nicht alles beim Alten: Jakob schleudert diese Frage seiner Frau Rachel entgegen, erzürnt darüber, dass sie ihn für ihre Kinderlosigkeit verantwortlich macht und Kinder von ihm verlangt. Jakob verweist Rachel an den, der in dieser Sache allein zuständig sei und die Verantwortung trage, Gott, der Schöpfer, und erklärt sich selbst für die falsche Adresse dieses Ansinnens. Josefs Wiederholung der rhetorischen Frage seines Vaters enthält ebenfalls die Abweisung einer allein Gott zukommenden Kompetenz, in diesem Fall: die der Herrschaft, doch der performative Gehalt ein und desselben Satzes ist an beiden Stellen verschieden: Während Jakobs Zurück- und Zurechtweisung seiner Frau lieblos und verständnislos wirkt, an ihrer Not und ihren Bedürfnissen vorbeigeht, lässt sich Josef, der Rachelsohn, die Not und Bedürfnisse seiner Brüder und ihrer Familien angelegen sein und übernimmt die Sicherung ihrer Zukunft. Jakob sagt:»Das geht mich nichts an! Das ist nicht meine Sache! Das musst du allein mit Gott ausmachen!« Josef dagegen weist die Unterwerfung seiner Brüder zurück, aber entzieht sich nicht der Verantwortung für sie.
19 Zur genaueren Gewichtung Jürgen Ebach, »Ja bin denn ich an Gottes Stelle?« (Genesis 50:19). Beobachtungen und Überlegungen zu einem Schlüsselsatz der Josefsgeschichte und den vielfältigen Konsequenzen aus einer rhetorischen Frage, in: Biblical Interpretation XI (2003), 602-616; ders., Mit *Schuld* leben – mit Schuld *leben*.

oder kursivgedruckte Halbvers:»Ihr gedachtet es böse mit mir zu machen, aber Gott gedachte es gut zu machen« (V. 50a). Denn das kann ein ganz gefährlicher Satz sein, vermag er doch auf fatale Weise den Menschen zu entlasten und die Verantwortung allein an Gott zu delegieren.»Der Mensch denkt, Gott lenkt«.»Confusione hominum, providentia Dei.« Gott wird's schon richten. Ende gut, alles gut.»Ihr gedachtet es böse mit mir zu machen, aber Gott gedachte es gut zu machen.« Für mich hat dieser Satz den faden Beigeschmack von *theo*logischer Schlussstrich-Mentalität. Und er steht unter dem Verdacht, um des guten Ausgangs willen auch die einzelnen Etappen des Weges zu rechtfertigen. Hat nicht schon Helmut Kohl gemeint:»Entscheidend ist, was hinten 'raus kommt«?!

Gewiss, auch Dietrich Bonhoeffer hat bekannt:»Ich glaube, daß Gott aus allem, auch aus dem Bösesten, Gutes entstehen lassen kann und will. Dafür braucht er Menschen, die sich alle Dinge zum Besten dienen lassen.« Das klingt auf den ersten Blick ganz ähnlich. Doch wir müssen diese»Glaubenssätze über das Walten Gottes in der Geschichte« bis zu Ende lesen, um zu erkennen, dass dies kein Persilschein ist:»Ich glaube, daß Gott […] auf aufrichtige Gebete und verantwortliche Taten wartet und antwortet.«[20] Es sind Glaubenssätze von Ergebung *und* Widerstand, allemal nicht unter Absehen von menschlicher Verantwortung!

»Ja, bin denn *ich* an *Gottes* Stelle!?« Josefs Frage wäre missverstanden, wenn wir meinten, damit delegiere er die Vergebung allein an Gott. Als könne nur Gott und als dürften nicht auch die Menschen vergeben. Um Vergebung geht's bei dieser Frage nicht, jedenfalls nicht vorrangig. Es geht vielmehr um Herrschaft. Die Brüder Josefs wollten beides sein:»Knechte des Gottes deines Vaters« und»deine Knechte«. Josef sagt ihnen: Das geht nicht. Denn wer wirklich Gottes Knecht ist, wer Gott aufrecht dient, der kann sich nicht an andere Menschen versklaven (und auch nicht an sich selbst, füge ich hinzu). Achtung, Respekt – ja, unbedingt. Aber nicht Unterwerfung. Das Bekenntnis zu Gott als dem einen und einzigen Herrn ist oft zur Legitimation irdischer Herrschaft missbraucht worden. Josef erinnert uns an seinen rechten Gebrauch: Zu Gott zu gehören, Gott zu gehorchen, von Gott beansprucht, beschlagnahmt zu werden, bis zur Schmerzgrenze bisweilen – das macht frei von aller Menschenfurcht und reißt aus allen irdischen Abhängigkeiten.» *We are not our own.*« Darum:»Habt keine Angst!« – gleich zwei Mal (V. 19.21). Und ich höre Josef sagen: Ja, Brüder, beugt euch vor dem Gott unserer Väter und Mütter, hört auf ihn, dient ihm, seid ihm zueigen, aber vor mir steht auf(recht)! Um Gottes und der Menschen willen: »Werdet nicht der Menschen Knechte!« (1Kor 7,23).

---

20 Dietrich Bonhoeffer, Rechenschaft an der Wende zum Jahr 1943: Nach zehn Jahren, in: Widerstand und Ergebung. Briefe und Aufzeichnungen aus der Haft (DBW 8), hg. von Christian Gremmels u. a., Gütersloh 1998, 17-39, 30f.

V.

Hat nun Josef seinen Brüdern ihr Verbrechen abgenommen, trägt er ihre Schuld? Der Text spricht nicht davon. Aber er sagt etwas anderes:

(21)»Und nun habt keine Angst! Ich, ich will euch versorgen,
euch und eure Kinderschar.«
So ließ er sie aufatmen und redete ihnen zu Herzen.

Von Vergebung ist nicht die Rede, aber von Versorgung, von Fürsorge. Alles, was sie für ein Leben in Schalom, zur Genüge, brauchen, sollen sie haben. Versorgung ohne Herrschaft, frei von Angst. Der Würgegriff um ihre Kehle lockert sich. Die ängstlichen Herzen werden weit. Sie können aufatmen. Josef, ihr Bruder, will ihnen nicht an die Gurgel. Und jetzt, wo ihnen niemand und nichts mehr die Kehle zudrückt, keine Rachegelüste Josefs und keine eigene Schuld, jetzt endlich gehen ihnen Josefs Worte zu Herzen. Sie verstehen ihn. Er kommt bei ihnen an – als Bruder.

Ob Josef seinen Brüdern vergeben hat – wir wissen es nicht. Offensichtlich ist das auch gar nicht mehr so wichtig. Aber eines ist klar: Vergebung darf dahinter nicht zurückbleiben, dass Menschen spürbar aufatmen können, dass sie wieder Luft kriegen. Und dass die Herrschaftsträume ein Ende haben. Wo nämlich Vergebung noch mit Macht spielt, wo sie taktiert und die Not der anderen ins Kalkül zieht, wo sie aus einer Position der Überlegenheit und mit gönnerhafter Geste daherkommt, wo sie andere beschämt und demütigt, da ist es besser, darauf zu verzichten. Es gibt, so lese ich diese vorletzte Szene der Josefsgeschichte, auch Versöhnung ohne Vergebung, aber nicht ohne Erinnerung, nicht ohne Schuldeinsicht und Schuldbekenntnis, und nicht ohne Verzicht auf Herrschaft, wenn denn ein großes Volk zum Leben gebracht werden soll. Menschen aufatmen lassen – *das* macht ein Volk groß.

Die Josefsgeschichte mündet nicht in ein kitschiges happy-end, redet keiner Familienidylle das Wort. Die Brüder und Josef werden nicht unter einem Dach leben. Sie haben ihre je eigenen Lebensorte und -kontexte. Sie müssen sich nicht länger aus dem Weg gehen, darum können sie ihrer eigenen Wege gehen. Die Erzählungen der Genesis haben ein sensibles Gespür dafür, wann wir es *gut* sein lassen dürfen. Und vielleicht sind es ja auch eben diese Geschichten, die uns helfen, unsere Schuld zu tragen, die eigene und die anderer. Die biblischen Texte haben einen unerschöpflich langen Atem, eine unabsehbare Tragweite. Sie reden uns zu Herzen, lassen uns aufatmen, gehen einfach so mit und – tragen uns. Amen.

Energisch in Vergebung, Heilung und Fürbitte

Predigt zu Jakobus 5,13-16[1]

Gnade sei mit euch und Friede von Gott, unserm Vater,
und dem Herrn Jesus Christus! Amen.

»Alles wandelt sich. Neu beginnen
Kannst du mit dem letzten Atemzug.
Aber was geschehen, ist geschehen. Und das Wasser
Das du in den Wein gossest, kannst du
Nicht mehr herausschütten.

Was geschehen, ist geschehen. Das Wasser
Das du in den Wein gossest, kannst du
Nicht mehr herausschütten, aber
Alles wandelt sich. Neu beginnen
Kannst du mit dem letzten Atemzug.«[2]

Liebe KFU-Gemeinde,
wie nicht wenige Texte Bertolt Brechts ist auch dieses Gedicht Schriftauslegung. Brecht hat die Bibel besser gekannt als manche Theologen und Theologinnen heute. Und er hat viel begriffen von der subversiven, alles auf den Kopf stellenden schöpferischen Macht des Gotteswortes. Das Geschehen, das Brecht hier in wenigen Zeilen so ausdrucksstark zur Sprache bringt, nennt die Bibel »Vergebung«. Vergebung ist das Ereignis, in dem Gott und Menschen so auf unsere Vergangenheit zurückkommen, dass die Altlasten, die wir mit uns herumschleppen, einen Neubeginn nicht länger verhindern. Wer *vergibt*, *gibt* einen Neuanfang. Vergebung ist jener Rekurs auf unsere Vergangenheit, in dem diese selbst verändert wird.

Wer *verzeiht*, *verzichtet* darauf, uns für immer gnadenlos auf das festzulegen, was wir getan oder versäumt oder erlitten haben. Wer vergibt, nimmt uns unsere Schuld und trägt sie, anstatt sie uns nachzutragen. Vergebung heißt Unterbrechung. Vergebung schenkt, dass wir nicht für immer die Sklaven und Sklavinnen unserer eigenen Vergangenheit bleiben müssen. Vergebung lässt aufatmen.

---

1 Gehalten am Wochenendseminar 6 des Kurses 24 B des Kirchlichen Fernunterrichts der Föderation Evangelischer Kirchen in Mitteldeutschland in Eisenach am 22. 10. 2006. Bisher unveröffentlicht.
2 Bertolt Brecht, Gedichte 3: 1941–1947 (GW 10), Frankfurt a. M. 1967, 888.

I.

Vergebung als Heilung, als Neuanfang, vergleichbar einer Geburt, ist das Thema der beiden Lesungen, die wir gehört haben[3]: Gott stellt sich Mose vor als barmherzig und gnädig, Schuld und Frevel und Vergehen wegnehmend, was Mose sogleich zum Anlass nimmt, eben diesen Gott zu bitten, die Schuld des Volkes zu tragen. Mose in der Rolle des Fürbitters. Vergebung und Gebet haben viel miteinander zu tun. Und im Evangelium wurde uns erzählt, wie Vergebung bewirkt, dass ein Mensch gesund wird. Schuld kann lähmen, bewegungslos machen; Vergebung dagegen richtet den am Boden Liegenden auf, stellt ihn auf die Beine.

Auch in unserem Predigttext begegnet das Vergeben, wieder gepaart mit dem Beten.

Ich lese Jakobus 5,13-16:

Wer unter euch leidet, möge beten; wer guten Mutes ist, singe Psalmen.

Wer unter euch krank ist, möge die Ältesten der Gemeinde zu sich rufen, dass sie über ihm beten und ihn mit Öl salben im Namen des Herrn.

Das Gebet des Glaubens wird der Kranken helfen und der Herr wird sie aufrichten.

Und wer Sünden begangen hat, dem vergebt sie.

Bekennt also einander die Sünden und betet füreinander, damit ihr gesund werdet.

Viel vermag die Fürbitte der Gerechten, energisch betrieben.

II.

Energisch, ja das ist der Jakobusbrief, voller Energie und Tatendrang. Ihm geht es um einen Glauben, der in der Liebe praktisch wird, der sich ausdrückt in der Tat, Gottesdienst mit Händen, Mund und Füßen. Seid Täterinnen des Wortes, nicht Hörer allein – das ist sein Motto. Das Tun soll und kann nicht das Hören ersetzen, aber das Hören darf und wird nicht folgenlos bleiben. Die Tat tritt nicht an die Stelle des Glaubens, vielmehr wird der Glaube wirksam, *energisch* in der Tat. Dem Hören auf Gottes Gebot entspricht kein tatenloses Zuschauen. Der EKD-Ratsvorsitzende, Bischof Huber, hat in einer Predigt in der Deutschen Evangelischen Gemeinde in Beirut den Jakobusbrief die neutestamentliche Schrift mit den »aufgekrempelten Hemdsärmeln« genannt und ihm eine »hemdsärmelige« Theologie bescheinigt.[4] Was unseren Predigttext betrifft, so besteht diese Hemdsärmeligkeit darin, dass Jakobus weiß, wie sehr Heil und Heilung zusammen gehören, dass das christliche Bekenntnis zu Jesus Christus, dem *Heiland*, nicht geistlich verkürzt werden darf, sondern bis ins Körperliche reichen muss, dass es ums Gesundwerden an Leib und Seele geht, dass auch körperlich kranke Menschen unter seinem Zuspruch heil(er) werden können.

---

3 Alttestamentliche Lesung: 2Mose 34,4-10; Evangelium: Markus 2,1-12.
4 www.ekd.de/predigten/huber/061015_huber_beirut.html.

Damit das geschieht – dafür macht Jakobus ganz praktische Vorschläge. Und vielleicht beschämen die uns sogar ein wenig, weil unsere Praxis weit entfernt von ihnen ist.

III.

Um Krankheit und um Sünde geht es in unserem Predigttext und darum, dass wir von beidem geheilt werden. Es geht aber *nicht* um Krankheit als göttliche Strafe für Sünde. Die Sündenbocksuche – das ist ein menschlich-allzumenschliches Unterfangen. Das ist Gottes nicht würdig. Unser Predigttext spricht ganz parallel von Krankheit und Sünde –»Wer unter euch krank ist [...] und wer Sünden begangen hat ...«, er stellt keinen Begründungszusammenhang her, leitet das eine nicht aus dem anderen ab. Aber er sieht Gemeinsamkeiten: Krankheit und Schuld – beides schwächt Menschen, macht sie ohnmächtig und drückt sie zu Boden; von beidem müssen wir geheilt werden. Hier spricht sich biblischer Realismus aus.

Jakobus geht es, so haben wir gehört, um die *Praxis* des Glaubens. Ganz praktisch ist der Rat, den er beiden gibt, den Kranken und den Schuldiggewordenen. Er sagt ihnen: *Bleibt nicht allein.* Zieht euch nicht auf euch selbst zurück in eurer Krankheit und eurer Schuld. Meidet die anderen nicht, sondern sucht ihre helfende Nähe. Einsam wird beides nur noch schlimmer, die Krankheit *und* die Schuld. Deshalb verkriecht euch nicht und versteckt beides nicht: die Krankheit nicht und auch nicht die Schuld. Heil werden könnt ihr nur, wenn ihr euch Hilfe sucht. Und eben für diese gesuchte und erbetene Hilfe gibt Jakobus praktische Hinweise:

IV.

Die Kranken ermahnt er, die Ältesten der Gemeinde zu rufen, dass sie über ihnen beten und sie mit Öl salben. Die aufgelegten Hände – so muss man das Beten *über* den Kranken wohl deuten – haben heilende Kraft ebenso wie das Öl, nicht aus irgendeinem magischen Zauber heraus, nicht aus menschenmöglichen Heilkünsten, sondern weil es ein Tun im Namen des Christus Medicus, des *Heilands* ist, der hier aufrichtet und gesund macht. Das Gebet und die heilvollen Berührungen helfen dem Kranken, aber wer ihn aufrichtet und aufstehen lässt, das ist Gott selbst in Christus. Wie im Erntedanklied könnten wir hier singen:»Es geht durch unsere Hände, kommt aber her von Gott.«[5]

Längst haben wir unter dem Einfluss alternativer Medizin und fernöstlicher Heilkunden, etwa dem Reiki, die heilsame Wirkung der aufgelegten Hände wieder entdeckt. Über diesen Umweg werden wir aufmerksam auf unsere ureigenen heilsamen Traditionen. Und langsam kehrt diese Praxis, noch ganz vereinzelt hier und da, in unsere Gemeinden zurück. Auch in Segnungs- und Salbungsgottesdiensten.

---

5 Eg 508,2.

98

V.

Was im Krankheitsfall das Herbeirufen der Gemeindeältesten durch die Kranken ist, das ist im Sündenfall das Bekenntnis der eigenen Schuld: »*Denn als ich es verschweigen wollte, verschmachteten meine Gebeine durch mein tägliches Klagen [...] Darum bekannte ich dir meine Sünde, und meine Schuld verhehlte ich nicht. [...] Da vergabst du mir die Schuld meiner Sünde*« – so haben wir eingangs mit Worten des 32. Psalms gebetet. Heilung aus Sünde und Schuld gibt es, so sagt Jakobus, nur, wenn wir diese Schuld nicht länger verschweigen, wenn wir sie aussprechen können – und zwar in einem geschützten Raum. So wie die Handauflegung und Salbung nicht zum öffentlichen Schauspiel verkommen sollen, gar noch aus Demonstrationszwecken, um zu zeigen, was der Glaube vermag, sondern am Krankenbett stattfinden sollen, so gehört das Bekenntnis der eigenen Schuld in den bergenden Raum eines Gesprächs, aus dem nichts nach draußen dringt. Wer seine Schuld nicht länger verschweigt, muss auf die Verschwiegenheit der anderen setzen können. Sein Bekenntnis darf nicht gegen ihn verwandt werden. Es geht darum, die Schuldige von ihrer Last zu befreien, sie aufzurichten und gesund zu machen, nicht darum, sie bloßzustellen und ihre Qual noch größer zu machen. Das Bekenntnis der Schuld braucht viel Vertrauen.

Jakobus erwartet, dass in der Gemeinde dieses Vertrauen gegeben ist, dass hier Menschen einander sagen können, was sie falsch gemacht haben, woran sie gescheitert sind, ja selbst was sie verbrochen haben. Der Seelenstriptease in aller Öffentlichkeit, wie wir ihn Nachmittag für Nachmittag im Fernsehen miterleben können, macht die Menschen, die ihr Innerstes nach außen kehren, nur noch einsamer. Das Millionenpublikum ist kein Beichthörer, der freispricht, sondern es ergötzt sich an den Lebensbeichten der anderen. Und auch die, die vor dem Fernseher sitzen, bleiben mit ihrer Schuld allein. Doch es darf, das hat Martin Luther immer wieder eingeschärft, keine Beichte geben, bei der die Bekennenden mit ihrer ausgesprochenen Not allein gelassen werden.[6] Bekenntnis der Schuld *und* Vergebung der Schuld gehören unauflösbar zusammen. Mehr noch: erst im Licht der verheißenen Vergebung wird das Aussprechen des Unaussprechlichen möglich und wirklich. Erst wenn ich weiß, dass es da jemanden gibt, der mich nicht für immer auf das festlegt, was ich getan habe, der unterscheidet zwischen meinem Versagen und mir, erst dann kann ich zu dem stehen, was ich angerichtet oder unterlassen habe.

VI.

In beiden Fällen geht die Initiative von den Menschen aus, die Heilung suchen, die sich nicht mit ihrem unglücklichen Zustand, mit ihrer unheil-

---

6 Vgl. etwa das Beichtbüchlein im großen Katechismus »Ein kurze Vermahnung zu der Beicht«, in: Die Bekenntnisschriften der Evangelisch-lutherischen Kirche, hg. im Gedenkjahr der Augsburgischen Konfession 1930, Göttingen [8]1979, 725-733.

vollen Lage abfinden und resignieren, sondern andere um Hilfe bitten. Nur wer sich eingesteht, angewiesen zu sein auf fremde Hilfe, wer zugibt, in Fällen von Krankheit und Schuld nicht selbstgenügsam zu sein, sondern anderer bedürftig, wird nicht in seinem Elend sitzen bleiben. »*Aber* alles wandelt sich. Neu beginnen kannst du mit dem letzten Atemzug.« Ich bin krank, *aber* mir kann geholfen werden. Ich bin schuldig geworden, *aber* die Last dieser Schuld kann weggenommen werden. Darum strecke ich mich nach Hilfe aus – und sei es mit dem letzten Atemzug.

Auch wenn es Gott ist, der aufrichtet und heilt, die aus Krankheit und Schuld befreit – was Jakobus hier seiner Gemeinde zutraut, hängt nicht zuletzt daran, was *wir* dem Gebet um Heilung und Vergebung zutrauen, was wir von ihm erwarten. »*Viel vermag die Fürbitte der Gerechten, energisch betrieben.*« Das Gebet um Heilung ist keine platte Alternative zur Inanspruchnahme der Schulmedizin. Es will den Gang zur Ärztin oder ins Krankenhaus nicht einfach ersetzen. Und die Vergebung bekannter Schuld macht eine Psychotherapie nicht in jedem Fall überflüssig. Aber beide, das Gebet um Heilung und die zugesagte Vergebung, treiben den Heilungsprozess voran, können ihn katalysieren und fördern, verstärken und beschleunigen. Was trauen wir beiden zu, sei es als um Hilfe Rufende oder als Herbeigerufene, sei es als Beichtende oder als Hörende?!

VII.

Wer krank ist, muss auch wissen, dass da Menschen sind, die sich rufen lassen, die auch wirklich kommen und sich ihm zuwenden, die den Hilferuf der Kranken nicht ungehört verhallen oder sich mehrmals bitten lassen. Und wer schuldig geworden ist und an dieser Schuld leidet und sie loswerden will, muss wissen, dass da Menschen sind, die ihm zuhören, denen er sich vorbehaltlos anvertrauen kann und die ihn mit seiner Schuld nicht allein lassen. Vertrauen kann er nur denen, die sein Bekenntnis vertraulich behandeln. Gibt es solche Menschen in unseren Gemeinden? Und wenn es sie gibt, kennen wir sie? Und wenn wir sie kennen, nehmen wir ihre Hilfe in Anspruch? Und sind wir selbst solche Menschen für andere? Jakobus, der Theologe mit den hochgekrempelten Ärmeln, traut uns beides zu. Er würde sich freuen, wenn es in unseren Gemeinden viele Menschen gäbe, denen er sagen kann: Wer guten Mutes ist, möge Psalmen singen! Wem im Fall von Krankheit und Schuld geholfen wurde und wer dabei geholfen hat, *ist* guten Mutes. Möge darum das Gotteslob des Psalmengesangs immer kräftiger erklingen, weil immer mehr Menschen guten Mutes sind. Und auch Gott hat dann festen Grund unter den Füßen, steht Gott doch auf den Lobliedern der Schöpfung.

Und der Friede Gottes, der all' unser Verstehen übersteigt, bewahre uns, unsere Herzen und Sinne im Messias Jesus. Amen.

III. Leit- und Begleitworte für den Dienst der Verkündigung

Wer ich bin, entscheidet sich daran, zu wem ich gehöre

Themapredigt »Identität« zu Psalm 139
und Dietrich Bonhoeffers Gedicht »Wer bin ich«[1]

Die Anmut des Messias Jesus und die Liebe Gottes
und die Gemeinschaft der heiligen Geistkraft sei mit uns allen! Amen.

»Wer bin ich? *Sie sagen mir oft, / ich träte aus meiner Zelle
gelassen und heiter und fest, / wie ein Gutsherr aus seinem Schloß.*

*Wer bin ich? Sie sagen mir oft, / ich spräche mit meinen Bewachern
frei und freundlich und klar, / als hätte ich zu gebieten.*

*Wer bin ich? Sie sagen mir auch, / ich trüge die Tage des Unglücks
gleichmütig, lächelnd und stolz, / wie einer der Siegen gewöhnt ist.*

*Bin ich das wirklich, was andere von mir sagen?
oder bin ich nur das, was ich selbst von mir weiß?
unruhig, sehnsüchtig, krank, wie ein Vogel im Käfig,
ringend nach Lebensatem, als würgte mir einer die Kehle,
hungernd nach Farben, nach Blumen, nach Vogelstimmen,
dürstend nach guten Worten, nach menschlicher Nähe,
zitternd vor Zorn über Willkür und kleinlichste Kränkung,
umgetrieben vom Warten auf große Dinge,
ohnmächtig bangend um Freunde in endloser Ferne,
müde und leer zum Beten, zum Denken, zum Schaffen,
matt und bereit, von allem Abschied zu nehmen?*

*Wer bin ich? Der oder jener?
Bin ich denn heute dieser und morgen ein andrer?
Bin ich beides zugleich? Vor Menschen ein Heuchler
und vor mir selbst ein verächtlich wehleidiger Schwächling?
Oder gleicht, was in mir noch ist, dem geschlagenen Heer,
das in Unordnung weicht vor schon gewonnenem Sieg?*

*Wer bin ich? Einsames Fragen treibt mit mir Spott.
Wer ich auch bin, Du kennst mich, Dein bin ich, o Gott!*«[2]

---

1 Erstveröffentlichung in: Junge Kirche 67/2 (2006), 66-69. Vgl. zum Thema auch
  unten Text 14, Abschnitt III.
2 Dietrich Bonhoeffer, Widerstand und Ergebung. Briefe und Aufzeichnungen aus der
  Haft (DBW 8), hg. von Christian Gremmels u.a., München 1998, 513f.

»*Wer bin ich?*« – gewiss stellt sich vielen von uns, liebe Gemeinde, diese Frage weit weniger dramatisch als dem politischen Häftling Dietrich Bonhoeffer im Gefängnis Berlin-Tegel im Sommer 1944. Aber hin- und hergerissen zwischen dem, was ich selbst von mir halte, und dem, wie andere mich sehn, werde ich sie nicht los: *Wer bin ich?*

Und brauche ich nicht Klarheit und Eindeutigkeit über mich selbst, über meine Stärken und Schwächen, meine Motive und Ziele und Wege, meine Träume und Hoffnungen, um leben zu können – einig mit mir selbst und umgänglich für andere, um lieben und handeln, ja auch leiden und loslassen zu können?!

Doch wie wenig komme ich mir oft selbst auf die Spur, wie undurchsichtig sind mir meine Pläne und Absichten, wie verschwommen meine Wünsche und Ängste! »Ich kann mir über mich selbst auch ganz schön 'was in die Tasche lügen!« entgegnet einer meiner Berufskollegschüler jenem Mitschüler, der gerade noch vollmundig behauptet hatte: »Ich bin ich! Was andere von mir denken, juckt mich nicht.« Und eine dritte gibt zaghaft zu bedenken: »Vielleicht haben die anderen ja manchmal auch Recht mit dem, was sie über mich denken.«

Werden wir selbst aus uns schlau? Wissen wir, was wir wollen, und wenn ja, ob das auch gut für uns ist? Und wie vielfältig und manchmal auch widersprüchlich sind die Ansprüche und Erwartungen, die von außen an uns gerichtet werden! Wie verwirrend die Eindrücke, die unser Reden und Tun hinterlässt! Gutgemeintes kann völlig fehlschlagen, ein und dasselbe Wort den einen ermutigen und die andere kränken! Wie abhängig bin ich dann von dem Urteil, von Lob und Kritik anderer und wie geprägt zugleich von dem Bild, das ich mir von mir selbst mache? Und manchmal hat das eine ja so wenig mit dem anderen zu tun, dass ich wie gelähmt dazwischen stehe und gar nicht mehr weiß, was tun! »Der muss doch schizophren werden!« sagen nicht wenige SchülerInnen nach der Lektüre des Bonhoeffer-Gedichtes.

Wer bin ich? Wir suchen Klarheit, Eindeutigkeit, um leben zu können – mit klarem Kopf und wachem Herzen! Woher gewinnen wir sie – die Einheit mit uns selbst, unsere Identität?

Mit *einem* Satz nur antwortet Dietrich Bonhoeffer auf diese Frage seiner und unserer aufgewühlten Seele: »*Wer ich auch bin, Du kennst mich, Dein bin ich, o Gott!*« Meinen SchülerInnen geht dieser Satz beim Lesen des Gedichts nur schwer über die Lippen, manche stocken, die einen kichern, andere werden ein wenig verlegen, nur wenige sprechen ihn mit lauter, klarer Stimme wie die Zeilen zuvor. Mir verlangt diese deutlich spürbare Zurückhaltung, diese nicht überspielte Unsicherheit Respekt ab.

»*Wer ich auch bin, Du kennst mich, Dein bin ich, o Gott!*« Aus dem Hin- und Hergerissensein zwischen dem, was andere von ihm sagen, und dem, wie er selbst sich sieht, flieht Bonhoeffer zu Gott, birgt er sich bei einem Du, das ihn kennt, noch einmal ganz anders kennt als die anderen ihn kennen oder er sich selbst. Allein in seiner Zelle vermag er nicht zu entscheiden, wer er ist – der Siegertyp, für den ihn die anderen halten: »gleichmütig, lächelnd

und stolz«, oder der wehleidige Schwächling, den er selbst in sich sieht, der krank ist vor Sehnsucht nach Leben und Freundschaft. Die Augen der anderen und der eigene Blick – gäbe es nur diese beiden oft so widerspruchsvollen Ansichten von uns, es wäre schier zum Verzweifeln!
»*Wer ich auch bin, Du kennst mich, Dein bin ich, o Gott!*« Wer ich bin, das entscheidet sich daran, (zu) wem ich gehöre, auf wen ich höre. Genau mit diesem göttlichen Du, liebe Gemeinde, spricht auch die Beterin des 139. Psalms. An dieses Du richtet sie die Frage: Wer bin ich? – und macht überraschende Entdeckungen:

Herr du, erforschest mich und kennest mich.
Ich sitze oder stehe auf, so weißt du es;
du verstehest meine Gedanken von ferne.
Ich gehe oder liege, so bist du um mich
und siehest alle meine Wege.
Denn siehe, es ist kein Wort auf meiner Zunge,
das du, Herr, nicht alles wissest.
Von allen Seiten umgibst du mich
und hältst deine Hand über mir.
Solche Erkenntnis ist mir zu wunderbar und zu hoch;
ich kann sie nicht begreifen.
Wo soll ich hin gehen vor deinem Geist,
und wo soll ich hin fliehen vor deinem Angesicht?
Nähme ich Flügel der Morgenröte
und bliebe am äußersten Meer,
so würde mich doch deine Hand daselbst führen
und deine Rechte mich halten.
Spräche ich: Finsternis möge mich decken!
so muß die Nacht auch Licht um mich sein.
Denn auch Finsternis nicht finster ist bei dir,
und die Nacht leuchtet wie der Tag,
Finsternis ist wie das Licht.
Denn du hast meine Nieren bereitet
und hast mich gebildet im Mutterleibe.
Ich danke dir dafür, daß ich wunderbar gemacht bin;
wunderbar sind deine Werke,
und das erkennet meine Seele wohl.
Es war dir mein Gebein nicht verhohlen,
da ich im Verborgenen gemacht wurde,
da ich gebildet wurde unter der Erde.
Deine Augen sahen mich, als ich noch unbereitet war,
und alle Tage waren auf dein Buch geschrieben,
die noch werden sollten, als derselben keiner war.
Aber wie köstlich sind vor mir, Gott, deine Gedanken!
Wie ist ihrer eine so große Summe!
Sollte ich sie zählen, so würde ihrer mehr sein denn des Sandes.

Wenn ich aufwache, bin ich noch bei dir.
Ach Gott, daß du tötest die Gottlosen,
und die Blutgierigen von mir weichen müßten!
Denn sie reden von dir lästerlich,
und deine Feinde erheben sich ohne Ursache.
Ich hasse ja, Herr, die dich hassen,
und es verdrießt mich an ihnen,
daß sie sich wider dich setzen.
Ich hasse sie in rechtem Ernst;
sie sind mir zu Feinden geworden.
Erforsche mich, Gott, und erfahre mein Herz;
prüfe mich und erfahre, wie ich's meine.
Und siehe, ob ich auf bösem Wege bin,
und leite mich auf ewigem Wege.[3]

Lassen wir für heute einmal unberücksichtigt, zu wie vielen Gottesvergiftungen dieser Psalm missbraucht wurde, wie oft er herhalten musste für ein »Der liebe Gott sieht alles!« oder »Was wird der liebe Gott dazu sagen?« – Sätze, die Kindern erbarmungslos Schuldgefühle einimpften, wenn Eltern mit ihrer Autorität und ihrem Latein am Ende waren. Lassen wir für heute einmal unberücksichtigt, wie die Theologie dieses Gebet dogmatisiert hat mit ihrer Lehre von der *All*gegenwart und *All*wissenheit Gottes! Denn *der* Gott, mit dem wir einander drohen, ist nicht der Gott, mit dem unsere Beterin spricht.

Das Du in diesem Gebet ist vielmehr eines, das uns Eindeutigkeit finden lässt im Streit um unsere Person. In der Be*gegn*ung mit ihm gewinnen wir zutiefst umstrittenen Menschen Identität, erkennen wir uns selbst! Doch wie kann das geschehen? Jedenfalls nicht so, dass sich Gott von vornherein auf unsere Seite schlägt, für uns gegen die (Meinung der) Anderen Partei ergreift, zu unserem Bild von uns selbst Ja und Amen sagt.

Nein, um zu erfahren, wer ich bin, eben von Gott her zu erfahren, wer ich bin, muss ich mich schon einlassen auf dieses Gespräch mit dem göttlichen Du und auf die ihm eigene Bewegung. So nimmt uns die Beterin des 139. Psalms mit auf einen Weg, und unterwegs werden wir uns finden, unterwegs werden wir wahr-nehmen: »Das bin ich!«

Zunächst ist die Gegenwart Gottes in unserem Leben ja eine höchst zwiespältige Angelegenheit: Dass sich mein ganzes Leben, die alltäglichen Dinge meines Daseins, mein Sitzen und Aufstehen, mein Liegen und Gehen, mein Essen und Schlafen, vor Gott abspielen, dass Gott mich erforscht, mich durch und durch kennt, dass Gott vertraut ist mit all' meinen Wegen, Worten und Gedanken, mit dem ganzen alltäglichen Trott und Geschwätz – das kann uns die Luft zum Atmen nehmen, uns bedrängen, denn sofort fallen uns die Um- und Abwege, das orientierungs- und ziel-

---

3 In der Verdeutschung der Lutherbibel von 1912.

lose Herumirren, die hinterhältigen Gedanken, die verletzenden und über-flüssigen Worte ein – all' das, was wir so gern verbergen oder ungeschehen machen möchten. Das passt uns doch ganz und gar nicht, dass jemand all' das mitbekommt, selbst noch die unausgesprochenen Gedanken, die gehei-men, vielleicht manchmal uns selbst noch verborgenen Motive und Absich-ten. Dieser Gott ist uns bedrängend, ja beängstigend nahe, näher als wir uns selbst und allemal als uns lieb sein kann. Das ist die eine Seite dieser zwiespältigen Gotteserfahrung.

Und zugleich liegt in ein und derselben Gottesnähe auch eine unendlich befreiende Erkenntnis: All' das Alltägliche und scheinbar Belanglose, mein Sitzen und Aufstehen, mein Liegen und Gehen, mein Essen und Schlafen, jedes zufällige Wort, jeder flüchtige Gedanke, alles, wofür sich vielleicht kein einziger Mensch in meinem Leben interessiert – an all' dem geht Gott nicht vorbei, davon nimmt Gott Notiz, daran hat Gott Interesse. Und mehr noch: da ist wirklich ein Du, das mich kennt, das mir auf die Schliche kommt, wo ich mir selbst immer noch was vormache, das mich darum aber auch versteht. Dieses Du weiß um die Zwiespältigkeit meines Lebens, die ich nicht einfach abschütteln kann:

Um die heilenden *und* die verletzenden Worte, die Gedanken des Segens *und* des Fluches, die Wege des Friedens *und* die Abwege der Gleichgültig-keit … Ich brauche sie nicht länger zu verbergen. Sie sind Teil meines Lebens, das von Gott erkannt ist; ich kann sie Gottes Urteil aussetzen. Denn dieses entspringt einer ganzen anderen Kompetenz und ganz anderen Motiven als jedes Urteil, das ich selbst über mich fälle, und als alle Beurtei-lungen, die andere über mich treffen.

Unsere Selbstgerichte sind nicht selten gnadenlos, doch Gott verwickelt uns ins Gespräch, um uns zurecht zu bringen. Es ist ein unvergleichlich tref-fenderes, gerechteres, barmherzigeres, liebevolleres Urteil, denn es ist das Urteil jenes Du, dem ich mein Leben verdanke:

Denn du hast meine Nieren bereitet und hast mich gebildet im Mutterleibe!

Weil das göttliche Du, das mich durch und durch kennt, mich erschaf-fen hat und mein Leben erhält, darum brauche ich sein Wissen um mich nicht zu fürchten. Ich kann gewiss sein: Es wird nicht gegen mich verwen-det werden! Weil das göttliche Du, das mir auf all' meinen Fluchtwegen immer schon entgegen kommt, mein Leben erhält, es rund und ganz machen will, darum brauche ich seine Nähe nicht als bedrängenden Über-griff abzuschütteln. Weil es die Nähe dessen ist, der mich erschaffen hat und Verantwortung für mich trägt, darum kann ich ihn in Anspruch nehmen für meine Fragen nach mir selbst:»Wer bin ich?« Wer sollte mich auf eine treff-lichere Antwort bringen können?! Wer ich bin, das entscheidet sich daran, (zu) wem ich gehöre, auf wen ich höre.

»Wer bin ich?« Ich danke dir dafür, dass ich wunderbar gemacht bin.
Wunderbar sind deine Werke, und ich erkenne das wohl!

Selbsterkenntnis im Sprechakt des Dankgebets, Selbsterkenntnis als *Gott-sei-Dank*, keine Selbstbehauptung, keine Selbstverwirklichung, keine Selbsterhaltung, sondern das dankbare Staunen, als ein wunderbarer Mensch gemacht zu sein. Mir selbst auf die Spur kommen, in dem ich mein Leben als *verdanktes* wahrnehme! Diese im Dank entdeckte wunderbare Identität – das ist keine Selbstverklärung, kein Kitsch. Im Gegenteil! Wenn wir genau auf den biblischen Wortlaut dieser Erkenntnis achten, entdecken wir, dass es heißt: »Ich danke dir dafür, dass ich *furchtbar* wunderbar gemacht bin.« Wo ich mich im Gespräch mit Gott entdecke, da mischt sich in das Staunen auch eine kräftige Prise Erschrecken und Furcht. Der 139. Psalm verschweigt nicht, wozu Menschen, obwohl Geschöpfe Gottes, dennoch fähig sind. Selbstwahrnehmung im Gespräch mit Gott färbt nicht schön, übertüncht die Schattenseiten nicht, sondern macht den unverstellten Blick in die Abgründe der menschlichen Seele und des menschlichen Herzens, auch und gerade meines eigenen, allererst möglich und erträglich. »Wer bin ich? Die oder jene? Bin ich denn heute diese und morgen eine andre? Bin ich beides zugleich?«

Ich danke dir dafür, dass ich furchtbar wunderbar gemacht bin.

Wir – im eigenen und fremden Urteil – so umstrittenen Menschen, wir sind wunderbar gemacht, das lässt staunen, das macht bisweilen auch angst und bange. »Wunder« – das ist auch der Komparativ von »wund« – eben darum »furchtbar wunderbar«! Inmitten von Selbstzweifeln und Selbstüberschätzung, von widersprüchlichen Erwartungen und Forderungen anderer an uns ist diese nüchtern-heilige Einsicht, für die wir offenbar ein Gegenüber brauchen, die wir uns nicht selbst sagen können, so wichtig: furchtbar wunderbar gemacht zu sein!

Doch dieses Staunen ist nicht das letzte Wort des Psalms. Wunderbar gemacht zu sein, das bewahrt uns nicht vor den Wegen des Unrechts, das garantiert noch keine lauteren Motive. Auch wenn der Hass gegen die, die dieses wunderbare Leben zu zerstören trachten, so nahe liegt – und es ist gut, dass er auch in diesem Psalm steht. Dass wir wunderbar gemacht sind, das schließt nicht aus, dass wir selbst zu denen gehören, die das Leben gefährden, das der anderen und das eigene, und uns damit verhasst machen.

Die Einsicht, dass wir *furchtbar wunderbar* gemacht sind, weckt unsere Sensibilität für die Bedrohung des Lebens auf unserer Erde. Und sie macht uns bereit, unser eigenes Denken und Reden, unser Tun und Lassen von Gott prüfen und – wo nötig – auch korrigieren zu lassen:

Erforsche mich, Gott, und erkenne mein Herz;
prüfe mich, und erkenne, wie ich's meine.
Und sieh, ob ich auf bösem Wege bin, und leite mich auf ewigem Wege!

Mit dieser Bitte kehrt die Beterin an den Anfang zurück, aber ihr Gebet hat sie und uns verwandelt: Was wir zunächst nur feststellen konnten – mit zwiespältigen Gefühlen, bedrängend und befreiend: dass Gott uns erforscht und kennt, dass er mit unseren Motiven wie mit unseren Wegen vertraut ist – genau darum können wir Gott nun *bitten*, dem können wir uns nun aussetzen. Denn alles Erforschen und Prüfen, worum wir Gott bitten, zielt doch darauf, dass dies für uns immer mehr wahr wird: wunderbar gemachte Menschen zu sein und auch als solche zu leben! »*Wer bin ich?*« Hier und heute wird uns diese Frage weiter beunruhigen, manchmal sogar quälen. Denn: »*Es ist noch nicht erschienen, was wir sein werden*« (1Joh 3,2) – aber im Gespräch mit jenem Du, das uns besser kennt als wir uns selbst, erschließt es sich uns je länger je mehr, wer wir sind. Und es stärkt unsere Sehnsucht, dass einst aus dem ›furchtbar wunderbar‹ jedes Erschrecken gewichen sein wird, dass uns das Wunder unseres Lebens nur noch staunen lässt und keine Wunden mehr schlägt, uns nicht und auch niemand sonst.

Bis das wahr wird, werden wir wohl noch oft von der Frage umgetrieben: »*Wer bin ich?*« Nehmen wir sie mit auf den Weg durch den 139. Psalm. Er wandelt unsere Fragen und Ängste in Bitten. Und von der Bitte, die ins dankbare Staunen führt, mag bisweilen der Weg nicht weit sein zur trotziggetrosten Gewissheit: Wer ich bin, das entscheidet sich daran, (zu) wem ich gehöre, auf wen ich höre. »*Wer ich auch bin, Du kennst mich, Dein bin ich, o Gott!*«

»... damit dein Glaube nicht aufhöre!«

Predigt zu Lukas 22,31-34 [1]

Gnade sei mit euch und Friede von Gott, unserem Vater,
und unserem Bruder, dem Messias Jesus. Amen

I.

»Ich erinnere mich eines Gespräches, das ich vor 13 Jahren in Amerika mit einem französischen jungen Pfarrer hatte. Wir hatten uns ganz einfach die Frage gestellt, was wir mit unserem Leben eigentlich wollten. Da sagte er: ich möchte ein Heiliger werden [...]; das beeindruckte mich damals sehr. Trotzdem widersprach ich ihm und sagte ungefähr: ich möchte glauben lernen. Lange Zeit habe ich die Tiefe dieses Gegensatzes nicht verstanden. Ich dachte, ich könnte glauben lernen, indem ich selbst so etwas wie ein heiliges Leben zu führen versuchte. Als das Ende dieses Weges schrieb ich wohl die »Nachfolge«. [...] Später erfuhr ich und ich erfahre es bis zur Stunde, daß man erst in der vollen Diesseitigkeit des Lebens glauben lernt. Wenn man völlig darauf verzichtet hat, aus sich selbst etwas zu machen – sei es einen Heiligen oder einen bekehrten Sünder oder einen Kirchenmann (eine sogenannte priesterliche Gestalt!), einen Gerechten oder einen Ungerechten, einen Kranken oder einen Gesunden [...], – dann wirft man sich Gott ganz in die Arme, dann nimmt man nicht mehr die eigenen Leiden, sondern das Leiden Gottes in der Welt ernst, dann wacht man mit Christus in Gethsemane, und ich denke, das ist Glaube, das ist *metánoia* [Umkehr] und so wird man ein Mensch, ein Christ.«[2]

II.

Liebe Schwestern und Brüder,
spätestens beim Stichwort »Nachfolge« werden Sie erkannt haben, von wem diese Briefzeilen stammen. Am 21. Juli 1944, also einen Tag nach dem gescheiterten Attentat auf Hitler, schreibt Dietrich Bonhoeffer sie seinem Freund Eberhard Bethge. In dem Tischgespräch, das Jesus mit Simon

---

1 Gehalten im Abendmahlsgottesdienst des DozentInnentreffens des Kirchlichen Fernunterrichts der Föderation Evangelischer Kirchen in Mitteldeutschland am 22. Februar 2007 in der Kapelle des Hauses Hainstein in Eisenach. Bisher unveröffentlicht.

2 Dietrich Bonhoeffer, Widerstand und Ergebung. Briefe und Aufzeichnungen aus der Haft (DBW 8), hg. von Christian Gremmels u. a., Gütersloh 1998, 541f.

Petrus, genauer noch: mit Simon *und* Petrus, mit Simon *als* Petrus in Lk 22,31-34, der Predigtperikope für den diesjährigen Invokavit-Sonntag, führt, geht es um genau dies: um den Gegensatz zwischen glauben lernen und ein Heiliger werden. Es geht um Leiden und Umkehr. Es geht um die volle Diesseitigkeit unseres Christseins mit all' seinen Ambivalenzen und Widersprüchen. Es geht um unsere Stärken und Schwächen, unsere Selbstüberschätzung und unsere Feigheit, unseren Verrat und unseren Mut ... Und es geht nicht zuletzt darum, ob wir selbst etwas aus uns machen wollen, oder ob wir uns angewiesen wissen auf das Eintreten eines Anderen zu unseren Gunsten, bedürftig der Fürbitte und Stellvertretung, der Kritik und Mahnung, der Zurechtweisung und Auferbauung, bedürftig allemal der Liebe und Vergebung.

Ich lese Lukas 22,31-34 in der Luther-Übersetzung von 1912:

31 Der Herr aber sprach:
Simon, Simon, siehe, der Satanas hat euer begehrt,
daß er euch möchte sichten wie den Weizen;
32 ich aber habe für dich gebeten,
daß dein Glaube nicht aufhöre.
Und wenn du dermaleinst dich bekehrst,
so stärke deine Brüder.
33 Er sprach aber zu ihm: Herr, ich bin bereit,
mit dir ins Gefängnis und in den Tod zu gehen.
34 Er aber sprach: Petrus, ich sage dir:
Der Hahn wird heute nicht krähen,
ehe denn du dreimal verleugnet hast,
daß du mich kennst.

III.

Simon Petrus ist bekannt für große Worte, für ein ebenso starkes wie freimütiges Bekenntnis. »*Du bist der Christus Gottes!*« So hatte er gerade heraus auf Jesu Frage: »*Wer aber sagt ihr, dass ich sei?*« (9,20) geantwortet. Und das ganze Lukasevangelium lässt keinen Zweifel an der besonderen Beziehung Simons zu Jesus und seiner exponierten Stellung im Kreis der Jünger und Jüngerinnen.

Hat Simon den Mund zu voll genommen, als er sich bereit erklärt, Jesus nicht von der Seite zu weichen, die eigene Freiheit, ja das eigene Leben zu riskieren? Mitgehen will er mit seinem Kyrios – und sei es in den Tod. Und stellt er denn nicht eben diese Bereitschaft unter Beweis, wenn er, um seinen Herrn vor dem Schlimmsten zu bewahren, bei der Gefangennahme Jesu das Schwert zückt und sich damit selbst in Todesgefahr begibt?!

Nein, es ist *nicht* einfach ein leeres und hochmütiges Versprechen, das Simon hier gibt. Ich nehme ihm seine Leidenschaft für und seine Liebe zu Jesus ab und ich habe großen Respekt vor seiner Entschlossenheit, in der Nachfolge bis an die Grenzen zu gehen und zu glauben, dem gewachsen zu sein. Dieser Jünger weiß, was Passion heißt und geht ihr nicht aus dem Weg.

Gewiss, es wirkt überheblich und großspurig, voller Selbstüberschätzung, was Petrus da von sich gibt, und doch wird es durch das, was danach geschieht, nicht einfach ins Unrecht gesetzt. Es kann Situationen geben, Extremsituationen gewiss, die nicht alltäglich, sondern nur die Ausnahme sind, in denen die Nachfolge die Hingabe des eigenen Lebens einschließt. Die Regel ist das nicht. Denn Gott will, dass wir Leben zur Genüge haben und nicht den Tod suchen!

IV.

Nicht die *Worte* Simons werden korrigiert werden, sondern die *Selbstsicherheit*, ja das *Selbstverständnis*, aus dem heraus er sie spricht. Darum wird er in Versuchung geführt und erliegt ihr. Darum muss er die Erfahrung des Versagens machen. Darum muss er seiner eigenen Schwächen, seiner Angst, seiner Feigheit ansichtig werden. Darum, dass er lernt, dass sein Glaube, ob großmäulig oder kleinlaut, ob wagemutig oder furchtsam, nicht seine eigene Leistung ist, dass er ihn nicht machen und nicht sichern kann, dass sein Glaube zerbrechlich und angefochten ist und bleibt, dass er nicht über einen starken, unerschütterlichen Glauben verfügt. Es ist vielmehr die Fürbitte Jesu bei Gott, die dafür sorgt, dass dieser gefährdete Glaube durch alles Schuldigwerden hindurch nicht aufhört. Der Jünger Simon muss lernen, dass er, um Petrus zu sein und zu bleiben, nicht aus eigener Kraft der Fels in der Brandung sein kann, der anderen Halt und Grund gibt. Dass er selbst seine Schwestern und Brüder nur halten und stärken kann, weil er sich für seine eigene Person des Halts bedürftig *und* weil er sich gestärkt weiß – von einem Anderen.

V.

Simon ist bereit, Jesus bis in den Tod zu folgen, und folgt dem Verhafteten tatsächlich bis in den Vorhof des hohenpriesterlichen Palastes. Aber er versagt, als ihn eine Magd als einen der Jesusleute identifiziert: »*Dieser war auch mit ihm.*« »*Frau, ich kenne ihn nicht*« (Lk 22,56f.). Der, der sich gerade noch vollmundig zu Jesus bekannt hat, distanziert sich nun, kennt den, den er so sehr liebt, nicht mehr. Und über dem Leugnen seiner eigenen Beziehung zu Jesus verliert er sich selbst, kennt auch sich selbst nicht mehr: »*Du bist auch einer von denen!*« »*Mensch, ich bin's nicht*« (V. 57f.). Und noch ein drittes Mal will er nicht mit dem in Verbindung gebracht werden, der sich doch für immer mit ihm verbündet hat: »*Wahrlich, dieser war auch mit ihm* [...].« »*Mensch, ich weiß nicht, was du sagst*« (V. 59f.).

Und dann hört er den Hahnenschrei und ihn trifft der Blick Jesu und beides zusammen erinnert ihn daran, wer er ist. Der, von dem er sich abgekehrt hat, wendet sich ihm zu und schenkt ihm, der ihn nicht mehr kennen wollte, Ansehen und Achtung. Dieser Blick beschämt den, der sich gerade aus Angst ums eigene Leben seiner Beziehung zu Jesus geschämt hat, zweifellos und Petrus kann diesen Blick zunächst nicht ertragen. Er geht weg.

Aber es ist zugleich der Blick der Liebe, der nicht bloßstellen will, sondern Petrus wieder zurück in die Gemeinschaft mit Jesus und zu sich selbst finden lässt: »Fällt man in Ohnmacht, kommt man zu sich.«[3] »*Und Petrus ging hinaus und weinte bitterlich.*« Die Bibel verschweigt das bitterliche Weinen, die Männertränen dessen, der zu einem großen und großartigen Dienst in der Kirche berufen ist, nicht. Diese Tränen sind nicht Ausdruck der Schwäche Simons, sondern der Erkenntnis, dass er sich über sich selbst nicht länger etwas vormachen muss, dass er nicht den starken Mann in der Nachfolgegemeinschaft geben, nicht den Helden spielen muss, sondern ganz einfach Mensch sein, ganz diesseitig leben und dass er gerade auch mit all' dem, was schief läuft in seinem Leben, mit all' dem, worin er hinter seinen Selbstansprüchen und großen Worten zurückbleibt, geliebt bleibt. Ja, ich bin's. Ich bin auch das! Ich bin Simon *und* Petrus, Petrus *und* Simon. Bisweilen kann es wohl hilfreich sein, zwei Namen zu tragen, um sich selbst kennenzulernen ...

VI.

»*Wenn du dann umgekehrt sein wirst, dann stärke deine Geschwister!*« Der, der längst zum Menschenfischer berufen ist, der, der sich zu Jesus als dem Christus Gottes bekannt hat und bedingungslos bereit ist, dessen Passion zu teilen, dem steht seine Umkehr, seine Bekehrung immer noch bevor. Der ist noch auf dem falschen Weg, nämlich dem Weg, aus sich selbst etwas zu machen. Die Tränen des Petrus, sie markieren die Peripetie, den Beginn jener Umkehr, die Jesus ihm schon vor seinem Versagen zugesagt hat. Das Scheitern des Simon ist umfangen von der Verheißung, dass es eine Umkehr in seinem Leben geben wird, dass die Verleugnung nicht sein letztes Wort bleibt.

Weil er sich selbst als ohnmächtig und bedürftig erfahren hat, hat er nun einen Blick, ein offenes Auge und Ohr für die Not und die Bedürfnisse seiner Schwestern und Brüder. Statt mit Jesus heldenhaft in den Tod zu gehen und die Märtyrerexistenz geradezu zu suchen, wird er – wie Maria Magdalena am Ostermorgen – mitten hinein ins Leben und in die Verantwortung für andere gestellt. Es soll ja niemand, wirklich keine und keiner, zur Spreu gezählt werden, wenn der Satan – im Auftrag Gottes – die Gemeinde wie Weizen worfelt. Und daran, dass kein Mensch durchs Sieb fällt und eine Beute des Teufels wird – daran darf Simon Petrus an kirchenleitender Stelle mitarbeiten.

---

3 Elazar Benyoëtz, Die Zukunft sitzt uns im Nacken, München/Wien 2000, 21; vgl. ders., Der Mensch besteht von Fall zu Fall. Aphorismen. Mit einem Nachwort von Friedemann Spicker, Leipzig 2002, 157: »Ohnmächtig geworden, kommt man zu sich.«

Die dreifache Verleugnung seines Herrn wird nicht die letzte Niederlage in seinem Leben sein. Doch was auch kommt, nun weiß er, dass er für seinen Glauben nicht selber einstehen kann und es auch nicht braucht. Er hat die Zusage, dass Jesus selbst sich um seinen Glauben kümmert. Und darum hat er den Rücken und die Hände, das Herz und den Kopf frei, für die Menschen da zu sein, die sein Mitleiden brauchen. Indem er an *ihrer* Seite steht, bleibt er an der *Seite* des auferweckten Gekreuzigten und teilt – mitten in der Welt, mitten im Leben – die Passion Gottes.

»Wie sollte man bei Erfolgen übermütig oder an Mißerfolgen irre werden, wenn man im diesseitigen Leben Gottes Leiden mitleidet?« fragt Bonhoeffer am Ende seines Briefes, um diesen dann in die Bitte einmünden zu lassen: »Gott führe uns freundlich durch diese Zeiten«[4]. Ja, Gott, führe du uns freundlich durch diese Passionszeit!

Und der Friede Gottes, der all' unser Verstehen übersteigt, bewahre uns, unsere Herzen und Sinne im Christus Jesus. Amen.

---

4 D. Bonhoeffer, Widerstand und Ergebung, 542f.

Spielerisch vom Glauben reden –

oder: Glaubende sind *Spielleute* Gottes[1]

»Wenn dein Kind dich morgen fragt ...«Gewiss: wir reden vom Frage- und Antwort*spiel*, doch auf Kinderfragen zu antworten – das ist selten ein Kinderspiel. Allemal, wenn es um die Frage nach dem eigenen Glauben geht, wenn unausweichlich *wir* gefragt sind, wenn wir uns nicht aus der Ver*ant*wortung stehlen und auf die Auskünfte anderer zurückziehen können, sondern selbst Farbe bekennen müssen, erzählen sollen von dem, worauf wir stehen, was uns bewegt, woran wir uns halten, was wir meinen, wenn wir Gott sagen ...[2] Solche Fragen machen uns eher verlegen als dass wir sie spielerisch leicht beantworten könnten. Fragen nach dem eigenen Gottesglauben beantworten – kein Kinderspiel! Oder doch?

Die jüdische Pessach-Haggada, die Exodus-(Nach-)Erzählung für den Sederabend, hat aus der einen Kinderfrage, wozu denn die Weisungen gut seien, die »*unser* Gott *euch* geboten hat« (5Mose 6,20), und der einen Antwort (6,21-25) unter Aufnahme von 2Mose 12,26 und 2Mose 13,8.14 geradezu ein *Rollenspiel* gemacht: mit vier eher typologischen als typischen Kinderfragen und vier Antworten. Spielerisch inszeniertes Reden vom Glauben, damit die den Elterngenerationen gegebene Tora zur *eigenen* Lebensweisung der Fragenden werden kann? Das hängt wohl davon ab, wie wir Spiel(en) verstehen.[3]

I. Die Ordnung des Spiels und das Außerordentliche

Kein Spiel ohne Spielregeln. Jedes Spiel hat seine Ordnung, und wer sich nicht daran hält, ist ein Spielverderber. So kann es geradezu eine pädagogische Funktion des Spiels sein, sich in der Einhaltung von Regeln zu üben, sich regelgerecht zu verhalten, fair play zu praktizieren. Spielen hat ja nicht zuletzt mit *Bildung* zu tun: Im Griechischen zeigt dies der enge sprachliche Zusammenklang von *paidia* (Spiel), *paideia* (Bildung) und *pais* (Kind). Doch: Im Spiel gelten andere Regeln als sonst im Leben. Das Spiel unterbricht den Alltag und seine Selbstverständlichkeiten, seine Geschäftigkeit und seine

---

1 Erstveröffentlichung in: Zeitschrift für Gottesdienst und Predigt 23/1 (2005), 10-12 (geringfügig überarbeitet).
2 Siehe dazu Fulbert Steffensky, Was meine ich eigentlich, wenn ich Gott sage?, in: Gretchenfrage. Von Gott reden, aber wie? Band I (Jabboq 2), hg. von Jürgen Ebach u.a., Gütersloh 2002, 24-35.
3 Zur theologischen Perspektive siehe W. Janke/S. Wolf-Withöft/H. Wißmann, Art. »Spiel«, in: Theologische Realenzyklopädie 31, Berlin/New York 2000, 670-686.

Sorgen, seine Kosten-Nutzen-Kalkulationen und seine Sachzwänge. Gegenüber den Gesetzen, um nicht zu sagen: der Gesetzlichkeit des Alltags schafft das Spiel seine eigene Ordnung. Im Spiel zeigt sich, dass das, was alltäglich der Fall ist, nicht alles ist. Mitten in der Ordnung des Spiels blitzt das *Außer-Ordentliche* auf. In der *Bindung* an feste Spielregeln überschreiten die Spielenden die Grenzen des Gewohnten, die vertrauten Erfahrungen und gewinnen so *Freiheit*. Die *Wiederholung* des Spiels – jedes Spiel ist darauf angelegt, wiederholt zu werden – verstärkt den Einbruch einer anderen Wirklichkeit. Nur wo unser Leben nicht in *der* einen Ordnung (des vom Kreislauf der Ökonomie diktierten Alltags) ist, sondern auch das Außer-Ordentliche kennt, kann es *in Ordnung* sein.[4]

II. Die Freiheit steht auf dem Spiel

Das Frage-Antwort-Spiel der Sederabend-Liturgie wiederholt alljährlich die Befreiung aus Ägypten, holt sie wieder und gedenkt der Tora als *Lebensmittel*. Es erinnert daran, dass Gott seine Weisungen gegeben hat, damit jede neue Generation die Erfahrung des Exodus macht, also in den Genuss kommt, von SklavInnenarbeit und der Herrschaft von Menschen über Menschen befreit zu sein. Dieses Stück Tora praktiziert genau das, wonach es fragt: Grund, Sinn und Ziel der Gebote ist die Bewahrung geschenkter und die Gewinnung neuer Freiheit.[5] Nur wo wir Tora tun, uns auf ihre Aufgaben einlassen, wissen wir, was sie uns bedeutet. Das Frage- und Antwortspiel in 5Mose 6,20-25 und in der Pessach-Haggada ist bis in den Wortlaut hinein vorgegeben. Aber gerade die spielerische Wiederholung dieser buchstäblichen Vorgabe (der festen Sprachregelung!) lässt die Freiheit und Lebendigkeit schmecken, die das Exodusgeschehen geschenkt hat und je neu schenkt. Denn mit diesem liturgischen Ritual, dem Spiel mit klaren Regeln, wird der Exodus ins *eigene Leben* gezogen.

Mehr noch: Im Leben jenseits von Eden bleibt die Erinnerung an das Paradies mit seinem Gleichgewicht von Arbeit und Ruhe, Bewahren und Bebauen wach, indem der Alltag je neu vom Spiel unterbrochen wird: vom Spiel, das, wenn es gelingt, zwar nicht ohne Anstrengung, aber doch ohne Angestrengtheit ist, das seinen eigenen Ernst hat (der unterscheidet das Spiel vom bloßen Verspieltsein), auch um Zwecke weiß, aber in seiner Selbstzwecklichkeit unterschieden bleibt vom Alltag. So verstanden, ist jedes Spiel utopisch: Indem es am begrenzten Ort und zu begrenzter Zeit (hier: am Sederabend in der Familie) hartnäckig wie Kinderfragen in unseren Alltag einbricht, schafft es Spielräume einer *anderen* Wirklichkeit, die nicht mehr und noch nicht die *ganze* Wirklichkeit ist. Spielen ist – als Unterbrechung des Alltags – das *Tun der Befreiten* und insofern selbst ein *befreiendes Tun*. Keineswegs ist das ganze Leben ein Spiel und das (göttliche) Werk

---

4 Vgl. Bernhard Waldenfels, Ordnung im Zwielicht, Frankfurt a.M. 1987.
5 Siehe dazu: Frank Crüsemann, Bewahrung der Freiheit. Das Thema des Dekalogs in sozialgeschichtlicher Perspektive (KT 78), München 1983.

der Befreiung, sei es im Exodus, sei es in der Auferweckung des Gekreuzigten, war allemal kein Spiel. Aber die Freiheit, die es wirkt, kann ohne Spiel nicht bewahrt bleiben. Das Spiel *erholt*, indem es das Befreiungsgeschehen *wieder*holt. Die Freiheit *steht* buchstäblich *auf* dem Spiel.

III. Das Spiel spielt uns, nicht wir das Spiel

Die besondere Intensität des Spiels gründet nicht zuletzt darin, dass es nur *Mitspielende* kennt.»Es ist ja bloß ein Spiel« – wer das sagt, ist bereits aus dem Spiel ausgestiegen und betrachtet es von außen. Wer das sagt, belässt dem Alltag die lebensbestimmende Macht, traut dem Spiel nicht länger mehr und anderes zu als das, was ohnehin der Fall ist. Wer »bloß spielt«, spielt nicht wirklich, lässt sich nicht unterbrechen. Denn was ganz und gar Spiel ist, ist nie »bloß ein Spiel«. Es ist nicht weniger wirklich als das, was es unterbricht.

»Wenn dein Kind dich morgen fragt ...«Wer – wie in 5Mose 6,21-25 – mit der Wiederholung der Exoduserfahrung antwortet, lässt die Wirklichkeit der Befreiung stärker sein als alles, was ihr widerspricht: Wer so antwortet, als sei er selbst mit heraus geführt worden aus Ägypten und als habe sie selbst am Sinai die Tora empfangen, weiß, dass der schon geschehene Exodus den je neu notwendigen nicht ersetzen, aber evozieren kann. *Das Spiel, das die Befreiung wiederholt, ruft neue Befreiung hervor.* Wer den Exodus im Spiel der Liturgie des Sederabends wiederholt, weiß sich mitgenommen auf den Weg einer lebendigen, Generationen übergreifenden Gotteserfahrung, weiß, dass sie *mit im Spiel der Befreiung ist*, nicht als Regisseurin, sondern als Mitspielerin.

Das Spiel und wer zu ihm befreit und es geboten hat, sind das eigentliche *Subjekt*. Die Fragenden und Antwortenden inszenieren es lediglich. Es spielt sich bei und mit ihnen ab[6]; mehr noch: *es (über)spielt uns*, bestimmt uns mit seinen Regeln, steckt uns an mit seiner schöpferischen Wirklichkeit. Im Frage-Antwortspiel von 5Mose 6,20ff. bleibt die Tora das bestimmende Subjekt menschlichen Tuns und Sagens. Ihre Auf*gabe* lautet: Spiel mir das Lied vom Leben!

Entscheidend für das Spiel ist also nicht das *(Selbst-)Bewusstsein* der Spielenden, sondern ihr vorbehaltloses Sich-Einlassen aufs Spiel, ihr Ein-gespielt-Sein. Nirgendwo lässt sich dies eindrücklicher beobachten als in der *Selbstvergessenheit* spielender Kinder, die hingegeben an das Spiel zugleich ganz bei sich selbst sind. Auch in unserem Sprachgebrauch zeigt sich, dass Spielen kein gewöhnliches Tun ist, bei dem wir selbst die Regie führen: Wir *spielen ein Spiel*. Das im Verb wiederholte Substantiv zeigt die Bestimmung unseres Tuns durch das Spiel selbst. Wer spielen will und sich aufs Spiel einlässt, hört auf, sich selbst zu konstituieren, selbst zu behaupten und sichern zu wollen. Wer spielt, gibt sich aus der Hand.

---

6 Vgl. Hans-Georg Gadamer, Wahrheit und Methode. Grundzüge einer philosophischen Hermeneutik (1960), Tübingen ²1965, 97-105.

Ebenso muss betont werden: *Wir* spielen ein Spiel. Spielen ist sozial und kommunikativ. Niemand spielt für sich allein. Das Spiel, hier: das Drehbuch der Pessach-Haggada, schafft sich seine eigene Spielgemeinschaft. (Wo wir dagegen mit jemandem »ein Spiel treiben« oder nur »ein Spielchen machen wollen«, ist das Spiel bereits verkehrt, seinem befreienden Sinn entfremdet. Da sollte niemand gute Miene zum bösen Spiel machen.)

IV. Die Menschen – Spielzeug(en) Gottes

Nach Platon ist der Mensch dazu gemacht, ein *Spielzeug Gottes* zu sein; das sei das Beste an ihm.[7] Der Mensch – eine Marionette, deren Fäden Gott in der Hand hält und nach eigenem Gutdünken zieht?! Wiederum ließe sich vom Kinderspiel lernen, dass nicht nur die Puppe oder der Teddybär, sondern auch der Ball und das Auto, von anderen Spiel»figuren« ganz zu schweigen, kein bloß zuhandenes Spielzeug sind, sondern zu MitakteurInnen in einem Spiel werden, über das das Kind nicht einfach verfügt, in das es vielmehr ganz und gar hinein genommen ist. So können wir Platons Rede vom Menschen als »Spielzeug Gottes« auch anders denn als Marionettenmetapher verstehen: Wir sind *Spielleute* eines selbst spielenden und sich am Spiel erfreuenden Gottes: Spielleute, die in diesem Spiel all' ihre Begabungen entfalten, in ihm ganz aufgehen können. Denn wer spielt, lässt sich bewegen, auf einen Weg mitnehmen. So sprechen wir vom Spiel des Lichts, der Farben, der Wellen ... und meinen jeweils das Hin und Her der *Bewegung*, die dieses Spiel ausmacht. Ethik und Ästhetik, Absichtsvolles und Zweckfreies, Anmut und Gerechtigkeit gehören auch hier unauflösbar zusammen.

Nicht nur, dass Gott sich vom Spiel der Weisheit, SEINEM Erstlingswerk, so hat entzücken lassen, dass ER nun auch Himmel und Erde macht (vgl. Sprüche 8,22 ff.) und sogar den Chaosdrachen Leviathan im Meer schafft, um mit ihm zu spielen (Psalm 104,26) – die altkirchlichen Trinitätslehren sehen auch die innertrinitarische Beziehung von Vater, Sohn und Geist als ein Spiel der Bewegung, einen Tanz (»Perichorese«). Die Psalmen sind voller Aufforderungen, diesem Gott zu spielen – mit Instrumenten und Worten.

Dem spielenden Gott (deus ludens) entspricht der spielende Mensch (homo ludens). Als Spiel*zeug* Gottes sind wir zugleich Spiel*zeugen* Gottes: ZeugInnen eines am Spiel IHRER Geschöpfe nicht nur Vergnügen, sondern durch es auch Erholung und Bestärkung findenden Gottes. Zur Freude Gottes und der Mitmenschen aufzuspielen, bringt und hält Gott und Menschen in Bewegung – aufeinander zu. Jenes Frage- und Antwortspiel, das dem Kirchentag 2005 in Hannover sein Motto gibt, lässt den befreienden Gott und seine gute Gabe Tora gegenwärtig sein, »uns zugute alle Tage, um *uns* (auf)leben zu lassen wie heute« (5Mose 6,24) – und *Gott* doch wohl nicht

---

7 Vgl. A. Corbineau-Hoffmann, Art. »Spiel«, in: Historisches Wörterbuch der Philosophie 9, Basel 1995, 1383-1390, 1384.

weniger. Denn es ist ja keineswegs ausgeschlossen, dass die therapeutische Funktion des Spiels, der Musik (und Wortspiele haben ihren eigenen Klang), um die die Bibel in zwischenmenschlichen Verhältnissen weiß (1Samuel 16,16.23), auch im Blick auf Gott gilt. In meiner Küche hängt eine Strichzeichnung, die für mich gerade keine Karikatur ist: Erschöpft und schlaff liegt Gott auf einer Wolke. In einer Sprechblase darüber:»Ach, wie würden mir gerade jetzt ein paar ›Lobet den Herrn!‹ guttun.«

»Mitarbeitende eurer Freude!«

Predigt zu 2Korinther 1,24; 4,1-2.5-7[1]

*Gnade sei mit euch und Friede von Gott, unserem Vater,
und dem Messias Jesus. Amen.*

Liebe Gemeinde im Domremter zu Beginn des Schabbats,
wir feiern einen Gottesdienst zu ungewöhnlicher Stunde, an einem für
manche von Ihnen ungewohnten Ort, aus einem nicht alltäglichen Anlass.
Wir feiern diesen Gottesdienst anlässlich der Beauftragung einer Theologin
mit einem kirchlichen Lehr- und Leitungsamt. [...]

Wenn ich mit gemischten Gefühlen an den heutigen Tag dachte, tat es
gut, mich daran zu erinnern, dass wir hier und heute *nicht* den KFU feiern
und schon gar *nicht* seine neue Rektorin, dass wir vielmehr *Gottesdienst*
feiern. Wir feiern, dass *Gott uns* dient. Wir könnten wir *unseren* Dienst tun,
wenn wir nicht je neu von dieser Erfahrung herkämen, dass *Gottes* Dienst
an uns *unserem* Dienst aneinander *zuvor*kommt?!

Und vielleicht ist gerade deshalb dieser späte Freitagnachmittag, an dem
sonst die ersten Unterrichtsstunden des Kurswochenendes stattfinden, ist
der Beginn des Schabbats ein treffliches Datum der *Unterbrechung.* Denn
wie in der Schöpfungsgeschichte der Schabbat der erste Tag des Menschen
nach seiner Erschaffung ist, wie dort menschliches Leben und Wirken
damit anfängt, dass mensch vor allem eigenen Tun sich gemeinsam mit
Gott der Schöpfung erfreut, so steht es auch kirchlichen Amtsträgerinnen
und -trägern gut an, ihren Dienst mit dem Absehen von jedem eigenen Tun
zu beginnen und sich auf das zu besinnen, was ihnen mit ihrem Amt geschenkt ist.

Wie könnte die Aufgabe erfüllt werden ohne die Besinnung auf die *Gabe*
und den *Auftrag*, die beide diesen Dienst allererst möglich machen?! Gewiss, nicht jede Gabe muss in eine Aufgabe münden. An unseren Gaben
sollen wir uns bisweilen auch einfach schamlos freuen können und sie nicht
immer gleich verzwecken. Doch *wo* wir mit einer Aufgabe betraut werden,
tut die Erinnerung an die Begabung und Beauftragung Not, damit wir uns
nicht selbst überfordern und übernehmen und damit wir *auch* die nötige
Freiheit gegenüber manch' fremden Ansprüchen gewinnen und bisweilen

---

1 Gehalten im Gottesdienst anlässlich der Einführung ins Amt der Rektorin des
Kirchlichen Fernunterrichts (KFU) der Föderation Evangelischer Kirchen in Mitteldeutschland, Domremter Magdeburg 27. 10. 2006. Für den Druck wurde die Predigt
um zwei ausschließlich KFU-kontextuelle Abschnitte gekürzt. Bisher unveröffentlicht.

laut und deutlich »nein« sagen können. So feiern wir diesen Gottesdienst auch um der Vergewisserung willen, dass wir uns dieses Amt, diesen Dienst letztlich nicht selbst gesucht haben, dass wir beauftragt sind, dass wir im Namen eines anderen, in Gottes Namen unser Amt wahrnehmen.

Und diese Erinnerung ist um so wichtiger, als Lehrer und Lehrerinnen in Theologie und Kirche, als Menschen, die mit dem Anspruch auftreten, dass in, mit und unter ihrem menschlichen Wort *Gott selbst* zu Wort kommt, dass *wir*, Dienerinnen und Diener am Wort Gottes, zutiefst umstrittene, der öffentlichen Meinung, dem Urteil und Vorurteil und Gerede der anderen ausgesetzte und darum *angefochtene* Menschen sind. So feiern wir diesen Gottesdienst nicht zuletzt, um uns in solcher Anfechtung von Gott sagen zu lassen, *wer wir sind*. Denn wer kennt uns besser als die, die uns geschaffen hat?!

I.

Das gute Wort, das uns in solcher Anfechtung hilft, können wir uns nicht selber sagen. Es kommt vielmehr als fremdes, manchmal auch befremdliches von außen, ist *verbum externum*. Und nur als solches hilft es uns. Auf der Suche nach einem Predigttext für diesen Gottesdienst hat mich darum wohl nicht zufällig einer *der* Texte gefunden, die mir eben in der Einführungshandlung gesagt wurden, nämlich jene Verse aus dem Zweiten Brief an die Gemeinde in Korinth. Es sind Worte eines in seiner Amtsführung, seinem Dienst am Wort und der Gemeinde höchst umstrittenen, vielfach kritisierten und angegriffenen Apostel.

Darauf zu achten, wie Paulus sich dieser Situation stellt und ihr theologisch begegnet, mag wegweisend und auferbauend sein für den Dienst, mit dem wir je selbst betraut sind. Denn als Christen und Christinnen stehen wir ja alle im öffentlichen Dienst des Messias, haben als königliche, priesterliche und prophetische Menschen ein messianisches Amt inne – zur Ehre Gottes und zum Wohl der Menschen und aller Geschöpfe.

Ich lese aus dem zweiten Brief des Apostels Paulus an die Gemeinde in Korinth, aus Kapitel 1 und 4:

Nicht, dass wir euren Glauben beherrschen wollen, sondern Mitarbeitende eurer Freude sind wir. Denn ihr steht im Glauben. [...] Weil wir nun diesen Dienst haben, nach der uns widerfahrenen Barmherzigkeit, [darum] verzagen wir nicht. Vielmehr vermeiden wir, was aus Scham verborgen werden müsste. Wir führen keinen hinterlistigen Lebenswandel und verfälschen das Wort Gottes nicht, sondern durch die offene Verkündigung der Wahrheit empfehlen wir uns jedem menschlichen Gewissen im Angesicht Gottes. [...] Nämlich nicht uns selbst verkündigen wir, sondern Jesus Christus, dass er sei der Herr, und dass wir euch dienen um Jesu willen. Denn Gott, die sprach: Aus der Finsternis soll Licht leuchten, hat einen hellen Schein in unsere Herzen gegeben, auf dass durch uns entstünde die Erleuchtung zur Erkenntnis der Klarheit Gottes im Angesicht Jesu Christi. Wir haben aber diesen Schatz in irdenen Gefäßen, damit das Übermaß der Kraft von Gott komme und nicht aus uns.

II.

Liebe Freundinnen und Freunde, halten wir uns für heute einmal nicht auf bei all' den Konflikten, die Paulus mit seiner Gemeinde in Korinth hatte – Konflikte, die ihn traurig und bisweilen auch zornig gemacht haben und die ihn wiederholt dazu zwangen, Briefe nach Korinth zu schreiben, um Missverständnissen entgegenzutreten, Beschuldigungen zu entkräften, Unterstellungen abzuwehren, falsche Bilder von seiner Amtsführung und unangemessene Erwartungen an diese zu korrigieren. Ja, in Korinth hatte man sich einen Apostel Jesu Christi ganz anders vorgestellt, und man kannte ja auch andere Apostel – solche, die etwas hermachten und darstellten, die nicht eine so jämmerliche Figur abgaben, wie dieser Paulus, und die auch nicht immer nur Christus als den Gekreuzigten im Mund führten – einen Christus übrigens zum Verwechseln ähnlich mit seinem erbärmlichen Botschafter –, Apostel, die vielmehr von der Auferweckung sprachen, von der Herrschaft Gottes, dem Glanz des neuen Lebens ...

Richten wir unser Augenmerk für heute allein darauf, wie Paulus sein Amt versteht und wessen er sich zu trösten weiß. Wir ahnen hinter seinen Worten ja, was man ihm vorwirft ...

III.

Denn Gott, die sprach: Aus der Finsternis soll Licht leuchten,
hat einen hellen Schein in unsere Herzen gegeben,
auf dass durch uns entstünde die Erleuchtung
zur Erkenntnis der Klarheit Gottes im Angesicht Jesu Christi.

Paulus bedient sich der Sprache der Schöpfungstexte, wenn er sein Amt der Verkündigung, den Dienst am Wort Gottes beschreibt: Wo dieses Wort, von dem der 119. Psalm sagt, dass es unseres Fußes Leuchte und ein Licht auf unserem Wege sei – wo dieses Wort uns anspricht, wird es hell wie am ersten Schöpfungstag, da wird unser Herz erleuchtet, da klart es sich also auf im Zentrum unserer Person – dort, wo nach biblischem Verständnis Gefühl und Vernunft, Wunsch und Wille zuhause sind, wo wir Pläne schmieden und Entscheidungen treffen. Da gewinnen wir Orientierung für unser Leben, erkennen, wer Gott für uns ist und wer wir selbst sind. Wo Gottes Wort uns trifft, das lebendige und kräftige und immer noch schärfere, da sehen wir unsere Welt in einem neuen Licht, da nehmen wir sie als Gottes Schöpfung wahr, als eine Welt, die nicht sich selbst überlassen ist und unaufhaltsam auf den Abgrund zurast, sondern unter der Verheißung steht, vollendet zu werden zum Reich Gottes.

Und da beginnen wir zu ahnen, warum Paulus die Beauftragung mit diesem Amt, das ihm so oft eine Last war, das ihm soviel Mühe gemacht und Ärger eingebracht hat, warum er seinen Dienst auf das *Erbarmen* Gottes zurückführt. Wer sich von Gott in Dienst genommen weiß, hat am eigenen Leib Gottes Barmherzigkeit erfahren, ist ein begnadeter Mensch. Und dass sich Gottes Herz für ihn oder sie geöffnet hat, verändert das eigene Herz: Wessen Herz vom Licht des Wortes Gottes erleuchtet ist, kann alles Zwielichtige hinter sich lassen und wird auch andere nicht hinters Licht führen. Der helle Schein, den Gottes Wort wirft, befreit uns von falschem Schein: Wir müssen uns selbst und anderen nichts vormachen.

Wer vor Gott entborgen ist, kann auch Menschen gegenüber mit offenen Karten spielen, wird ihnen mit unverstelltem Blick begegnen und darf dann manchmal auch zornig werden, wenn ihm gar vorgeworfen wird, das Wort Gottes zu verfälschen. Nein, wir verfälschen das Wort Gottes *nicht*, wenn wir bisweilen eine andere als die Luther-Übersetzung in unseren Gottesdiensten gebrauchen. Wir verfälschen das Wort Gottes *nicht*, wenn wir das bleibend erwählte Gottesvolk als ersten Adressaten würdigen und uns als *Mit*hörende verstehen, wenn wir den Gott des Neuen nicht gegen den des Alten Testaments stellen, sondern die Einheit Gottes und den unaufhebbaren Zusammenhang beider Testamente betonen. Wir verfälschen das Wort Gottes *nicht*, wenn wir unsichtbar gemachten Frauen Sprache verleihen und die Jünger*innen* nicht verschweigen. Und wir verfälschen das Wort Gottes auch *nicht*, wenn wir darauf beharren, dass die Bibel als solche *nicht* identisch mit dem Wort Gottes ist, dass ihre Texte aber unter dem schöpferischen Wirken des Geistes je und dann zum befreienden, unser Leben erhellenden Gotteswort werden können.

IV.

Wer vor Gott entborgen ist, muss sich vor Menschen nicht verstecken, wird Farbe bekennen und die eigene Überzeugung nicht verschweigen.»Lehren heißt sich kenntlich machen; heißt zeigen, was man liebt und worauf man hofft.«[2] Wer im Licht des Wortes Gottes der Wahrheit über sich selbst ansichtig geworden ist, wird auch anderen die Wahrheit nicht vorenthalten, wird sie vielmehr offen und unverzagt aussprechen, aber nicht schonungs- und rücksichtslos, nicht selbstgerecht und unbarmherzig. Das Licht, das vom Wort Gottes in unser Leben fällt, ist nicht das gleißende Licht einer Verhörlampe, nicht das Blitzlicht der Paparazzi, nicht das grelle Licht inquisitorischer Scheinwerfer. Es ist das milde Licht der Gnade, der Grazie Gottes, die uns nicht bloßstellen, sondern zurechtbringen will. Es ist die Widerspiegelung des Glanzes Gottes, der im Angesicht des Gekreuzigten in aller Klarheit aufstrahlt und uns den Durchblick gewährt:

In ihm, dem Juden Jesus von Nazareth, den wir als den Messias, den Christus bekennen, erkennen wir den Menschen, wie Gott ihn will, den Menschen, der nicht immer schon der Sünde dient, den nach Gottes Bild geschaffenen Menschen, und darum erkennen wir in ihm auch Gott selbst. Menschen, die im Dienst der Verkündigung stehen, deren Herz vom Wort

---

2 Fulbert Steffensky, Was meine ich eigentlich, wenn ich Gott sage?, in: Gretchenfrage. Von Gott reden, aber wie? Bd. 1 (Jabboq 2), hg. von Jürgen Ebach u.a., Gütersloh 2002, 24-35, 24.

Gottes erleuchtet ist, sollen und werden auch bei anderen ein Licht anzünden, damit es bei ihnen dämmert und bald ganz hell wird. Manchmal, wenn wir in unseren Kursen so intensiv miteinander lernen, wenn die Stirne in Falten liegen und die Köpfe rauchen, manchmal geschieht es dann, dass uns ein Licht aufgeht, dass sich eine Erkenntnis Bahn bricht, und dann spiegelt sich in unseren glänzenden Augen der helle Schein unserer Herzen und auch wir reflektieren den Glanz Gottes. Und das Glück, etwas Neues, Aufregendes verstanden zu haben, ist mit Händen zu greifen.

V.

Und dann wird es wahr, dass wir Gehilfen und Gehilfinnen der Freude sind, nicht Herrinnen und Herren über den Glauben derer, die uns anvertraut sind. Denn wir machen diesen Glauben nicht, wir sorgen nicht dafür, dass das Wort Gottes ankommt und seine Wirkung tut. Es setzt sich selbst durch und vollbringt, wozu *Gott* es geschickt hat. Und es ist Gottes Geistkraft, die Glauben schenkt, nicht unsere Predigt, nicht unsere Lehre. Darum steht es uns nicht zu, über den Glauben der anderen zu urteilen, ihn zu bemessen und zu kontrollieren, ihn zu uniformieren oder gar der einen oder dem anderen den rechten Glauben abzusprechen ...

Nicht, dass wir euren Glauben beherrschen wollen, sondern Mitarbeitende eurer Freude sind wir. Denn ihr steht im Glauben. [...]

Welch' eine Entlastung! Und es bleibt ja noch genug zu tun. Denn *unsere* Aufgabe ist es, daran mitzuwirken, dass Menschen erkennen und verstehen, was sie glauben. Unser Glaube soll über sich selbst aufgeklärt sind. Wir können und sollen wissen, was uns geschenkt ist und was wir zu tun haben. Und wir können und sollen lernen, dafür eine Sprache zu finden. Das Wort Gottes will sich in unseren menschlichen Worten Ausdruck verschaffen, will durch uns leibhaftig werden, Gestalt gewinnen in irdenen Gefäßen. Menschen, deren Herz erleuchtet ist, werden auch einen klaren Kopf haben und klare Worte finden. Unser leuchtendes und manchmal auch brennend heißes Herz bleibt angewiesen auf einen hellen und klaren Kopf und kräftige, eindeutige Worte.

Gehilfinnen und Gehilfen der Freude anderer – das sollen wir, Dienerinnen und Diener des Wortes Gottes, sein, Mitarbeitende jener Freude, die aufbricht, wo Menschen den Glanz Gottes im Antlitz des Gekreuzigten wahrnehmen und wo ihnen diese Einsicht zu denken und zu reden gibt. Gibt es einen schöneren Dienst?!

Und der Friede Gottes, der all' unser Verstehen übersteigt,
bewahre uns, unsere Herzen und Sinne im Messias Jesus. Amen.

IV. Nicht nur ein Sterbenswörtchen

Trost und Trostlosigkeit
im Heidelberger Katechismus [1]

>*»In der Postmoderne ist die Tradition revolutionär geworden.*
>*Sie wird zum Stein, über den man stolpert und deshalb aufschaut.*
>*Sie wird zur Mühe, die zum Einhalten zwingt.*
>*Sie lenkt den Blick aus dem Vertrauten in das Mögliche.«*
>Albrecht Grözinger [2]

I. »Trost« – das Grund- und Leitwort des Heidelberger Katechismus

Im fünften Aphorismus seiner »Reflexionen aus dem beschädigten Leben«, den »Minima Moralia«, notiert Theodor W. Adorno:»... *es gibt keine Schönheit und keinen Trost mehr außer in dem Blick, der aufs Grauen geht, ihm standhält und im ungemilderten Bewußtsein der Negativität die Möglichkeit des Besseren festhält.«*[3] Trost kann demnach nichts sein, was uns zu beschwichtigen, zu beruhigen oder stillzustellen versucht in unserem Unglück, unserer Trauer, unserer Sorge:»Es ist doch gar nicht so schlimm.«»Anderen geht es auch nicht besser.«»Nimm es dir nicht so sehr zu Herzen!« Nichts, was das Unrecht schönfärbt oder tabuisiert, den Schmerz versüßt oder weg zu reden versucht, den Ernst der Lage verharmlost oder verschleiert, verdient Trost genannt zu werden. Und auch nicht das, was uns von einer harten Wirklichkeit ablenken will, was uns auffordert, die Gegenwart zu überspringen, was uns späteren Ausgleich für gegenwärtige Entbehrungen verspricht oder einlädt, uns rasch Ersatz für das Verlorene zu suchen – auch das kann nicht wirklich Trost sein:»Das geht vorüber.«»Die Zeit heilt alle Wunden.«»Morgen sieht die Welt ganz anders aus.«»Die nächste Liebe kommt bestimmt.«»Trink noch einen Schluck!« Entgegen dem Wortlaut ist alles, was uns *ver*trösten und *hinweg*trösten soll über die Trostlosigkeit des Daseins, *kein* Trost.

---

1 Vortrag bei der Hauptversammlung des Reformierten Bundes in Dresden am 31. 03. 2000. Im Vortrag folge ich grundsätzlich dem Text der revidierten Ausgabe des Heidelberger Katechismus von 1997; Abweichungen davon werden benannt. Erstveröffentlichung in:»*Was ist dein einziger Trost im Leben und im Sterben?*« Die christliche Botschaft im Kontext heutiger Lebensentwürfe. 58. Hauptversammlung des Reformierten Bundes vom 30. März bis 1. April 2000 in Dresden, hg. im Auftrag des Moderamens des Reformierten Bundes von Hermann Schaefer, Wuppertal 2000, 25-52 (geringfügig erweitert).
2 Die Kirche – ist sie noch zu retten? Anstiftungen für das Christentum in postmoderner Gesellschaft, Gütersloh 1998, 81.
3 Theodor W. Adorno, Minima Moralia. Reflexionen aus dem beschädigten Leben (1951), Gesammelte Schriften. Bd. 4, hg. von Rolf Tiedemann, Frankfurt a.M. 1997/ Darmstadt 1998, 26.

Der Trost – so die Einsicht Adornos – darf die Schrecken, die Not, das Leiden nicht ausblenden und den Blick nicht von ihnen abwenden, sondern muss ihnen ins Auge schauen und gleichzeitig »die Möglichkeit des Besseren« festhalten. Wer bei Trost ist, nimmt das Leben mit all' seinen Beschädigungen ohne Weichzeichner unverklärt wahr und gibt im vollen Bewusstsein dieser ungeschminkten Negativität gleichwohl die Hoffnung auf Besseres nicht auf. Getröstet sein kann darum nicht heißen, den verzweifelten Schrei und die hemmungslose Klage über die Wirklichkeit, wie sie uns vor Augen liegt, verstummen zu lassen, sich mit den Gegebenheiten resignierend abzufinden oder sich illusionär darüber hinwegzusetzen. Die Trostlosigkeit nicht wahrhaben zu wollen, sie verdrängen zu müssen oder ihrer Unerträglichkeit durch Sinnstiftungsversuche zu begegnen – das muss trostlos werden. Keiner hat diesen trostlosen, diesen verlogenen Trost so deutlich beim Namen genannt wie der Marburger Praktische Theologe Henning Luther in seinem Vortrag »Die Lügen der Tröster«, den er im Mai 1991 wenige Wochen vor seinem Tod gehalten hat.[4]

»Leidige Tröster seid ihr alle!« *hält Hiob seinen Freunden entgegen (Hi 16,2). Ihre theologischen Erklärungsversuche für sein Leiden, deren Argumente er schon viel zu oft gehört hat, machen ihm die Last noch viel schwerer.* »Hört doch, hört doch mein Wort – das sollen eure Tröstungen sein! Ertragt mich, und ich will reden!« *(Hi 21,2-3a)*[5]*, bittet Hiob jene, die doch – ergriffen von seinem großen Schmerz – immerhin sieben Tage und sieben Nächte schweigend mit ihm im Staub gesessen hatten, bevor sie zu reden anhoben (Hi 2,11-13).*

Sinngebung und Trösten ist nicht dasselbe. Trost muss auch der Sinnlosigkeit von Leiden und der stummen oder schreienden Verzweiflung darüber standhalten, ohne (v)erklären oder umdeuten zu wollen. Der trostlosen Wirklichkeit nicht ausweichen, aber ihr im Namen der Möglichkeit des Besseren bestreiten, die einzige und die ganze Wirklichkeit zu sein – das ist nach Adornos (philosophischem und zugleich theologisch tingiertem[6]) Verständnis Trost.

---

4 Henning Luther, Die Lügen der Tröster. Das Beunruhigende des Glaubens als Herausforderung für die Seelsorge, in: Praktische Theologie 33 (1998), 163-176.
5 Verdeutschung nach Jürgen Ebach, Streiten mit Gott. Hiob. Teil 2: Hiob 21-42 (Kleine Biblische Bibliothek), Neukirchen-Vluyn 1996, 1.
6 Beides, die Wahrnehmung der Negativität wie das Festhalten an der Möglichkeit des Besseren, wäre – nach dem letzten Aphorismus der Minima Moralia – nur »vom Standpunkt der Erlösung aus« möglich, denn »Erkenntnis hat kein Licht, als das von der Erlösung her auf die Welt scheint. […] Perspektiven müssen hergestellt werden, in denen die Welt ähnlich sich versetzt, verfremdet, ihre Risse und Schründe offenbart, wie sie einmal als bedürftig und entstellt im Messianischen Lichte daliegen wird«. Doch diese Erkenntnis, die »Philosophie, wie sie im Angesicht der Verzweiflung einzig noch zu verantworten ist« (Th. W. Adorno, Minima Moralia, 283), hat gegenwärtig (noch) keinen Ort. Sie ist utopisch. Sie würde möglich, wenn »der Blick, der aufs Graue geht« (ebd., 26), die ganze Wirklichkeit umfasste, »weil die vollendete Negativität, einmal ganz ins Auge gefaßt, zur Spiegelschrift ihres Gegenteils zusammenschießt« (ebd., 283).

Der Heidelberger – das sei hier schon einmal vorweggenommen – enthält beide Motive: den Blick auf das Grauen, indem er in seinem ersten Teil »von des Menschen Elend« spricht und überhaupt die Sünde ernst-, nämlich todernst nimmt; und er blickt keineswegs auf die elende Situation des Menschen als auf eine vergangene zurück. Die Sünde übt immer wieder auch im Leben *des* Menschen Gewalt und Herrschaft aus, der den Trost, zu dem sich Frageantwort (=FA) 1 bekennt, erfahren und für sich wahrgenommen hat. Und ebenso hält der Heidelberger an der Möglichkeit des Besseren fest, indem er in seinem dritten Teil »von des Menschen Dankbarkeit« handelt und uns damit auf ein Leben anspricht, in dem »wir je länger je mehr zum Ebenbild Gottes erneuert werden« (FA 115). Die vom Menschen in der Kraft des Heiligen Geistes zu realisierende Möglichkeit des Besseren hat ihre Voraussetzung in der göttlichen Befreiungstat der Erlösung des Menschen. *Sie* ist Inhalt des ausführlichen christologischen Mittelteils.

Aus der Verwendung der Worte »Trost« und »Trösten« in unserer Alltagssprache erschließt sich die zentrale Bedeutung, die dem »Trost« im ganzen Heidelberger Katechismus zukommt, nicht. Umgangssprachlich hat »Trost« oft einen negativen Klang: Wir sprechen vom schwachen, geringen, falschen, billigen Trost, ironisch auch davon, dass etwas ein schöner Trost sei, also nichts nütze. Wir kennen Trostpreise, Trostpflaster und Trösterchen. Ebenso abschätzig wie erstaunt stellen wir fest: Du hast dich aber schnell getröstet. Ist dieser Sprachgebrauch ein Indiz dafür, dass sich das, was wir als Trost erachten, mit der Zeit nicht selten als Vertröstung erweist, die unser Bedürfnis, getröstet zu werden, nicht stillt? Dass sich bei dem Trost, der uns zuteil wird oder den wir spenden, die Hilfe nicht einstellt, die wir erwartet oder versprochen haben?

Im Heidelberger stoßen wir auf einen biblisch begründeten und gefüllten Trostbegriff, wie er sich auch sonst in der Reformation findet. Trost ist hier der Inbegriff und das Zentrum des Evangeliums, *die* göttliche Wohltat am Menschen schlechthin:

»Das ist unser Trost, der uns erhält und das Herz fröhlich und muthig macht wider der Welt Verfolgen und Wüthen, daß wir haben einen solchen HERRN, *der nicht allein uns erlöst von der Sünde, Gottes Zorn und ewigem Tod, sondern auch uns schützt und rettet im Leiden und Verfolgung, daß wir nicht sollen untergehen«, bekennt Luther in seiner Auslegung von Ps 110,5 (Septuaginta).[7] Die Erlösung aus Sünde und Tod* und *die Bewahrung vor und Errettung aus Leiden ein Leben lang – ein solches tatkräftiges Eingreifen Gottes gegen alle Bedrohungen unseres Lebens ist für Luther Trost: ein wirksames Schutz-und-Trutz-Bündnis, das Zuversicht und Stärke, Vertrauen und Mut schenkt. Ein solcher Trost macht* getrost *und* – trotzig.

---

7 Dr. Martin Luthers Sämtliche Schriften, hg. von Joh. Georg Walch, 5. Bd.: Auslegung des Alten Testaments (Fortsetzung), 2. überarbeitete Aufl. St. Louis/Missouri, USA, 1880-1910 (Nachdruck: Groß-Oesingen 1987), 1046f.

Auch für Calvin liegt in der Fürsorge *Gottes der entscheidende Trost:* »Das ist der Trost, daß der Mensch erkennt: Der himmlische Vater hält mit seiner Macht alles zusammen, regiert alles mit seinem Befehl und Wink, ordnet alles mit seiner Weisheit, so daß nichts vorfällt ohne seine Bestimmung« *(Inst I,17,11).*

Ein ermunternder, ermutigender, aufrichtender Zuspruch und zugleich ein die Not wendendes, aus Bedrängnis herausreißendes, vor dem Tod bewahrendes Eingreifen Gottes ist der Trost in der Bibel. Im hebräischen Wort für »trösten« *(nhm* pi.*)* schwingt die Grundbedeutung »aufatmen lassen« mit. Trösten ist ein *befreiendes* Tun, das den Getrösteten wieder Luft zum Atmen gibt – und sei es zunächst in Gestalt eines tiefen Stoßseufzers. »*Tröstet, tröstet mein Volk‹, spricht euer Gott. ›Redet Jerusalem zu Herzen und ruft ihm zu, dass seine Knechtschaft zu Ende ist, dass seine Schuld vergeben ist ...!‹«* (Jes 40,1f.) Trostworte gehen zu Herzen, weil sie von einem Geschehen sprechen, das bedrückte, geängstigte Herzen wieder weit macht. Trost und Hilfe können zu Synonymen werden. So heißt *parakalein,* das griechische Wort für »trösten«, vom Wortlaut her zunächst »herbeirufen«, gemeint ist: Hilfe herbeirufen. Dass wir *parakalein* mit »trösten« und mit »ermahnen« verdeutschen können, weist darauf hin, dass dem Getröstetsein ein bestimmtes Verhalten entspricht. Für getröstete Menschen gibt es etwas zu tun. In der Danksagung des 2. Korintherbriefes lobt Paulus Gott mit den Worten: »*Gesegnet sei Gott, der Vater unseres Herrn Jesus Christus, der Vater der Barmherzigkeit und Gott allen Trostes, der uns tröstet in aller unserer Trübsal, damit wir fähig werden, die zu trösten, die in aller Trübsal sind, durch den Trost, mit dem wir selbst getröstet werden von Gott«* (2Kor 1,3f.). Wer Trost erfahren hat, wird empfindsam für die Trostlosigkeit um sich herum und beginnt ihr zu trotzen.

Für den »Gott allen Trostes« kennt die Bibel vor allem zwei Bilder – das des Hirten und das der Mutter:

Und ob ich schon wanderte im finstern Tal, fürchte ich kein Unglück; denn du bist bei mir, dein Stecken und Stab trösten mich (Ps 23,4).

Tröstlich wird die Gegenwart des Hirten auf dem Weg durchs Tal der Todesschatten, weil sein Stecken, seine Keule Schutz bietet vor wilden Tieren und sein Stab die Gehhilfe ist, mit der gefährdete oder schwache Tiere auf unwegsamem Gelände sicher geleitet und gestützt werden. Nicht, dass wir vor dunklen und abgründigen Wegen bewahrt werden, sondern dass wir auf ihnen so begleitet und geschützt werden, dass wir uns je und je wieder an festlich gedeckte Tische setzen können – das ist der realistische Trost des 23. Psalms.

Freuet euch mit Jerusalem und seid fröhlich über die Stadt, alle, die ihr sie liebhabt! Freuet euch mit ihr, alle, die ihr über sie traurig gewesen seid! Denn nun dürft ihr saugen und euch satt trinken an den Brüsten ihres Trostes; denn nun dürft ihr reichlich trinken und euch erfreuen an dem Reichtum ihrer Mutterbrust. Denn so spricht der Herr: [...] Ich will euch trösten, wie einen seine Mutter tröstet; ja, ihr sollt an Jerusalem getröstet werden (Jes 66,10-13*).

130

Trost – das Leitwort des Heidelberger ist nicht nur ein Leidwort, ein Wort im Leiden, nicht nur ein Sterbenswörtchen, sondern ein Lebenswort, mit dem wir leben und an dem wir uns freuen sollen und mit dem wir dann auch getrost sterben können. Trost ist – wenn wir die Mutter-Stadt-Metapher aus Jes 66 ernstnehmen – die Muttermilch Gottes. Ein solcher Trost ernährt uns, er stillt uns, macht vergnügt, lässt uns geborgen sein, macht – wie man so sagt – groß und stark.

Der Heidelberger hat, was seine Entstehung angeht, offenbar nur Väter gehabt; und er hat, jedenfalls was die Publikationen betrifft, fast nur männliche Interpreten. Angesichts dieses Befundes scheint mir die Erinnerung daran, dass das Jesajabuch den Trost aus den Mutterbrüsten Gottes fließen lässt, nicht überflüssig zu sein, gerade wenn dabei nicht an eine biologische, *sondern an eine* soziale *Mutterschaft Gottes gedacht wird (Geschlecht also im Sinne von »gender« verstanden wird). Mutterschaft ist ein menschliches Gottes- und Menschenbild zugleich.*[8]

Über diese biblischen Bedeutungsgehalte, die den Trostbegriff des Heidelberger füllen, hinaus vermag nicht zuletzt auch die *Etymologie* des Wortes »Trost« das Grund- und Leitwort des Katechismus zu profilieren: »Trost« ist wurzelverwandt (Wurzel: »drû«) mit »treu« und »trauen« (im Englischen noch deutlicher durch »trust«). Trost ist demnach etwas, was Festigkeit verleiht, was baumstark (»true« ist verwandt mit »tree«), zuverlässig, beständig macht. Wer Trost spendet, erweist seine Treue, geht ein Bündnis ein (gotisch: »trausti«) und weckt so Vertrauen, Zuversicht und Mut.[9]

In der hier nur angedeuteten Bedeutungsbreite des Wortes Trost will der Heidelberger vor allen anderen (noch zu beachtenden) Funktionen ein Trostbuch sein. Dass er als solches integraler Bestandteil einer *Kirchenordnung* ist, lässt mich fragen, ob der eine Trost in (der) Ordnung ist. Sind unsere Kirchenordnungen auch tröstlich? Und wenn ja, für wen?

Wie FA 1 des Heidelberger zur Vorlage der ersten Barmer These geworden ist[10]*, wird die Einbettung des Heidelberger Katechismus in die Kirchenordnung der Pfalz vom November 1563 in der dritten Barmer These aufgegriffen: Auch mit ihrer Ordnung hat die Kirche »zu bezeugen, daß sie allein sein [sc. Jesu Christi] Eigen-*

---

8 Siehe dazu ausführlich Magdalene L. Frettlöh, Gott Gewicht geben. Bausteine einer geschlechtergerechten Gotteslehre, Neukirchen-Vluyn 2006, 247-327.

9 Vgl. Jacob Grimm/Wilhelm Grimm, Deutsches Wörterbuch. Bd. 11, Leipzig 1952, 901-943; Friedrich Kluge, Etymologisches Wörterbuch der deutschen Sprache, Berlin/New York [22]1989, 742; Helmut Fischer, Zukunft eröffnet. Zum Ursprung von »Trost«, in: Deutsches Pfarrerblatt 83 (1983), 586-588.

10 Dem einzigen Trost im Leben und im Sterben korrespondiert »das eine Wort Gottes, das wir zu hören, dem wir im Leben und im Sterben zu vertrauen und zu gehorchen haben«. Beide Bekenntnissätze sind streng christologisch formuliert; doch während der Heidelberger den Trost im *Beziehungsgeschehen* meiner Zugehörigkeit zu Jesus Christus erkennt (vgl. dazu unten Abschnitt 3), ist in der ersten Barmer These Jesus Christus das *personifizierte* eine Wort Gottes. Die Barmer Theologische Erklärung ist ein Bekenntnis in Wir-Form; im Heidelberger dagegen ist überwiegend der/die einzelne ChristIn gefragt.

tum ist, allein von seinem Trost und von seiner Weisung in Erwartung seiner Erscheinung lebt und leben möchte.«

Mit der wiederentdeckten Bedeutungsfülle und -tiefe des Trostbegriffs wenden wir uns nun der ersten Frageantwort des Heidelberger zu:

II. Ein einziger Trost – oder: Am Anfang war die Antwort

Im Einladungstext zu dieser Hauptversammlung heißt es: »*Dass es nur einen einzigen Trost geben soll im Leben und im Sterben, ist selbst für Christinnen und Christen kaum noch nachvollziehbar.*« Ursache dafür sollen die vielen Trostangebote innerhalb und vor allem außerhalb der christlichen Gemeinde sein, in denen Menschen heute ihr Trostbedürfnis zu stillen suchen. Doch – so möchte ich fragen – war es 1563, war es überhaupt jemals in der Geschichte der ChristInnenheit »nachvollziehbar«, nachvollziehbarer als heute, dass es nur einen einzigen Trost gibt? Auch die Verfasser des Heidelberger sahen sich ja, als sie Frageantwort 1 formulierten, anderen Trostangeboten gegenüber – kirchlichen und weltlichen. Da war vor allem – um nur ein Beispiel zu nennen – die lange Tradition der philosophischen Tröstungen, die seit der Antike in Trostbriefen, Trostschriften und Trostbüchern ihre eigenen Gattungen ausgebildet hatte.[11] »Der Trost der Philosophie« – das war ein fester Begriff. In der (vernünftigen) Lehre vom richtigen Leben (und Sterben) sah die Philosophie für lange Zeit ihre eigentliche Aufgabe.[12]

Natürlich und selbstverständlich ist es zu keiner Zeit gewesen, von einem *einzigen* Trost im Leben und im Sterben zu sprechen. Auf die Frage danach kommen wir nicht von selbst. Nach ihm fragen können nur die, denen schon gesagt worden ist, dass es allein einen Trost gibt. Die Frage setzt also die Antwort voraus, besser noch: die Antwort setzt allererst die Frage aus sich heraus. Die Frage nach dem einzigen Trost im Leben und im Sterben kommt immer schon von ihrer Beantwortung her. Der Einsatz bei der Frage bliebe *selbstbezüglich*: Wir würden immer nur antworten können, was wir schon wüssten, und kämen dabei über unsere eigenen Erfahrungen nicht hinaus. Doch der Glaube will uns ja gerade zu neuen Erfahrungen mit Gott und der Welt und uns selbst verhelfen.

In seinem Hauptwerk »Antwortregister« schreibt der Bochumer Phänomenologe Bernhard Waldenfels: »*Es könnte sein, daß die Frage erst dann sie selbst ist, wenn sie von einem anderen her gedacht wird – als Anspruch, der uns in Frage stellt und auf den zu antworten ist.*«[13] Die Frage – so gibt Waldenfels

---

11 Am bekanntesten unter ihnen sind sicherlich die fünf Bücher über den »Trost der Philosophie«, die Boethius um 524 schrieb, als er nach einer ungerechtfertigten Verurteilung zum Tode auf seine Hinrichtung wartete: Anicius Manlius Torquatus Severinus Boethius, Philosophiae consolationis libri V, hg. von L. Bieler, in: Corpus Christianorum, Series Latina 94, 1954; dt.: Trost der Philosophie, hg. von K. Büchner, 1971.

12 Einen Überblick bietet F.-B. Stammkötter, Art. »Trost«, in: Historisches Wörterbuch der Philosophie. Bd. 10, Basel 1998, 1524-1528.

13 Bernhard Waldenfels, Antwortregister, Frankfurt a. M. 1994, 186.

zu bedenken – ist erst dann wirklich Frage, wenn sie als Anspruch verstanden wird. Ein Anspruch setzt voraus, dass uns jemand oder etwas anspricht und uns zu seinen AnsprechpartnerInnen macht. Der Anspruch, der sich in FA 1 des Heidelberger Ausdruck verschafft, kommt aus dem Geschehen, aus der Geschichte, von der die Antwort erzählt: »*Daß ich mit Leib und Seele, beides, im Leben und im Sterben, nicht mein, sondern meines getreuen Heilands Jesu Christi eigen bin, der* …« Der Anspruch – so könnten wir auch sagen – kommt aus dem Evangelium[14], denn nichts anderes als die Zusammenfassung dessen möchte FA 1 des Heidelberger ja sein. Wir müssen die Antwort also nicht *erfinden*, wir *finden* sie vielmehr *vor* – in der Schrift. Und damit wir dort nicht zu lange suchen müssen, hat der Pfälzische Kurfürst Friedrich III. dafür gesorgt, dass allen Frageantworten Bibeltexte beigegeben werden – nicht als Belegstellen, sondern als Grundlegung, als Fundament des Katechismus.

Wenn aber die erste Frage »*Was ist dein einziger Trost im Leben und im Sterben?*« – und mit ihr auch die anderen Fragen des Katechismus – bereits von ihrer Antwort herkommen, wenn wir von einer Erfindung der Antwort wie der Frage entlastet sind, warum müssen die Fragen dann noch einmal beantwortet werden? Warum folgt der Katechismus dem Frage-Antwort-Schema? Das Evangelium, das anspruchsvoll ist, weil Gott selbst sich uns in ihm verspricht und zuspricht, wirft Fragen auf; es stellt uns in Frage, damit wir die Antwort, die wir in der Schrift finden, für uns wahr-nehmen,

---

14 Der Begriff des Evangeliums schließt an dieser Stelle auch den des Gesetzes als *einer* Gestalt des Evangeliums ein. Der Heidelberger kennt keine Diastase zwischen einem (zugrunde) richtenden Gesetz und einem aufrichtenden Evangelium. Erst die Sünde hat den Menschen, der heilig und gerecht zum Ebenbild Gottes erschaffen ist (FA 6), seiner geschöpflichen Fähigkeit beraubt, das ganze Gesetz zu halten (FA 7.9). Die Erkenntnis der Sünde aus dem Gesetz (usus elenchticus) wird am von Christus gelehrten Doppelgebot der Liebe veranschaulicht (FA 4); damit ist von vornherein eine Antithese zwischen Gesetz und Christus ausgeschlossen; vielmehr kommt Christus als Ziel des Gesetzes (Röm 10,4) in den Blick. Die Auslegung des Dekalogs (FA 92-115) steht unter der Perspektive des dritten Gebrauchs (usus in renatis), der für den Heidelberger – wie schon für Calvin (Inst II,7,12) – der usus praecipuus ist (vgl. dazu auch Wilhelm Neuser, Die Väter des Heidelberger Katechismus, in: ThZ 35 [1979], 177-194, hier: 189f.). Wenn Otto Weber die Verortung des Dekalogs im dritten Teil des Heidelbergers dahingehend interpretiert, »daß ›Dankbarkeit‹ die Innehaltung des göttlichen Gesetzes unter den Aspekt einer rezeptiven Spontaneität stellt, so daß der übergeordnete Begriff die Vorstellung einer lex christiana völlig ausschließt« (Analytische Theologie. Zum geschichtlichen Standort des Heidelberger Katechismus, in: Warum wirst du ein Christ genannt? Vorträge und Aufsätze zum Heidelberger Katechismus im Jubiläumsjahr 1963, hg. von W. Herrenbrück und U. Smidt, Neukirchen-Vluyn 1965, 24-39, 28), dann kann damit nicht gemeint sein, dass die christliche Gemeinde gesetzesfrei lebt, sondern dass sie sich den Weisungen Gottes an Israel verpflichtet weiß. Der *tertius usus legis*/dritte Gebrauch des Gesetzes bezieht sich auf die biblischen Gebote beider Testamente. Zur Zusammengehörigkeit von Evangelium und Gesetz vgl. auch die schöne Wendung: »Den Glauben bekennen heißt nicht nur: sagen, was ich glauben darf, sondern auch tun, was dem Glauben entspricht« (Walter Herrenbrück, Der Heidelberger Katechismus – überholtes Lehrbuch oder Wegweiser für die Gemeinden?, in: RKZ 124 [1983], 42-46, 44).

sie uns zueigen, zu unserer eigenen Antwort machen und mit unserem Leben verantworten.[15] Die angeeignete Antwort sollen wir uns zu Herzen nehmen, sie by heart lernen. Nicht zuletzt um dieser Aneignung der schon gegebenen Antwort willen spricht der Katechismus meist den einzelnen Menschen und nicht die Gemeinde als ganze an. Erst die eigene Verantwortung macht die Antwort zum *Bekenntnis*.

Aber noch aus einem anderen Grund ist es entscheidend, dass wir selbst die Antwort wiederholen, sie uns im Gefragtsein wieder holen. Zu den wichtigsten Motiven des Trostes gehört die *Vergewisserung*: Nach FA 1 macht mich Christus »durch seinen Heiligen Geist des ewigen Lebens gewiß«[16]; und in der Folge ist bis zum »wahr und gewiß« des Amen in der letzten Frage immer wieder die Rede davon, wie ich einer bestimmten Erkenntnis *gewiss* werden kann, etwa bei den Fragen nach der Taufe (FA 69): »Wie wirst du in der heiligen Taufe erinnert und *gewiß* gemacht, daß das einmalige Opfer Christi am Kreuz dir zugut kommt?« und nach dem Abendmahl (FA 75) »Wie wirst du im heiligen Abendmahl erinnert und *gewiß* gemacht, daß du an dem einzigen Opfer Christi am Kreuz und allen seinen Gaben Anteil hast?«[17] Gewissheit setzt Wissen voraus, darum ist sie auch mit der *Erinnerung* verbunden. »*Es gibt kein Leben im Trost ohne Erkenntnis des Trostes, es gibt keine wirkliche Erkenntnis des Trostes abgesehen vom Leben*«, schreibt Karl Barth 1938 in seiner »Einführung in den Heidelberger Katechismus«[18]. Folgerichtig lautet Fr. 2: »Was mußt du *wissen*, damit du in diesem Trost selig leben und sterben kannst?« Der eine Trost im Leben und im Sterben hat Inhalte, die es zu *erkennen* und zu *wissen* gilt. Nach FA 6 ist der Mensch »wahrhaft gerecht und heilig [erschaffen], damit er Gott, seinen Schöpfer, recht erkenne«.[19] »Bist du noch bei Trost?!«[20] Das heißt doch: »Bist du noch bei Verstand, hast du noch alle fünf Sinne zusammen?« »*Es tut unserem Verstand gut, Gott zu denken*«, sagt Eberhard Busch in seinem »Gespräch mit dem Heidelberger Katechismus«[21]. Wie wahr! In einer Zeit, in der an die Stelle von Gewissheiten Meinungen getreten sind[22], tut es not,

---

15 In diesem Sinne kann auch mit Eberhard Busch davon gesprochen werden, »daß der, der diese Fragen an uns stellt, erstlich und letztlich Gott und nicht irgendein Mensch ist« (Der Freiheit zugetan. Christlicher Glaube heute – im Gespräch mit dem Heidelberger Katechismus, Neukirchen-Vluyn 1998, 2).

16 Anders als bei der Ersetzung des »daß ich […] nicht mein, sondern meines getreuen Heilands Jesu Christi eigen bin« durch »daß ich […] nicht mir, sondern meinem getreuen Herrn und Heiland Jesus Christus gehöre« halte ich hier die Revision des »versichert« durch »macht gewiß« für theologisch und sprachlich gelungen.

17 Zur Gewissheitsthematik vgl. auch FA 44.73.77.78.86.

18 Karl Barth, Einführung in den Heidelberger Katechismus (ThSt 63), Zürich 1960, 3.

19 Zum Themenkreis »Erkennen«, »Wissen«, »Verstehen« vgl. darüberhinaus FA 19.21.27.37.47.65.94.115.117.122.125.

20 In der Anwendung auf den Heidelberger ist die Redewendung »(nicht) bei Trost sein« allerdings anachronistisch; belegt ist sie erst ab der Mitte des 18. Jahrhunderts (vgl. J. Grimm/W. Grimm, Deutsches Wörterbuch, 941f.).

21 E. Busch, Der Freiheit zugetan, 30.

22 Vgl. Peter L. Berger, An die Stelle von Gewissheiten sind Meinungen getreten, in: FAZ vom 07. 05. 1998, 14.

daran zu erinnern, dass mit FA 21 des Heidelberger wahrer Glaube »nicht allein ... ein herzliches Vertrauen«, sondern auch »eine zuverlässige Erkenntnis« ist. Sie merken, ich habe die Reihenfolge umgekehrt.

Mit dem Trost- und Gebetbuch[23] Heidelberger Katechismus haben nicht nur KonfirmandInnen verstehen gelernt, was sie glauben, sondern auch Schulkinder Lesen und Schreiben, ja das Lernen gelernt. Ganze Gemeinden haben sich durch gottesdienstliche Lesungen oder Lehrpredigten über den Heidelberger[24] unterweisen lassen, um über den Grund ihres Trostes Rechenschaft abgeben zu können, und mancherorts geschieht dies bis heute. Und nicht zuletzt ist der Katechismus ein dogmatisches Kompendium für die TheologInnen, die sich je neu selbst der Inhalte ihres Bekenntnisses zu vergewissern haben, bevor sie andere lehren.[25] PfarrerInnen sind InterpretInnen einer Tradition, die längst nicht mehr als selbstverständlich erlebt wird, die viele nicht mehr kennen, manchmal auch sie selbst nicht mehr. Darum müssen sie sich für ihr »Amt der Erinnerung«[26] die Tradition immer wieder neu aneignen.

So gehört es zum Trostcharakter des Heidelberger, dass er uns mit unseren unterschiedlichen Begabungen zu einer Lerngemeinschaft *verbindet, in der wir uns in einen »vernünftigen Gottesdienst« (Röm 12,1) im Alltag der Welt einüben können.*

III. »... daß ich [...] nicht mein, sondern meines getreuen Heilands Jesu Christ eigen bin« – oder: ein eigener Mensch werden

Der *eine* Trost, zu dem wir uns mit dem Heidelberger bekennen, ist kein Zustand, keine Sache und auch keine Person, also auch nicht Christus, wie dies oft zu lesen ist. Trost und Tröster sind nicht dasselbe bzw. derselbe. Der Trost, von dem FA 1 spricht, ist ein Geschehen, genauer: eine *Beziehungsgeschichte*; und es geht dabei um eine Rechtsfrage, wiederum genauer: um ein Eigentumsrecht, und beides hängt eng zusammen. Ob ich getröstet bin oder nicht, entscheidet sich hier daran, wohin, ja wem ich gehöre, wem ich zueigen bin.[27] Und die Alternative, die der Heidelberger an dieser Stelle

---

23 Siehe dazu vor allem Gottfried W. Locher, »Das vornehmste Stück der Dankbarkeit«. Das Gebet im Sinne der Reformation nach dem Heidelberger Katechismus, in: EvTh 17 (1957), 563-578.

24 Vgl. das Vorwort des Kurfürsten zum Heidelberger (in: Bekenntnisschriften und Kirchenordnungen der nach Gottes Wort reformierten Kirche, hg. von Wilhelm Niesel, Heft 3a: Ecclesiarum Belgicarum Confessio 1561 / Kirchenordnung der Kurpfalz 1563 (mit Heidelberger Katechismus), bearbeitet von H. Klugkist Hesse und Wilhelm Niesel, München o.J., 30f.).

25 Zu dieser Polyfunktionalität des Heidelberger vgl. etwa Joachim Staedtke, Entstehung und Bedeutung des Heidelberger Katechismus, in: ders., Reformation und Zeugnis der Kirche. Gesammelte Studien, hg. von Dietrich Blaufuß, Zürich 1978, 213-225, bes. 220-225; E. Busch, Der Freiheit zugetan, 13-15.

26 A. Grözinger nennt das Pfarramt als »Amt der Erinnerung« ein »profiliert intellektuelles Amt« (Die Kirche – ist sie noch zu retten?, 139).

27 Vgl. dazu oben Text 10.

aufmacht, muss mindestens ebenso provozieren wie die Rede von einem einzigen Trost: Trost ist,»*daß ich … nicht mein, sondern meines getreuen Heilands Jesu Christi eigen bin*«. Mir selbst enteignet sein – was für ein Trost?! Wo bleiben da meine Freiheit, meine Eigenständigkeit, meine Selbstbestimmung, meine Selbstverwirklichung?

Doch bevor ich protestiere, möchte ich zu verstehen versuchen: Warum könnte das der einzige Trost sein, nicht mir, sondern Christus zu gehören? Aus den Folgesätzen, die diesen Hauptsatz entfalten, entnehme ich drei Trostmotive:

Zunächst: Dass ich Jesus Christus gehöre, ist Folge einer *wechselseitigen* Zueignung und darin der eine Trost. Der, dem ich zueigen bin, hat sich zuvor mir selbst zueigen gemacht und mich ihm darin zugeeignet. Darum kann ich ihn auch *meinen* Heiland nennen. Am Anfang der wechselseitigen Zugehörigkeit steht die Gabe eines anderen, die mir zugute kommt, der Lebenseinsatz, die freiwillige Lebenshingabe Jesu. *Sie* ist gemeint, wenn der Heidelberger sühnetheologisch vom (teuren) Blut oder vom *einmaligen* Opfer des Leibes Jesu spricht.[28] Ich gehöre Christus, indem er mir gehört. Die Wahrnehmung verändert sich also: Klingt das »nicht mein eigen« nach Enteignung und Beraubung, so kommt nun als erstes die *Gabe* in den Blick, die ich empfange.

Für die Beziehung zwischen Christus und uns begegnen im Heidelberger verschiedene Zuordnungsfiguren: so, um nur einige zu nennen, das Bild vom Leib und den Gliedern (wir werden eingefügt oder eingepflanzt in den Leib Christi, mit seinem Leib vereinigt, in Christus einverleibt[29]); die Unterscheidung von Haupt und Gliedern[30]; die Geschwisterbeziehung[31] und – eindeutig am häufigsten – das Motiv der *Partizipation*: Nicht mir, sondern Christus gehören, heißt, Anteil und Gemeinschaft haben an Christus und allen seinen Gaben.[32] Jesu Christi eigen sein heißt begabt sein, Bereicherung statt Beraubung also.

Sodann: Dass ich Jesus Christus gehöre, ist Folge eines dramatischen *Befreiungskampfes* oder – in der Sprache des Heidelberger – Folge der Erlösung und darin der eine Trost. Christus hat »mich aus aller Gewalt des Teufels erlöst«, darum gehöre ich ihm, darum kann ich ihn meinen *Heiland* nennen. Zueigen bin ich dem, der mich *befreit* hat aus der Gewaltherrschaft des Bösen, der Sünde und des Todes – jener Mächte und Gewalten, die hier in der prominenten Personifikation des Teufels[33] begegnen. Bei dieser Befreiungstat Jesu unter Einsatz seines Lebens geht es darum, dass Gott zu seinem Recht kommt (FA 12), dass die Gerechtigkeit Gottes sich durchsetzt. Als Schöpfer hat Gott Rechte, ein Recht auf seine Geschöpfe; er realisiert dieses Recht, indem er die, die er »wahrhaft gerecht und heilig« erschaffen

---

28 Vgl. dazu unten Abschnitt IV.
29 FA 20.32.70.76.80.
30 FA 49.50.51.55.
31 FA 33.35.49.
32 FA 51.53.55.57.79 u. ö.
33 FA 1.8.32.34.112.123.127.

hat (FA 6), wieder gerecht und heilig macht, ihnen Anteil gibt an seiner Gerechtigkeit und Heiligkeit.[34]

Gehöre ich Christus, weil und nachdem er mich aus einer gewaltsamen Abhängigkeit befreit hat, dann vermag auch deutlich zu werden, warum es nur trostlos sein kann, mir zu gehören. FA 1 entlarvt es als Selbsttäuschung zu denken, wir seien frei und ungebunden, könnten autonom über unser Tun und Lassen entscheiden, wenn wir uns gehörten. Uns zu gehören – so klärt uns der Heidelberger auf – heißt, an jene Mächte gebunden zu sein, die unser Leben vergiftet haben (FA 7), die uns unfähig gemacht haben, nach den Weisungen Gottes zu leben (FA 9), die uns angestiftet haben, Gott und Menschen zu hassen (FA 5). Der *eine* Trost im Leben und im Sterben desillusioniert.

Die Erlösung »aus der Gewalt des Teufels« ist eine Befreiung sowohl aus dem Zwang zur Selbstkonstituierung, Selbstrechtfertigung, Selbstbehauptung und Selbstverwirklichung wie aus der Neigung zur Selbsterniedrigung, Selbstverleugnung, Selbstaufgabe und Selbstzerstörung, kurzum: eine Befreiung aus der Sorge. »Sorge« – so Karl Barth – »ist der umfassende Ausdruck für das Dasein eines ungetrösteten Menschen.«[35]

Wenn ich Christus gehöre, gehöre ich keinem anderen, auch nicht mir selbst. Die Zueignung zu Christus entzieht mich der Verfügungsgewalt anderer, auch meiner eigenen. Mit ihr wird das Ende jeder Herrschaft von Menschen über Menschen, auch jeder Selbstbeherrschung, proklamiert. Besteht diese herrschafts*kritische* Pointe der Zugehörigkeit zu Christus nun darin, dass es dabei um die Zugehörigkeit zu dem *einen* HERRN geht? Der Heidelberger formuliert aber an dieser prominenten Stelle gerade *nicht*, »daß ich meines getreuen HERRN Jesu Christi eigen bin«, sondern dass ich meinem Heiland gehöre, dem, der mich rettet, heilt, bewahrt. Für viele Frauen (und nicht nur für Frauen) ist es unmöglich geworden, dass ihnen ein Herr zum Heiland wird, denn sie haben die Rede von HERRN im Himmel nicht als tröstliche Kritik, sondern als trostlose Legitimierung und Stabilisierung menschlicher, ja männlicher Herrschaft erfahren, mit den Worten des Heidelberger: als »Gewalt des Teufels«.

Nun konfrontiert uns FA 34 (im Zusammenhang der Auslegung des zweiten Artikels) aber doch mit der Anrede Jesu als Herr: »*Warum nennst du ihn ›unseren Herrn‹?*« Und die Begründung nimmt gerade jenes Befreiungsgeschehen auf, von dem in FA 1 programmatisch die Rede ist: »*Er hat uns mit Leib und Seele von der Sünde und aus aller Gewalt des Teufels sich zum Eigentum erlöst und erkauft, nicht mit Gold oder Silber, sondern mit seinem teuren Blut, indem er sein Leben für uns gab.*« Herr genannt zu werden, verdient demnach nur, wer Macht über Sünde, Tod und Teufel hat. Ausgeübt wird

---

34 FA 21 (»Vergebung der Sünden, ewige Gerechtigkeit und Seligkeit«). 37 (»Gottes Gnade, Gerechtigkeit und ewiges Leben«). 45.56.60 (»vollkommene Genugtuung, Gerechtigkeit und Heiligkeit«). 61.

35 Karl Barth, Die christliche Lehre nach dem Heidelberger Katechismus. Vorlesung, gehalten an der Universität Bonn im Sommersemester 1947, Zollikon-Zürich 1948, 24.

diese Herrschaft als Lebenshingabe. Und ihr Ziel ist die Befreiung, die Erlösung des Menschen. Welcher Mann verdiente diese Anrede?!

Ich schlage vor, dass wir an diesem Punkt unsere Sprache, die ja nicht nur Wirklichkeit abbildet und deutet, sondern auch neue Wirklichkeit schafft, zu korrigieren versuchen. Vielleicht würde es manchen Menschen wieder leichter fallen, den Heiland als den Herrn, und zwar als den einzigen Herrn zu erkennen und zu bekennen, wenn wir aufhörten, Männer als Herren anzureden ...

Die Zueignung zu unserem treuen Heiland Jesus Christus bringt uns, die Befreiten, in jene *Verbindlichkeit*, in der wir allererst eigene Menschen sein können, in der wir frei werden, »ich« zu sagen und »mein«, »mir«, »mich«. Zählen Sie einmal nach, wie häufig in den 129 Frageantworten des Heidelberger das Personalpronomen der ersten Person begegnet! Das ist kein Heilsegoismus, und hier wird auch nicht der Mensch auf Kosten Gottes allzu wichtig genommen.[36] Darin spricht sich vielmehr die Ich-Stärke, die Selbstachtung, das Selbstwertgefühl *des* Menschen aus, der nicht sich selbst, sondern Christus gehört.

Schließlich: Dass ich Jesus Christus gehöre, weckt in mir »Lust zu aller Gerechtigkeit« (FA 113), lässt mich meine »Gaben willig und mit Freuden zum Wohl und Heil der anderen gebrauchen« (FA 55) und ist darin der eine Trost. Befreit aus der Gewaltherrschaft des Bösen werden wir allererst wieder quicklebendig – ein neuer Mensch. Unser Leib und unsere Seele werden entgiftet (vgl. FA 7); aus der Beklemmung atmen wir auf; aus der Verkrümmung richten wir uns auf. Unser gebeugter, gebrochener Wille wird geheilt und darin gestärkt, wieder »nach allen Geboten Gottes zu leben« (FA 114). Bei allem Ernst des Elends und der Erlösung ist der Heidelberger auf einen freudigen, heiteren, ja sogar lustvollen Grundton gestimmt – und den verdanken wir dem begeisternden Wirken des Heiligen Geistes: Der Geist vermittelt uns nicht nur die Gaben Christi, sondern von ihm bewegt

---

36 In der soteriologischen Ausrichtung des Heidelberger, die mit einer expliziten Pneumatologie einhergeht, sieht K. Barth die »Gefahr des Anthropozentrismus, d.h. des Abgleitens in ein einseitiges Interesse am Menschen, sodaß Gott und die göttlichen Dinge bloß noch als Exponent menschlicher Erfahrung und menschlichen Erlebens erscheinen möchten« (Die christliche Lehre, 19). Wenn Barth gegenläufig zu dieser (möglichen) Tendenz daran erinnert, dass im Gottesbegriff des Heidelberger die Gnade Gottes aber dem Menschen gegenüber frei bleibe, und als Fazit festhält:»Der Katechismus redet gewaltig davon, wie Gott für den Menschen ist, aber man darf nicht vergessen, wie da umgekehrt zuerst der Mensch als für Gott in Anspruch genommen erscheint« (ebd.), dann geraten hier – aus Sorge um eine Anthropologisierung der Theologie – Anspruch und Zuspruch (noch dazu in dieser Reihenfolge!) in ein zeitliches *Nach*einander. Demgegenüber habe ich in Abschnitt 2 zu zeigen versucht, dass beim Einsatz mit der Antwort (statt mit der Frage) Zuspruch und Anspruch *in*einander liegen. In der Konsequenz davon sind auch *Offenbarungs*- und *Erfahrungs*theologie nicht als Alternative zu verstehen. Indem der Heidelberger durchgängig betont, dass die Wohltaten, die Gott dem Menschen in Christus zueignet, von jeder/jedem einzelnen (im Glauben) anzueignen sind, zielt er auf die subjektive Erfahrung der »Erlösung«. Ihr Inbegriff ist die Dankbarkeit des Menschen.

geschieht das Tun und Lassen derer, die nicht sich selbst, sondern Christus gehören, freiwillig, bereitwillig, von Herzen, mit Freude, ja mit Lust und Liebe.[37] Der Heidelberger traut dem Menschen viel zu, aber ohne ihn zu überfordern. Er traut uns zu, nach *allen* Geboten Gottes leben zu können (FA 9.114), aber *realistisch* räumt er zugleich ein, dass wir in diesem Leben »über einen geringen Anfang« nicht hinaus kommen werden (FA 114). Dieser Realismus lähmt jedoch nicht, sondern entlastet; er macht nicht gleichgültig, sondern motiviert, uns »unaufhörlich [zu] bemühen« (FA 115). Dass die großartige ZuMUTung nicht zur Überforderung wird, liegt darin begründet, dass der Heidelberger zu unterscheiden weiß, was Christi und was unser Job ist. Er lässt uns nicht – und hier greift selbst frau zu einem militärischen Bild – an einer Front kämpfen, an der wir immer nur verlieren können, an der nur Gott gewinnen kann, weil es an dieser Front um einen Kampf auf Leben und Tod, um die Entmachtung der Sünde und des Todes geht. FA 113 kann uns gerade deshalb »Lust zu *aller* Gerechtigkeit« machen, uns also ein in *jeder* Hinsicht gerechtes Tun zutrauen, weil uns zuvor die Gerechtigkeit Christi zugeeignet worden ist, ohne dass wir sie uns verdienen mussten oder hätten verdienen können.[38] Weil ich mich nicht selbst rechtfertigen muss und nicht selbst gerecht machen kann, habe ich den Rücken frei, mich um so mehr für die Durchsetzung der Gerechtigkeit Gottes in unserer Welt zu engagieren. Wir erinnern uns: Trost macht getrost und trotzig.

Am eindrücklichsten kommt für mich das Zutrauen in die Lebendigkeit des Menschen, der Christus gehört, in der Entsprechung von FA 31 »*Warum wird er Christus, das heißt ›Gesalbter‹ genannt?*« und FA 32 »*Warum wirst aber du ein Christ genannt?*« zum Ausdruck. In Analogie zu den prophetischen, priesterlichen und königlichen Aufgaben des Messias Jesus von Nazareth, zu seiner Wahrnehmung der Institutionen Israels, sind wir als ChristInnen aufgrund unseres Namens ProphetInnen, PriesterInnen, KöniginInnen. Indem wir an den »Ämtern« Jesu teilhaben, sind uns messianische Aufgaben übertragen. Wir selbst können messianisch handeln – »zum Wohl und Heil« unserer Mitmenschen (FA 55) und zur Ehre des Namens Gottes (FA 99 u. ö.). Und messianisch ist ein Tun, in dem die Gerechtigkeit und die Barmherzigkeit Gottes gleichermaßen zum Zug kommen, genauer: in dem sich die Gerechtigkeit Gottes als Barmherzigkeit realisiert.

---

37 Vgl. FA 6.52.55.58.89.90.113.124.126.
38 Das heißt aber nun nicht, dass die *Aktivität* des Menschen erst mit dem gerechten Tun beginnt. Auch wenn die Erlösung aus der Gewalt des Teufels ohne menschliche Mitwirkung geschieht und Christus uns die Gerechtigkeit Gottes ohne unser Zutun erwirbt, so entspricht es doch der soteriologisch-pneumatologischen Profilierung des Heidelbergers, dass er immer wieder unsere *Rezeptivität* hervorhebt. Und Rezeptivität ist nicht *Passivität* – auch dann nicht, wenn unser Glaube, in dem wir uns die Gaben Gottes aneignen (FA 60.61), Werk Gottes ist, weil ihn der Geist in uns weckt.

Die Partizipation an den prophetischen, priesterlichen und königlichen Rechten und Pflichten Christi heißt aber nicht, dass wir genau dasselbe tun müssen oder tun können wie er oder dass wir gar das, was Christus schon getan hat, noch einmal und je neu wiederholen müssten. Entsprechung ist nicht Identität. Zeigen möchte ich dies an den Zuschreibungen des priesterlichen Amtes:

IV. Unser Leben als lebendiges Dankopfer – oder: keine Wiederholung des Opfertodes Jesu!

»*Herzliche Freude in Gott durch Christus haben und Lust und Liebe, nach dem Willen Gottes in allen guten Werken zu leben*« – so anziehend beschreibt FA 90 das Leben des neuen Menschen, der sich den einen Trost gefallen lässt, sich diese Wohltat nimmt und gönnt und – getrost lebt. Das ist Auferstehung mitten im Leben. Wer könnte sich der Attraktivität dieses neuen Lebens noch entziehen (wollen)? Beim Blick auf die Gebote Gottes nicht länger verzweifeln müssen, weil ich's doch nicht schaffe, weil ich viel zu viel schuldig bleibe, weil ich immer wieder am selben Punkt scheitere ... Die Weisungen Gottes nicht länger als erdrückende Last verspüren, sondern mit ihrer Hilfe die Spielräume der wiedergewonnenen Freiheit entdecken; zu sehen und mich zu freuen, dass mir manches glückt – wie fragmentarisch auch immer, ja dass ich selbst »gegen die Sünde und den Teufel [zu] streite[n]« vermag (FA 32)[39] und dabei nicht zwangsläufig eine Niederlage einstecke. Auf ein so gedeutetes »von Herzen willig und bereit [sein], ihm [...]zu leben« (FA 1), kann ich mich getrost einlassen.

Doch der Heidelberger spricht noch eine andere Sprache – die *Opfersprache*, christologisch und anthropologisch: Durch den Opfertod Christi aus der Gewalt der Sünde befreit, können »wir uns ihm zu einem lebendigen Dankopfer hingeben« (FA 43).[40] Muss nicht spätestens hier der Trost in Trostlosigkeit umschlagen? Die Opferkategorie ist ja längst kein unschuldiger Begriff mehr – gerade in Theologie und Kirche nicht. Nach der Opfertheologik: wenn der Kreuzestod Jesu ein gottgewolltes und gottwohlgefälliges Opfer ist, dann kann Nachfolge des Gekreuzigten auch nur heißen, sich Gottes Opferforderung zueigen zu machen, sich Jesu Opfergang zum Vorbild und sein eigenes Kreuz auf sich zu nehmen – nach dieser Opfertheologik wurde das befreiende Wort vom Kreuz zu einer Opferbotschaft pervertiert. Die fehlende Unterscheidung im Deutschen zwischen dem religiösen Opfer (»sacrifice«) und dem Opfer im Gegenüber zum Täter/zur Täterin (»victim«) trägt das Ihre dazu bei, dass im Opferbegriff immer eine religiöse Komponente mitschwingt, die jede Opferforderung theolo-

---

39 Der Streit gegen Sünde und Teufel macht den irdischen Part des königlichen Amtes der ChristInnen aus; er wird eschatologisch ergänzt durch die ewige Mitregentschaft mit Christus. Christologisch entspricht dem die Fürsorge Christi für die Erlösten: ihre Regierung mit Wort und Geist, ihr Schutz und ihre Erhaltung (FA 31).
40 Vgl. auch FA 32.

gisch zu legitimieren scheint. So haben auch christliche Opterideale reale Gewaltverhältnisse und menschenunwürdige Lebensbedingungen verschleiert. [41]

Ich kann und möchte nun an dieser Stelle keine grundsätzliche Erörterung der Sühnopferchristologie des Heidelberger bieten, noch dazu in ihrer problematischen Gestalt der Anselmschen Satisfaktionslehre, wie sie uns in FA 12-18 begegnet. Dazu bedarf es einen eigenen Vortrags. Ich möchte mich für heute auf die Entscheidung des Heidelberger einlassen, *sühne*theologisch vom Kreuzestod Jesu zu reden [42] – im Wissen darum, dass diese Deutung im Neuen Testament eine unter mehreren ist und keineswegs die einzig sachgemäße. Für unsere Frage nach Trost und Trostlosigkeit geht es mir nur um den *einen* Zusammenhang: Hat der Heidelberger Anteil am theologisch-kirchlichen Missbrauch des Opferbegriffs, indem er unter Berufung auf den Kreuzestod Jesu als Sühnopfer Opferforderungen an uns stellt?

Besteht nach FA 31 das hohepriesterliche Amt Jesu Christi darin, dass er *»uns mit dem einmaligen Opfer seines Leibes erlöst hat und uns alle Zeit mit seiner Fürbitte vor dem Vater vertritt«*, so entsprechen wir ihm nach FA 32 darin, dass wir uns *»ihm zu einem lebendigen Dankopfer hingebe[n]«*. Dass der Heidelberger nicht müde wird, vom *einmaligen* Opfer Jesu zu reden [43], ist ein erster unüberhörbarer Hinweis darauf, dass unser Dankopfer keine Wiederholung des Opfers Jesu sein kann und sein darf. Wenn Gott den grausamen Tod am Kreuz, der die letzte Konsequenz des Einsatzes Jesu mit Haut und Haar für die Gerechtigkeit Gottes in einer noch unerlösten Welt war, uns als *stellvertretende Sühne* für unsere Verfehlungen zugute hält, dann

---

41 Zu Recht fragt Sigrid Brandt darum: »Hat es sachlich und theologisch Sinn, von ›Opfer‹ zu reden?«, in: Opfer – theologische und kulturelle Kontexte, hg. von Bernd Janowski und Michael Welker, Frankfurt a. M. 2000, 247-281; vgl. dies., Opfer als Gedächtnis. Zu einem evangelischen Verständnis von Opfer, Münster 2000. Vgl. zum Folgenden Magdalene L. Frettlöh, Braucht Gott Opfer?, in: Ich glaube an den Gott Israels. Fragen und Antworten zu einem Thema, das im christlichen Glaubensbekenntnis fehlt (KT 168), hg. von Frank Crüsemann und Udo Theissmann, Gütersloh 1998, 49-54; dies., Eine fatale Lust an der Gewalt, in: Deutsches Allgemeines Sonntagsblatt 52/14 (2. April 1999), 20-22.

42 Es gibt ja mindestens zwei Möglichkeiten, mit einem missbrauchten Begriff umzugehen: Wir können ihn vermeiden, damit er nicht noch mehr Unheil anrichtet oder weil er in unseren Augen nicht mehr zu retten ist. Die Gefahr besteht aber, dass mit der Abschaffung des Begriffs das, wofür er inzwischen steht, unbenannt umso hartnäckiger weiterwirkt. Der Verzicht auf einen Begriff ersetzt nicht die Aufarbeitung seiner Missbrauchsgeschichte. Oder wir können an dem Begriff festhalten, müssen ihn dann aber neu besetzen bzw. seine ursprüngliche Bedeutung freilegen und jeweils transparent machen, in welchem Sinne wir ihn gebrauchen. Das macht zwar Mühe, aber ich halte es bis auf weiteres für den besseren Weg, weil zum einen mit dem missbrauchten Begriff auch die Erinnerung an die Opfer des Missbrauchs erhalten bleibt und weil wir andererseits die Definitionsmacht über zentrale Begriffe unserer Tradition nicht einfach anderen überlassen. Zu einer genderperspektivierten Revision des Sühnopfermotivs vgl. Magdalene L. Frettlöh, Der auferweckte Gekreuzigte und die Überlebenden sexueller Gewalt. Kreuzestheologie genderspezifisch wahr genommen, in: Das Kreuz Jesu. Gewalt – Opfer – Sühne, hg. von Rudolf Weth, Neukirchen-Vluyn 2001, 77-104.

43 FA 31.37.66.67.69.75 (einziges Opfer).80.

dürfen wir den Tod Jesu nicht zum Vorbild für christliche Opferexistenz erklären und ihn in eigenen Opferrollen nachzuahmen versuchen. Die Verwechslung von Stellvertretungs- und Vorbildchristologie steht am Ursprung des Missbrauchs der Opferkategorie. Was Christus für uns getan hat, müssen und dürfen wir nicht wiederholen. »*Wo aber Vergebung für die Übertretungen ist, gibt es keine Opfergabe mehr für Sünde*«, heißt es in Hebr 10,18. Wir leugnen die Vergebung, wir machen die Auferweckung zunichte, wenn wir im Namen des Gekreuzigten Opfer von anderen oder von uns selbst verlangen.

Und dennoch redet der Heidelberger – Röm 12,1 aufnehmend (FA 32.43) – vom »lebendigen Dankopfer«. Was ist damit gemeint, wenn es gerade nicht die Wiederholung des Opfertodes Christi ist?

In Röm 12,1f. tröstet und ermahnt – hier steht *parakalein* – Paulus die Gemeinde in Rom:

Aufgrund der Erbarmungen Gottes bringt eure Leiber Gott dar als lebendiges, heiliges, wohlgefälliges Opfer, als euren vernünftigen Gottesdienst. Und passt euch nicht dem Schema dieser Welt an, sondern lasst euch umgestalten durch Erneuerung des Sinnes, damit ihr beurteilen könnt, was der Wille Gottes ist, das Gute und Wohlgefällige und Vollkommene.

Eine Aufforderung zu leib- und lebensfeindlicher und weltflüchtiger Selbstaufopferung im Namen Gottes ist das gerade nicht. Wenn es so wäre, wie sollte der Heidelberger mit seiner auffällig betonten Theologie der Leiblichkeit, mit seiner wiederholten Erinnerung, dass es um den Trost für Leib und Seele[44], dass es um den ganzen Menschen geht, sich dann auf Paulus berufen können?! Vielmehr tröstet und ermahnt Paulus die ChristInnen in Rom, mit ihrer leiblichen Existenz, in ihrer ganzen Geschöpflichkeit und inmitten ihrer Weltbezüge den Willen Gottes zu verkörpern, Gott in dieser Welt leibhaftig zu machen. Das heißt aber gerade nicht, sich den zahllosen Opferforderungen, die zum Schema dieser Welt, zu ihren (vermeintlichen) Sachzwängen und Eigengesetzlichkeiten gehören, anpassen und ihnen Folge leisten. Nicht um selbsterniedrigende und selbstquälerische Aufopferung, sondern um die Einstimmung in den guten, den lebensförderlichen Willen Gottes geht es hier. Dabei können wir – wie Jesus – in Konflikt und Bedrängnis geraten, und wir werden zu prüfen haben, welches Opfer lebensförderlich sein kann und welches nicht. Und wir dürfen dabei nicht vergessen: *Gott* braucht dieses Opfer nicht. Sondern *wir* sind darauf angewiesen, dass Menschen – ungezwungen, »willig und mit Freuden« (FA 55) und im Wissen darum, dass sie ihr Leben mit allen seinen Begabungen Gott verdanken – füreinander einstehen, ihre Zeit, ihre Kraft, ihre Liebe investieren, ohne auf Gegenseitigkeit rechnen zu können. Diesen Lebenseinsatz nennt die Bibel ein Gott dargebrachtes *Dankopfer*. Der Heidelberger nimmt

---

44 Von »Leib und Seele« redet der Heidelberger in FA 1.11.26.34.37.69.75.109.121. In FA 57 (ältere Version) begegnet der Zusammenhang von »Seele und Fleisch«; in FA 125 von »Leib und Leben«.

das Motiv des Dankes auf und entfaltet es in seinem dritten Teil in der Auslegung des Dekalogs und des Unservaters. Ein lebendiges Dankopfer zu sein, kann an die eigene Substanz gehen, kann ausgenutzt und missbraucht werden. Gefordert werden darf es von niemandem. Es sind die Erfahrungen der »Erbarmungen Gottes« (Röm 12,1), es ist das Wissen um den einen Trost, was Menschen zu einem solchen »Opfer« bereit machen kann. Und nur wo es neuem Leben dient, wo es darauf zielt, dass kein Lebewesen in unserer Welt mehr viktimisiert wird, nur da kann es sich auf den Gott berufen, der keine Opfer will und braucht. Alles andere wäre ein unvernünftiger, ein unsachgemäßer Gottesdienst.

Nur wo wir die Rede des Heidelberger vom »lebendigen Dankopfer« in diesem Sinne verstehen, widerspricht sie nicht der herzlichen Freude, der Lust und Liebe, die mit dem neuen Leben verbunden ist. Nur so schlägt der Trost nicht in Trostlosigkeit um. Der Heidelberger schürt keine Lust am Opfer, sondern macht »Lust zu aller Gerechtigkeit« (FA 113).

Darum gebe ich zu bedenken, ob es nicht heilvoller wäre, die menschliche Dankbarkeit in die Sprache der Gabe zu kleiden, statt sie auf Opferbegriffe zu bringen. So könnte auch sprachlich die Differenz gewahrt werden zwischen der Deutung des Todes Jesu als Sühnopfer und unserer dankbaren Antwort darauf. In seinem dritten Teil redet der Heidelberger gerade nicht mehr vom Dankopfer, sondern in immer neuen Wendungen vom Tun des Willens Gottes.

V. *Mein* einziger Trost im Leben und im Sterben und der Trost der ganzen *Welt*

»Wo bleibst du, Trost der ganzen Welt,/ darauf sie all ihr Hoffnung stellt?/ O komm, ach komm vom höchsten Saal,/ komm, tröst uns hier im Jammertal.« singen wir klagend, sehnsüchtig fragend und bittend im Adventslied *»O Heiland, reiß die Himmel auf«* (eg 7,4). Im Heidelberger bekennt sich die Gemeinde Jesu Christi zu ihrem einzigen Trost im Leben und im Sterben, doch es kommt mir so vor, als würde sie es hinter verschlossenen Türen tun.[45] In der Auslegung der Versuchungsbitte des Unservaters gehört die Welt neben dem Teufel und unserem eigenen Wesen zu unseren »erklärten Feinde[n]«, die nicht aufhören, uns anzufechten (FA 127). Gewiss, es gibt hier und da ein paar Fenster nach draußen[46], aber selbst die prophetische Aufgabe, den Namen Christi zu bekennen (FA 32), scheint den geschützten Binnenraum der Gemeinde und nicht eine weltliche Öffentlichkeit zum Forum zu haben. Diese ekklesiologische Engführung mag weitgehend mit der Ent-

---

45 Vgl. K. Barth, Die christliche Lehre, 20: »Der Heidelberger hat eine Neigung, diese Wohltat zu beschränken auf die Christenheit, bzw. auf die Kirche. Ein etwas enges und leise egoistisches Verständnis der Kirche und des Christentums möchte sich hier durchsetzen.«

46 Nach FA 86 zielen unsere guten Werke nicht nur auf die Vergewisserung im Glauben, sondern »mit einem Leben, das Gott gefällt, [werden wir] unsern Nächsten auch für Christus gewinnen«. Der Weltbezug wird ausschließlich über einige der Bibeltexte hergestellt.

stehungssituation des Heidelberger Katechismus in der anhebenden Gegenreformation und mit seiner Verortung im liturgischen Teil der Kirchenordnung zu erklären sein. Mit Recht weist K. Barth darauf hin, dass der Heidelberger mehr als alle anderen lutherischen und reformierten Bekenntnisschriften »aus dem unmittelbaren Lebensbedürfnis einer *Kirche*« hervorgegangen sei.[47]

In einer Zeit, wo die Kirchen weit mehr von innen als von außen angefochten sind, können wir es *nicht* bei dieser Selbstvergewisserung der Gemeinde im Gegenüber zu einer bösen Welt belassen. Die synoptischen Evangelien sehen nicht die Kirche, sondern die Welt als Gleichnis des Himmelreiches.[48] Das hat Konsequenzen für das Verhältnis zwischen dem einzigen Trost im Leben und im Sterben und den vielfältigen Trostangeboten, denen wir uns heute gegenüber sehen:

Die Gemeinde Jesu Christi hat kein Troststiftungsmonopol. Um so mehr kommt es darauf an, dass sie auf dem Markt der Tröstungen den *einen* Trost, mit dem Menschen leben und sterben können, zu Gehör bringt, dass sie der Welt ihre eigene Botschaft nicht vorenthält, dass sie getrost und tapfer ihre »Lust zu aller Gerechtigkeit« (FA 113) in die Tat umsetzt. Mit keinem anderen, keinem geringeren Trost als dem, mit dem der Gott allen Trostes *uns* getröstet hat, sollen wir *andere* trösten (vgl. 2Kor 1,3f.). Doch das ist nur die eine Seite. Wenn die Welt gleichnis*fähig* ist für das Reich Gottes, dann können auch ihre Tröstungen *transparent* sein für diesen einzigen Trost. Immer wieder wird darauf hingewiesen, dass der Heidelberger – abgesehen von der inzwischen revidierten FA 80 – kein polemisches oder apologetisches Bekenntnis ist.[49] Wir haben keinen Anlass, die Trostangebote, die Menschen außerhalb der Kirche machen und in Anspruch nehmen, als schwachen oder falschen Trost zu verunglimpfen. Der Heidelberger hat uns Kriterien an die Hand gegeben, den wahren vom verlogenen Trost zu unterscheiden, die Vertröstungen – gerade auch die unserer eigenen Trostreden – zu entlarven. Es gibt keinen Plural von »Trost«, aber nichts spricht dafür, dass der eine Trost schon dadurch billig wird, dass er sich in eine Vielfalt von Tröstungen ausdifferenziert. Warum sollte uns die Alltagsweisheit »Die Zeit heilt alle Wunden.« nicht wirklich trösten können, hält der Gott allen Trostes doch unsere Zeiten in SEINER Hand (Ps 31,16)? Und auch aus einem »Trösterchen« mögen wir bisweilen Trost schöpfen können; schon die Psalmbeterin weiß ja: »*Der Wein erfreut des Menschen Herz*« (Ps 104,15).

---

47 K. Barth, Die christliche Lehre, 16.
48 Vgl. dazu Christian Link, Die Welt als Gleichnis. Studien zum Problem der natürlichen Theologie (BEvTh 73), München ²1982. Wenn wir in ZeitgenossInnenschaft mit der Welt (nicht in Anpassung an den Zeitgeist!) Gemeinde Jesu Christi sein wollen, dann können wir nicht so tun, als sei die Abwehr einer natürlichen Theologie unser vorrangiges Problem. E. Buschs Gespräch mit dem Heidelberger vermittelt durchgängig den Eindruck, als müssten wir immer noch die Kontroverse zwischen Karl Barth und Emil Brunner austragen.
49 Vgl. etwa G.W. Locher, Das vornehmste Stück der Dankbarkeit, 564.

Trost, das Grund- und Leitwort des Heidelberger Katechismus, zeigt an, dass das Schönste noch aussteht: Noch ist das Reich, in dem Gott alles in allem sein wird (1Kor 15,28), nicht vollendet (FA 123), noch ist es Verheißung, dass Christus uns »Anteil geben wird an seiner Herrlichkeit« (FA 57). Bis dahin beten wir mit der ersten Bitte des Vaterunser »*Geheiligt werde dein Name!*« darum, »dass wir unser ganzes Leben, unsere Gedanken, Worte und Werke darauf richten, dass [... Gottes] Name unsertwegen nicht gelästert, sondern geehrt und gepriesen werde«, wie es in FA 122 heißt. Nicht nur an dieser Stelle[50] spielt der Heidelberger auf Ps 115,1 an: »*Nicht uns, Adonaj, nicht uns, sondern deinem Namen gib Gewicht um deiner Güte willen, um deiner Wahrheit willen!*« Wie Gott selbst IHREM Namen Gewicht, Ehre, Glanz gibt, sagt der letzte Vers dieses Psalms, mit dem die BeterInnen versprechen: »*Wir aber, wir wollen Jah*[51] *segnen – von nun an und für immer: Hallelu-Jah!*«. Es ist ein aufregender, dramatischer Weg, der vom betonten »nicht uns, nicht uns« am Anfang des Psalms bis zu dem nicht minder betonten »wir aber, wir« an seinem Ende führt.[52] *Gott selbst* sorgt für die Anerkennung des eigenen Namens, indem *wir* ihn segnen. Die intensivste Form des menschlichen Gotteslobs, das Gottsegnen, wird in Ps 115 als Gottes *eigenes* Tun identifiziert. Denn – so könnten wir den Heidelberger hier einspielen – die BeterInnen, die sich zu diesem Gotteslob verpflichtet haben, sind die, die durch den Heiligen Geist dazu »von Herzen willig und bereit« gemacht worden sind.

Der Bewegung des 115. Psalms vom »nicht uns, nicht uns« zum »wir aber, wir« scheinen mir auch die drei Teile des Heidelberger Katechismus zu folgen: Der erste Teil (»Von des Menschen Elend«) spricht – um der Gerechtigkeit Gottes willen – ein deutliches und unüberhörbares »Nein« über die Sünde des Menschen. Der dritte Teil leitet unter dem Titel der Dankbarkeit dazu an, mit »Lust und Liebe« (FA 90) nach den Geboten Gottes zu leben und so dem Namen Gottes alle Ehre zu machen. Hier geht es um *unser* Tun und Lassen, das dem zugleich gerechten und barmherzigen Tun *Gottes* entsprechen soll. Im Befreiungshandeln Gottes, in der freiwilligen Lebenshingabe Jesu uns zugute und in seiner Auferweckung von den Toten, schlägt das »Nein« ins »Ja« um, wird aus dem »nicht uns, nicht uns« das »wir aber, wir«. Auch hier zeigt sich noch einmal, dass gerade *die* Menschen, die nicht sich selbst, sondern Gott zu eigen sind, um so bestimmter »wir« sagen können.

---

50 FA 128 bezieht Ps 115,1 auf die Doxologie des Unservaters, die darauf zielt, dass »nicht wir, sondern dein heiliger Name ewig gepriesen werde«.

51 Franz Rosenzweig nennt das Digrammaton »Jah«, das wir im »Halleluja(h)« unübersetzt bewahrt haben, den »Gott-Schrei« (»Der Ewige«. Mendelssohn und der Gottesname, in: ders., Zweistromland. Kleinere Schriften zu Glauben und Denken [GS III], hg. von Reinhold und Annemarie Mayer, Dordrecht u. a. 1984, 801-815, Zitat: 814).

52 Vgl. dazu Magdalene L. Frettlöh, Gott segnen. Systematisch-theologische Überlegungen zur Mitarbeit des Menschen an der Erlösung im Anschluss an Psalm 115, in: EvTh 56 (1996), 482-510; dies., Von der Macht des Segens. Sozialgeschichtliche Auslegung zu Psalm 115, in: JK 56 (1995), 638-641.

Wenn in das »Wir« des 115. Psalms, wenn in das Gotteslob Israels *alle* Menschen einstimmen können, dann ist Erlösung da. [53] Solange aber aus dem »wir« noch nicht ein »wir alle« geworden ist, solange der Name Gottes noch gelästert wird, weil Menschen und andere Geschöpfe weiterhin im Elend leben, solange können die, die an dem einen Trost im Leben und im Sterben festhalten *und* »dem Blick, der aufs Grauen geht«, standhalten, nur beides sein: *getrost* und zugleich – *untröstlich*.

---

53 Vgl. Franz Rosenzweig, Der Stern der Erlösung (1921). Mit einer Einführung von Reinhold Mayer und einer Gedenkrede von Gershom Scholem, Frankfurt a.M. ³1990, 279–282.

Buch des Lebens

Zur Identifikation und vieldeutigen Aktualität einer biblischen Metapher[1]

Die Bibel bezeugt eine differenzierte göttliche Buchführung. Es gibt mehrere himmlische Bücher von *eschatologischem* Gewicht.[2] Eines von ihnen ist das »Buch des Lebens«, das neutestamentlich unter diesem Namen ausdrücklich in Phil 4,3 und in der Johannesapokalypse im Zusammenhang der Visionen vom Jüngsten Gericht begegnet: als *biblion tês zoês* in Offb 13,8; 17,8; 20,12 und 21,27; als *biblos tês zoês* in Offb 3,5; 20,15. Der Sache nach ist von ihm auch in Lk 10,20 und Hebr 12,23 die Rede, wo es um die im Himmel aufgeschriebenen Namen der ChristInnen geht. In Ps 69,29 wird vom »Buch der Lebenden« (*sefär chajjim* – Ps 68,29 Septuaginta: *biblos zôntôn*) gesprochen; dem entsprechen sachlich 2Mose 32,32f. und Dan 12,1. Jes 4,3 kennt die Inskription in eine Jerusalemer BürgerInnenliste als Ausdruck der Gewissheit innergeschichtlichen Überlebens mit eschatologischer Perspektive.[3]

I. Das Buch des Lebens als himmlische Namensliste

Allen biblischen Hinweisen auf das »Buch des Lebens« ist gemeinsam, dass dieses Buch – im Unterschied zu anderen himmlischen Büchern, seien es (bereits pränatal bei Gott geführte) Tagebücher (vgl. Ps 139,16), Gesprächsprotokolle eines Gedächtnisbuches (vgl. Mal 3,16) oder Werkverzeichnisse (vgl. Dan 7,10; Jes 65,6; Offb 20,12) – offenbar »nur« Namen enthält[4], dass diejenigen, die namentlich in diesem Buch registriert sind und bleiben, dessen gewiss sein dürfen, dass ihr Leben in Ewigkeit bei Gott aufbewahrt ist,

---

1 Erstveröffentlichung in: Kleines fragmentarisches Wörterbuch zur biblischen Exegese und Theologie, hg. von Kerstin Schiffner, Klaus Wengst und Werner Zager, Stuttgart 2007, 58-71 (geringfügig überarbeitet).
2 Was ich hier nur thetisch nennen kann, habe ich andernorts ausführlich entfaltet und begründet: Magdalene L. Frettlöh, »Ja den Namen, den wir geben, schreib' ins Lebensbuch zum Leben.« Zur Bedeutung der biblischen Metapher vom »Buch des Lebens« für eine entdualisierte Eschatologie, in: Alles in allem. Eschatologische Anstöße. J. Christine Janowski zum 60. Geburtstag, hg. von Ruth Heß und Martin Leiner, Neukirchen-Vluyn 2005, 133-165.
3 Einen informativen Überblick über die biblischen und apokryphen Texte *himmlischer Namensregistrierung* bietet Rainer Stuhlmann, Das eschatologische Maß im Neuen Testament (FRLANT 132), Göttingen 1983, 131-145.
4 »Dieses Buch braucht nur *eines* zu sein, weil in ihm außer den Namen nichts verzeichnet steht« (Hans Blumenberg, Die Lesbarkeit der Welt, Frankfurt a.M. ²1983, 24).

147

sie im Jüngsten Gericht gerettet und an der Lebensfülle Gottes teilhaben werden. Die himmlische Bürgerliste verbürgt im Horizont apokalyptischer Erwartung – analog der Bürgerlisten der Civitas Romana[5] – Leben bei Gott als Mitgliedschaft in der Civitas Dei. »Wer nicht drinsteht, wird wie nicht gewesen sein.«[6] Die Erinnerung an dieses Buch will darum hier und heute »ernste Freude«[7] wecken (vgl. Lk 10,20).

Der bevorzugte liturgische Ort solcher Erinnerung sind jüdischerseits die Liturgien zu Rosch Haschana[8], christlicherseits seit der Alten Kirche die Taufliturgien[9]: Angesichts der Gefährdung und darum Schützbedürftigkeit geschöpflichen Lebens, wie sie an Säuglingen und Kleinkindern besonders augenfällig wird, versinnbildlicht die Eintragung der Eigennamen der Täuflinge ins Kirchenbuch ihr Eingeschriebensein bei Gott.[10] In Gestalt des Namens ist das Leben der Getauften bei Gott himmlisch geborgen, so dass ihm letztlich alle irdischen Bedrohungen nichts anhaben können. Das himmlische Lebensbuch ist damit ein Schutzbrief, der auf Erden getrost und widerständig macht gegen die Mächte des Todes. Mit eben diesem eingeschriebenen Namen, so lassen sich Jes 43,1 und Röm 4,17b systematisch-theologisch zusammenschauen, wird Gott einst die Verschiedenen aus dem Tod in ein Leben rufen, das keinen Tod mehr kennt. Der bei Gott archivierte Eigenname wird zum Bindeglied des Lebens diesseits und jenseits des Todes, mit ihm verknüpft sich die Wahrung von Kontinuität und Identität durch den Tod und die die Toten verwandelnde Auferstehung hindurch.

---

5 Vgl. dazu Leo Koep, Das himmlische Buch in Antike und Christentum. Eine religionsgeschichtliche Untersuchung zur altchristlichen Bildersprache (Theophaneia 8), Bonn 1952.

6 H. Blumenberg, Lesbarkeit, 23.

7 »Ernste Freude« verspricht für J. Christine Janowski eine »Entdualisierung der Eschatologie [...], die bis in alle Ewigkeit Spuren der Vergangenheit bzw. des gelebten Lebens festhält« (Warum sollte Gott nicht alle erlösen? Antworten auf einige Einwände gegen eine Allerlösungslehre, in: Gott wahr nehmen. Festschrift für Christian Link, hg. von Magdalene L. Frettlöh und Hans P. Lichtenberger, Neukirchen-Vluyn 2003, 277-328, 325).

8 Gebet für Rosch Haschana: »Gedenke unser zum Leben, König, der du Wohlgefallen hast am Leben, und schreibe uns ein im Buche des Lebens um deinetwillen, lebendiger Gott ...« (Sidur Sefer Emet. Mit deutscher Übersetzung von Rabbiner S. Bamberger, Basel 1982, 227). Awinu-Malkenu-Gebet: »Unser Vater, unser König, schreibe uns ein im Buche glücklichen Lebens! [...] schreibe uns ein im Buche der Errettung! [...] schreibe uns ein im Buche der Erhaltung und Ernährung! [...] schreibe uns ein im Buche der Verdienste! [...] schreibe uns ein im Buche der Verzeihung und Vergebung!« (ebd., 236). Musaf-Gebet: »Im Buche des Lebens, des Segens, des Friedens und gesegneter Erhaltung mögen wir bedacht und vor dir eingeschrieben werden, wir und dein ganzes Volk, das Haus Israel, zu glücklichem Leben und zum Frieden« (ebd., 248).

9 Vgl. das Vorkommen des Lebensbuch-Motivs in Taufliedern, etwa eg 206,5; 207,1; dazu den Überblick bei M.L. Frettlöh, Lebensbuch, 136-139.

10 »Mehr als einen Hauch von der himmlischen Buchführung werden Kirchenbücher, Melderegister und Paßämter verspüren lassen: Nur wer registriert ist, lebt oder hat gelebt« (H. Blumenberg, Lesbarkeit, 23).

Darin liegt die *eschatologische* Pointe der Namensnennung bei der Taufe, vielleicht des Eigennamens überhaupt.[11]

Das göttliche Buch des Lebens fungiert also zu irdischen Lebzeiten als ein bergender Schutzraum im Himmel für die, die auf Erden noch den Tod vor sich haben, aber – nicht selten gegen den Augenschein – auf die Todesmächtigkeit Gottes ihr Vertrauen setzen. Für die *Menschen* ist das Buch des Lebens in den Gefährdungen und Versuchungen geschöpflichen Lebens eine tröstend-trotzige *Vergewisserungs-*, für *Gott* dagegen ist es eine *Gedenkmetapher*.

Nun bringt Offb 20,12 wie kein anderer biblischer Text in einer Vision vom Jüngsten Gericht das »Buch des Lebens« in einen Zusammenhang mit anderen himmlischen Büchern:

Und ich sah die Toten, die großen und die kleinen, stehen vor dem Thron.
Und Bücher wurden geöffnet und ein anderes Buch wurde geöffnet,
das das [Buch] des Lebens ist.
Und die Toten wurden gerichtet aufgrund dessen, was in den Büchern
geschrieben ist,
[nämlich] nach ihren Werken.

Es ist die einzige biblische Stelle, die womöglich ein *funktionales Neben-* oder *Nacheinander* zweier Kategorien himmlischer Bücher, welche im Jüngsten Gericht aufgeschlagen werden, kennt und die gerade darum die Systematische Theologie besonders herausfordert: Die Namensliste des Lebensbuches wird unterschieden von den *zuvor* geöffneten Büchern, die als Werkverzeichnisse[12] identifiziert werden. Sie sind Maßstab des Gerichts nach den Werken (vgl. auch V. 13). In welchem Verhältnis aber steht das Lebensbuch zu diesen Werkverzeichnissen, das Eingeschriebensein ins Lebensbuch, das Lebensrettung garantiert, zum Gericht über die Werke? Welche Rolle spielt das Buch des Lebens im Jüngsten Gericht? Was bedeutet es, dass es als »ein anderes Buch« eingeführt wird? Bezieht sich seine Andersartigkeit nur auf einen anderen Inhalt: Namen der Erwählten statt Protokoll der Werke?

Am Ende seines Lexikon-Artikels »*biblion*« setzt Horst Balz die unterschiedlichen himmlischen Bücher von Offb 20,12 in Beziehung zueinander:

---

11 Auch für Paul Althaus gehört der Namensruf zu der allein von Gott gestifteten Kontinuität des Lebens diesseits und jenseits des Todes, die aus der Perspektive des Menschen dagegen durch völlige Andersheit gekennzeichnet ist:»Ich, dieser jetzige Mensch, werde von Gott aus dem Tode ins Leben gerufen; ich, nicht ein anderer. […] Das Ich, das Gott auferweckt, bin ich in der Ganzheit und Leibhaftigkeit meines Seins als der, den Gott […] bei dem einen und selben Eigen-Namen anredet. Diese Selbigkeit der Anrede bei meinem Namen […] ist die wahre Einheit meines Lebens, sein eigentlicher Zusammenhang, sein Kontinuum« (Die letzten Dinge. Lehrbuch der Eschatologie, Gütersloh ⁵1949, 119f.).

12 Zu Werkverzeichnissen als Gerichtsakten vgl. auch Jes 65,6; Dan 7,10 sowie äthHen 81,4; 89,62.70f.76; 104,7; 4Esr 6,20.

»[Offb] 20,12b.d werden vom Lebensbuch scharf die Gerichtsbücher (Plur.) unterschieden [...], in welchen nach der Tr[adition] die (bösen) Werke der Menschen für
das Endgericht festgehalten sind. Nach 20,12.15 sind die Bücher der Taten
allg[emeine] Basis des Richtens Gottes; wer aber in seinen Taten Gott nicht entspricht, ist auch nicht ins Lebensbuch aufgenommen und damit dem endgültigen
Tod verfallen.«[13]

Nach dieser Zuordnung gehören nur die Werkbücher, nicht aber das
Buch des Lebens zu den Gerichtsakten. Grundlage des göttlichen Richtens
sind die Aufzeichnungen menschlicher (Un-)Taten; das Lebensbuch dagegen »bekräftigt [...] den Glaubenden ihre Bestimmung zum Heil«[14], es
dient nicht selbst als Maßstab des Gerichts, hat nur dessen Ergebnis bereits
namentlich registriert. Balz geht, was den Ausgang des Jüngsten Gerichts
betrifft, von einer Kongruenz zwischen den Werkverzeichnissen und der
Namensliste des Lebensbuches aus: Zwar *verursachen* die guten, dem Handeln Gottes entsprechenden Taten der Menschen nicht ihre Aufnahme ins
Buch des Lebens – diese hat vielmehr ihren Grund in der Erwählung
Gottes –, aber »an ihrem eigenen Leben *erweisen* die Glaubenden, daß sie
im Lebensbuch stehen«[15]. Nach dieser Deutung steht das Buch des Lebens
im Schatten der Werkverzeichnisse; es hat keine eigene juridische Funktion und dient allein der Bekräftigung und Vergewisserung der Erwählten.
Gerichtsentscheidend sind die Werkbücher. Damit aber ist ein dualer Ausgang des Gerichts festgeschrieben. Und in der Tat verdankt sich diese
Unterscheidung von Lebensbuch und Gerichtsbüchern der Berücksichti-
gung jener biblischen Stellen, die entweder mit einem Auslöschen aus dem
Buch des Lebens oder gar einem vorgängigen und bleibenden Nichteinge-
schriebensein zu rechnen scheinen (vgl. 2Mose 32,32f.; Ps 69,29; Offb 3,5;
Offb 20,15; 21,27). Für die Erschließung der Funktion des »anderen Buches«
im Jüngsten Gericht sind diese Texte von nicht zu überschätzendem Gewicht. Darum werde ich exemplarisch 2Mose 32,32f. für die Deutung von
Offb 20,12 heranziehen, und fragen, ob diese Texte zwangsläufig im Sinne
einer dualen Eschatologie zu verstehen sind, deren letztes Wort – wie
im genannten Wörterbuch-Artikel – lautet: »dem endgültigen Tod verfallen«.

Zuvor aber soll die gegenwärtige Prominenz der Lebensbuch-Metapher
in den Blick geraten. Die vielgestaltige Wiederbelebung des Lebensbuch-
Motivs ist ja nicht nur aus der Perspektive der biblischen Lebensbuch-Tra-
ditionen kritisch zu würdigen, sondern die aktuelle Verwendung der Metapher wirkt ihrerseits auf die Lektüre der alten Texte zurück. Wie wird das
Lebensbuch heute identifiziert und welche Gründe gibt es für die breite
Rezeption dieser biblischen Metapher in der Gegenwart?

---

13 Horst Balz, Art. »*biblion* Buch(rolle), Schrift, Schriftstück«, in: EWNT 1, Stuttgart
   u.a. ²1992, 523f.
14 Ebd., 523.
15 Ebd. (Hervorhebung M.L.F.).

II. Gegenwärtige Identifikationen des Buch des Lebens

Wer eine Internet-Suchmaschine, die ja als eine Art online-Wörterbuch funktioniert, nach der ursprünglich biblischen Metapher vom »Buch des Lebens« befragt, sieht sich mit einer erschlagenden Vielzahl aktueller Referenzen und Identifikationen konfrontiert.[16] Ein Großteil davon lässt sich – abgesehen von einer bunten Vielfalt esoterischer, insbesondere astrologischer Belege und neben dem Verständnis der Bibel als Buch des Lebens[17] – jedoch rasch unter wenige Kategorien subsumieren:
(1) Am häufigsten begegnet die Lebensbuch-Metaphorik als Bezeichnung des sequenzierten und »entschlüsselten« menschlichen Genoms. In diesem Zusammenhang suggeriert die Metapher, dass es sich bei der DNA um einen *Code* handelt, der wie Sprache funktioniert, um eine Schrift, einen autorInnenlosen *Text*, der entziffert, gelesen und nach eigenen Wünschen und Vorstellungen umgeschrieben werden kann. Die Wissenschaftshistorikerin und Molekurbiologin Lily E. Kay (1947-2000), die von 1993 bis 1997 im Rahmen des US-amerikanischen Human-Genome-Projects die Entschlüsselung der menschlichen DNA begleitete, hat in ihrem Buch »Das Buch des Lebens. Wer schrieb den genetischen Code?«[18], das sich wie ein Krimi liest, nachgezeichnet, wie erst in der Zeit des Kalten Krieges die Sprache des *Informationsdiskurses* der Kybernetik in die Molekurlarbiologie einwanderte, wie es zur Vorstellung vom genetischen *Code* und seiner Identifikation als Buch des Lebens kam. Nirgendwo ist die *Totalitätsdimenion* der Lebensbuch-Metapher so greifbar wie in der remystifizierenden Rede vom Genom als Buch des Lebens, als neuer »Heiliger Schrift«, die die biblische Offenbarung ablöst und eine »zweite Schöpfung« verheißt. Die DNA ist zur »religiösen Ikone«[19], eher noch: zum religiösen Idol avanciert. »Die Genforschung«, so zitiert Thomas Assheuer in seinem nüchtern-kritischen

---

16 So listet etwa google, je nach Recherchetag, zwischen 60.000 und 85.000 Belege auf.
17 2003, im »Jahr der Bibel«, wurde die Bibel – im Rahmen von Ausstellungen und Tagungen, in Radioandachten und Werbeanzeigen, Vorträgen und Publikationen – geradezu inflationär als »Buch des Lebens« bezeichnet, wobei oft ein nicht spezifizierter Lebensbegriff begegnet. Ich führe hier exemplarisch eine EKD-offizielle Stimme an: »Die Bibel ist das Buch des Lebens. Wer die Bibel liest, liest im Buch des Lebens. Die Bibel ist Gottes Lebens- und Liebesgeschichte mit den Menschen. Diese Geschichte hat Zukunft. Wer die Bibel liest und versteht, hat mehr vom Leben« (Michael Schibilsky, Einbringung des Kundgebungsentwurfs zum Schwerpunktthema: Bibel im kulturellen Gedächtnis auf der 2. Tagung der 10. Synode der EKD in Trier, 2.-7. November 2003, zitiert nach: www.ekd.de/print.php?file=/synode2003/einbringung_bibel.html).
18 Originalausgabe: »Who wrote the Book of Life? A History of the Genetic Code«, Stanford University Press 2000. Aus dem Amerikanischen von Gustav Roßler, Frankfurt a.M. 2005. Siehe auch schon H. Blumenberg, Lesbarkeit, 372-409: »Der genetische Code und seine Leser«.
19 Volker Lehmann, Genom sei der Name des Herrn. Regelkreise und Zirkelschlüsse: Der Aufstieg von Biologie und Informationswissenschaften zum metaphorischindustriellen Komplex, in: Süddeutsche Zeitung vom 23. Dezember 2000, zitiert nach: www.europeanmedia.de/Volker/a4.html.

ZEIT-Artikel »Die neue Genmystik« [20] die euphorischen Huldigungen, »sei keine wissenschaftliche, sondern eine metaphysische Sensation, die uns endlich eine Totaldeutung aller Phänomene erlaube, eine Gesamtinterpretation der menschlichen Kultur«. Die Interpretation des Genoms als Buch des Lebens steht im Dienst einer umfassenden Kontrolle und Steuerung des Lebens, einer uneingeschränkten Lesbarkeit der Welt, allemal wenn das Genom nicht nur deskriptiv als biologische Grammatik, sondern präskriptiv als Handlungsanweisung aufgefasst wird.

Als Gordon Lightfoot in den 70ern des letzten Jahrhunderts »If you could read my mind« sang und Daliah Lavi in der deutschen Version des Songs fragte »Wär ich ein Buch zum Lesen, welche Art von Buch wär ich?«, ging es im einen Fall um die Schwierigkeit, vielleicht gar Unmöglichkeit, den Anlass oder die Gründe für eine in die Brüche gegangene Liebe zu kommunizieren (»I don't know, where we went wrong«), im anderen Fall um die Treue »bis zum letzten Wort«. Die Lektüre des aufgeschlagenen Buches, das die Lesenden (einst oder ein Leben lang) füreinander waren, steht nicht im Dienst von Kontrolle und Manipulation, sondern des Verstehens, des Interesses, der Liebe, denen sich allererst das ansonsten verschlossene Buch öffnet. Der Wunsch nach Lesbarkeit des eigenen Lebens auch zwischen den Zeilen, nach Entschlüsselung auch der unausgesprochenen Gedanken und Gefühle mit den Augen des/der Liebenden, das Verständnis des eigenen Lebens von der Buchmetapher her ist in der Liebeslyrik eine Frage des Vertrauens, nicht der Bemächtigung. Wird das menschliche Genom als Buch des Lebens identifiziert, ist dagegen aus der biblischen *Vergewisserungs-* und *Gedächtnis*metapher eine *Verfügungs*metapher mit theologischen Weihen geworden.

(2) Sodann fungieren biographische Texte unterschiedlicher Couleur von mehrbändigen Monographien bis hin zu Tagebuchnotizen unter dem Titel »Buch des Lebens«. [21] Eine der ambitioniertesten unter den so betitelten Autobiographien sind die bei Vandenhoeck & Ruprecht erschienenen dreibändigen Memoiren des jüdischen Historikers Simon Dubnow (1860-1941) [22], die – mit einem hohen Anspruch auf Authentizität und unter Verwendung unterschiedlichster Gattungen (Briefe, Tagebuchaufzeichnungen, Pamphlete, Essay ...) – nicht nur individuelle Lebens- und Bildungsgeschichte bieten, nicht nur die Geschichte jüdischer Kultur in Russland

---

20 Die ZEIT Nr. 28 (2000); zitiert nach: http://zeus.zeit.de/text/archiv/2000/28/200028.genmystik_.xml.
21 Die zahlreichen Werbeanzeigen, die Hilfen beim Schreiben einer eigenen Biographie anbieten, locken – explizit oder implizit – mit dem Versprechen, dass Menschen zu AutorInnen ihres eigenen Lebensbuches werden und damit vielleicht nicht nur die Interpretationshoheit über ihr Leben wahrnehmen, sondern Vergangenes auch um- und neuschreiben können.
22 Simon Dubnow, Buch des Lebens. Erinnerungen und Gedanken. Materialien zur Geschichte meiner Zeit, hg. von Verena Dohrn. Bd. 1: 1860-1903. Aus dem Russischen von Vera Bischitzky, Göttingen 2004; Bd. 2: 1903-1922. Aus dem Russischen von Barbara Conrad, Göttingen 2005; Bd. 3: 1922-1933. Aus dem Russischen von Vera Bitschitzky, Göttingen 2005.

und Deutschland erzählen, sondern einen großen Kommentar zur Geschichte der ersten Jahrzehnte des 20. Jahrhunderts überhaupt darstellen. Bedenkenswert dabei ist, dass diese Erinnerungen mit dem Jahr 1933 ihr Ende finden. Was seit 1933 geschieht, hat für Dubnow keinen Ort in einer Chronik, die den Titel »Buch des Lebens« trägt.

Andere der Gedächtnisarbeit verpflichteten Lebensbücher, die die eigene Lebenszeit, das Erlebte und Erlittene vor dem drohenden Vergessen bewahren oder dem bereits eingetretenen Vergessen bzw. dem schlichten (Noch-)Nichtwissen entreißen wollen, gehören ganz in den persönlichen und familiären Bereich, ohne dabei jedoch einer politischen Brisanz zu entbehren. Als ein besonders bewegendes Beispiel nenne ich hier die Lebensbücher, die aidskranke Frauen in Uganda für ihre noch kleinen Kinder schreiben, damit diese nach dem frühen Tod eines oder beider Elternteile von ihrer Herkunft erfahren, die Geschichte ihrer Familie kennenlernen, der Liebe und Fürsorge ihrer Mütter begegnen.[23] Ihr Gewicht und ihre eigentliche Bedeutung entfalten diese Aufzeichnungen also erst, wenn ihre AutorInnen bereits tot sind. Es sind Bücher des Lebens, insofern sie für die Aidswaisen ihre *verstorbenen* Mütter bzw. Eltern und mit ihnen die eigene Vergangenheit *lebendig* erhalten.[24]

Weniger der Erinnerung als vielmehr der Bewusstwerdung und Besinnung dient eine kirchlich-missionarische Aktion wie das diözesane Projekt »Buch des Lebens« der Diözese Rottenburg-Stuttgart im Vorfeld des 93. Katholikentages in Ulm 2003. Stand dieser unter dem Motto »Leben aus Gottes Kraft«, so sollten ein halbes Jahr lang persönliche »Geschichten vom Leben aus Gottes Kraft« gesammelt werden, die dann am Kirchentag in einem »Buch des Lebens« ausgestellt wurden.[25]

(3) Weitere Bücher des Lebens enthalten statt ausgeführter Lebensgeschichten »nur« Namen und kommen damit dem biblisch bezeugten »Buch des Lebens« am nächsten. Es sind Namenslisten, die – das ist der häufigere Fall – der Erinnerung an Tote dienen, sei es um sie im menschlichen Gedenken lebendig zu halten, sei es um auf dem Grund der Auferweckungshoffnung widerständisch zu bekennen, dass diese Toten nicht im Tod bleiben. Diese buchstäblich *namhaften* Lebensbücher – Namen sind ja auch in

---

23 Zum Memory Book Project als einem Symbol des Lebens vgl. Henning Mankell, Ich sterbe, aber die Erinnerung lebt. Mit einem Memory Book von Christine Aguga und einem Nachwort von Ulla Schmidt, Wien 2004. Den Hinweis auf dieses Buch verdanke ich Hildegard Schulze, Bochum.

24 Von ganz anderer Art ist das biographisch-pädagogische Projekt der Sprachlerntagebücher, grüne Ringbücher, die – wovon Annette Kögel im *Tagesspiegel* in seiner Ausgabe vom 17.06.06 unter der Überschrift »Buch des Lebens« berichtete – an die Kinder in Berliner Kindertagesstätten verteilt wurden, um ihre Lernfortschritte und Lerndefizite zu dokumentieren. Hier ist die Erinnerung didaktisch funktionalisiert. Das Nicht-Vergessen dient dem Anreiz der Lernsteigerung und bietet die Grundlage für Fördermaßnahmen (s. http://archiv.tagesspiegel.de/drucken.php? link=archiv/17.06.2006/2602819.asp).

25 Buch des Lebens. Geschichten vom Leben aus Gottes Kraft, hg. von Gebhard Fürst, Ostfildern ³2005.

diesem Fall nichts anderes als verdichtete Lebensgeschichten – sind das Gegenteil der schwarzen Listen, der Todeslisten, auf denen vor allem in Diktaturen die Namen jener notiert sind, die ermordet werden sollen.[26] In ganz unterschiedlichen Kontexten wehren solche Namensbücher dem Vergessen bis hin zur völligen Auslöschung von gelebtem Leben: So führen manche Kirchengemeinden ein Buch des Lebens mit den Namen aller verstorbenen Gemeindeglieder, eine Tradition, die nicht selten aus den Namenlisten der in den beiden Weltkriegen getöteten oder vermissten Soldaten erwachsen ist, wie sie in vielen Friedhofskapellen oder Kirchen ausliegen bzw. am Volkstrauertag ausgelegt werden, also eine Fortschreibung der sog. Gefallenenbücher darstellt. In anderen Gemeinden werden solche Namensbücher für bestimmte Gruppen, etwa für totgeborene Kinder, geführt. Hospize führen Bücher des Lebens mit den Namen der Menschen, denen hier ein würdiges Sterben ermöglicht wurde. Und nicht selten werden im Gottesdienst am Ewigkeits- bzw. Totensonntag aus eben diesen Büchern die Namen der Verstorbenen des zu Ende gehenden Kirchenjahres verlesen.

Das Beispiel des Buchs des Lebens in der Gebetskapelle der Klosterkirche Lippoldsberg[27] zeigt, dass solche Bücher sinnlich wahrnehmbare, handfeste Denkmäler sind, die nicht zuletzt der *vergewissernden Entlastung* der Trauernden dienen, indem sie einerseits die Erinnerung in die Veröffentlichung aufheben und alle LeserInnen des Buches einbeziehen, indem sie andererseits sichtbare Hinweise auf das bei/von Gott geführte himmlische Buch des Lebens sind, in dem die Namen auch dann aufbewahrt bleiben, wenn das irdische Lebensbuch unleserlich geworden ist. Eine ähnliche Funktion mögen Grabsteine in Buchform haben: Das Eingraviertsein der Namen der Verstorbenen in diese steinernen Lebensbücher verweist auf ihr Eingeschriebensein bei Gott.

Ein Komplement dieser Namenslisten-Lebensbücher, die dem Gedächtnis der ›lebenden Toten‹ gelten, ist die Auflistung der Namen von an Leib und Leben bedrohten Menschen, denen die Liste zum bergenden Schutzraum vor drohenden Gefahren wird. Wer eingeschrieben ist, dessen Leben ist (zumindest auf Zeit) bewahrt. Eine der berühmtesten von ihnen ist »Schindlers Liste«, jenes Namensverzeichnis von ca. 1200 jüdischen Männern und Frauen, das der sudetendeutsche Fabrikant Oskar Schindler von (aus dem Arbeitslager aufgekauften) jüdischen ZwangsarbeiterInnen anlegen ließ, die er durch die Beschäftigung in seinen Betrieben vor dem

---

26 Es kommt also alles darauf an, *wer* solche Namenslisten mit *welcher Absicht* führt bzw. in Händen hält. Im Besitz der Opfer bzw. ihrer Vertrauten können diese Todeslisten selbst wiederum zu Büchern des Lebens werden, indem sie die Erinnerung an die bereits Ermordeten und das ihnen widerfahrene Unrecht wach halten und so zu Anklageschriften an die Mörder werden. Einen solchen *Funktionswandel von Todeslisten zu Gedenk- und Anklagebüchern* zeigt etwa Sydney Pollacks Polit-Thriller »Die Dolmetscherin« (The Interpreter, USA 2005) mit Nicole Kidman und Sean Penn in den Hauptrollen – mit deutlichen Anspielungen auf die Person Robert Mugabes und die Situation in Simbabwe.

27 Siehe unter www.klosterkirche.de/raeume/gebetskapelle.

sicheren Tod in Auschwitz bewahrte. Das Buch von Thomas Keneally »Schindlers Liste«, dessen Verfilmung von Steven Spielberg die Geschichte Oskar Schindlers weltberühmt machte, trägt im Original den Titel »Schindler's Ark«: die Namensliste, das Lebensbuch als *Arche*.[28] Alle diese als Namensregister verfassten Bücher des Lebens verbindet, dass das Buch selbst für jene zum (Über-)Lebensraum geworden ist, deren Leben auf Erden gefährdet oder schon ausgelöscht worden ist. Eingeschrieben in das Buch des Lebens bleiben sie im Gedächtnis der LeserInnen dieser Lebensbücher lebendig, solange es diese Bücher gibt und Menschen, die sie lesen (können). Das himmlische Buch des Lebens hat nicht nur eine/n göttliche/n Autor/in, es hat auch eine/n göttliche/r Leser/in. Dies begründet nicht nur seine dauerhafte Lesbarkeit, sondern auch das Leben der Eingeschriebenen für immer. Welche Funktion kommt nun diesem göttlichen Lebensbuch im Jüngsten Gericht zu?

III. Das »andere Buch« als das »Buch des Lebens des Lammes«

Bei der juridischen Dominanz der Werkverzeichnisse über das Lebensbuch ist der Christus im Jüngsten Gericht offenkundig (fast) funktions- und arbeitslos. Gott richtet die Menschen nach ihren Werken und dieses Gericht stimmt im Resultat mit dem Befund des Lebensbuches überein: Wer Gott in seinem Tun nicht entspricht, findet sich auch nicht ins Lebensbuch eingeschrieben und ist somit dem endgültigen Tod ausgeliefert. Endgültiger Tod ist *annihilatio*, Rückgängigmachung der Schöpfung. Wie aber passt dies zur Verheißung Gottes »Siehe, ich mache *alles* neu!« (Offb 21,5), die auf eine Erlösung der Schöpfung, nicht aber auf deren Vernichtung zielt? Und wie lässt es sich denken, dass Menschen endgültig dem Tod ausgeliefert werden, wenn doch der Tod selbst als letzter Feind des Menschen (und Gottes!) vernichtet worden ist (vgl. 1Kor 15,26; Offb 20,14; 21,4)? Wird hier zwischen Tod und Tod unterschieden? Dann aber käme es doch zur Verewigung des »anderen Todes« (Offb 20,14) und mit ihm zur Verewigung der Ohnmacht Gottes gegenüber dem Tod (vgl. dagegen 1Kor 15,55-57). Auf den ersten Blick scheint das annihilatio-Modell ›humaner‹ als das ewiger Höllenstrafen, doch auch sein Preis wäre hoch: Gott verlöre einen Teil der (alten) Schöpfung, der nicht erneuert, sondern vernichtet würde. Das »alles« in Offb 21,5 wäre lediglich ein partielles. So oder so zeigt sich hier die folgenschwere *christologische Unterbestimmung* einer wie auch immer gearteten dualen Eschatologie.

Nun wird aber in Offb 13,8 und 21,27 das »Buch des Lebens« christologisch-soteriologisch, genauer: sühnopfertheologisch bestimmt als das »Buch des Lebens des (hingeschlachteten) Lammes«: Das Leben, das denen für immer zukommt, deren Namen bei Gott eingeschrieben sind, er-gibt

---

28 Noch unter ihrem Gegenteil ist die Erfahrung der rettenden Liste sichtbar, so in Paul Klees Ölbild von 1933 »Von der Liste gestrichen«, in dem er seine politische Ausgrenzung durch die Nationalsozialisten im Bild gesetzt hat.

sich aus der freiwilligen Lebens*hingabe* Jesu im Kreuzestod und aus der Auferweckung des Gekreuzigten von den Toten durch Gott. Das »Lamm«, das mit der Schöpferkraft Gottes den Sieg des Lebens über den Tod errungen hat, ruft die im Lebensbuch Registrierten in die göttliche Lebensfülle. Zu ihnen wird sich nach Offb 3,5 der Auferweckte öffentlich vor Gott und den Engeln bekennen.

So wird auch für Offb 20,12 davon auszugehen sein, dass es sich bei dem »anderen Buch«, das nach/neben den Werkverzeichnissen geöffnet wird, um eben dieses Lebensbuch handelt, das unlösbar mit der Geschichte des Gottes- und Menschensohnes Jesus von Nazareth und seiner stellvertretenden Lebenshingabe verknüpft ist. Offb 20,12 ist voller Leerstellen: Nur die Öffnung der Bücher und das Dass des Gerichts nach den Werken wird genannt. Keine Stellungnahme und Reaktion der auferweckten »Toten«, die gerichtet werden, keine ZeugInnenanhörung, kein Verteidigungsplädoyer, kein Urteilsspruch werden »geschaut«. Weder Gott noch Christus noch die Gerichteten kommen zu Wort. Es findet sich nur der abschließende Hinweis (V. 15), dass dem endgültigen Tod ausgeliefert wird, wer nicht im Lebensbuch steht. Doch wird jemand gefunden werden, der nicht ins »Buch des Lebens des Lammes« eingeschrieben ist?

Gewiss ist es gerade bei eschatologischen Aussagen geboten, den Mund nicht zu voll zu nehmen. Dennoch kann diese Gerichtsvision, die ohne Kommunikation auskommt, nicht das letzte Wort sein, denn »Gericht ist Gespräch«, wie Friedrich-Wilhelm Marquardt aus dem Gericht der Urgeschichte, nämlich dem Gespräch Gottes mit den Menschen und der Schlange in 1Mose 3, und dem Prozess Jesu auch für das Jüngste Gericht folgert[29], denn es ist das Gericht des biblischen Gottes, der »*ein fragender Gott sein kann*, nicht nur einer, der das Sagen hat und blindlings verfügen wollte«[30]. Die Auferweckung des Gekreuzigten ist der theologische Grund, mehr zu hoffen, als Offb 20,12 sagt.

Auch die einfache Gottesrede der Choräle und Kirchenlieder hofft auf ein kommunikatives Jüngstes Gericht und verbindet diese Hoffnung mit den himmlischen Büchern von Offb 20,12. So heißt es in dem der Sequenz »Dies irae, dies illa« nachgedichteten Lied »Es ist gewißlich an der Zeit ...« (eg 149):

»Danach wird man ablesen bald / ein Buch, darin geschrieben, /
was alle Menschen, jung und alt, / auf Erden je getrieben; /
da dann gewiß ein jedermann / wird hören, was er hat getan /
in seinem ganzen Leben« (eg 149,3).

Das sog. »Gericht über die Werke« lässt sich als die Begegnung des Menschen mit seiner Lebensgeschichte im Angesicht Gottes verstehen. Die Werkverzeichnisse und andere himmlische Bücher, die das, was gewesen

---

29 Was dürfen wir hoffen, wenn wir hoffen dürften? Eine Eschatologie. Bd. 3, Gütersloh 1996, 186 ff.
30 Ebd., 186.

ist, erinnern, werden im Jüngsten Gericht aus Medien der *Archivierung* zu Medien der *Kommunikation*. Ihre metaphorische Wahrheit besagt, dass bei Gott kein Moment unserer Lebensgeschichten vergessen ist, so dass Gott uns mit diesen konfrontieren kann. In den im Jüngsten Gericht aufgeschlagenen Büchern zu lesen, heißt, nun selbst der Wahrheit unseres Lebens zu begegnen, wie sie bis dahin nur Gott wahrnehmen konnte. Es bedeutet, dass Gott im Gespräch mit uns noch einmal auf alles, was uns widerfahren ist, was wir getan und unterlassen haben, zurückkommt. Die Öffnung der Bücher ist die Begegnung mit dem Gedächtnis, der Kraft der Erinnerung Gottes[31] – um der Zurechtbringung unseres Lebens willen. Nichts ist vergessen und übersehen, unbeachtet und ungeachtet geblieben, und nichts kann mehr verdrängt und verborgen, verschwiegen und geleugnet werden. Das wird eine Lektüre sein, bei der Freude und Schmerz, Trauer und Scham, Staunen und Entsetzen ineinander liegen.

Der Lieddichter Bartholomäus Ringwaldt befürchtet angesichts dieser Öffnung der göttlichen Gerichtsakten das Schlimmste und wendet sich deshalb an seinen himmlischen Anwalt:

»O Jesu, hilf zur selben Zeit / von wegen deiner Wunden, /
daß ich im Buch der Seligkeit / werd angezeichnet funden. /
Daran ich denn auch zweifle nicht, / denn du hast ja den Feind gericht' /
und meine Schuld bezahlet.

Derhalben mein Fürsprecher sei, / wenn du nun wirst erscheinen, /
und lies mich aus dem Buche frei, / darinnen stehn die Deinen, /
auf daß ich samt den Brüdern mein / mit dir geh in den Himmel ein, /
den du uns hast erworben« (eg 149,5-6).

---

31 Augustin hat in seinen Ausführungen zum Jüngsten Gericht der Öffnung der Bücher in Offb 20,12 große Aufmerksamkeit geschenkt; allerdings identifiziert er die Bücher, die dem Gericht nach den Werken zugrunde liegen, als die Bibel,»die heiligen Schriften des Alten und Neuen Testamentes [...] und an ihnen soll aufgewiesen werden, welche Gebote Gott den Menschen zu befolgen gegeben hat« (De civitate Dei XX,14; zitiert nach: Aurelius Augustin, Vom Gottesstaat. Buch 11 bis 22, München ²1985, 622). Das Lebensbuch dagegen bestimmt Augustin zunächst als »Buch des Lebens eines jeglichen«, das aber angesichts der Zahl menschlicher Lebensgeschichten kein wirkliches Buch sein könne, sondern Metapher für die von Gott beim Jüngsten Gericht im Gedächtnis jedes Menschen evozierte Vergegenwärtigung aller Momente des eigenen Lebens: »Es ist hier also an eine göttliche Kraftäußerung zu denken, die bewirkt, daß einem jeden seine Werke, die guten und bösen, ins Gedächtnis zurückgerufen und mit dem Blick des Geistes wunderbar schnell überflogen werden, so daß nun das Wissen vom Gewissen sei es beschuldigt, sei es entschuldigt wird und somit über alle und jeden Einzelnen gleichzeitig das Gericht ergeht. Diese göttliche Kraftäußerung heißt hier ein Buch. Was durch ihre Einwirkung erinnert wird, liest man gewissermaßen in ihr« (ebd.). Augustin nimmt also eine schwerwiegende Korrektur vor, indem er aus dem Buch *des* Lebens faktisch das Buch *der* Leben (nämlich aller je gelebt habenden Menschen) macht, damit aber zugleich die christologische Pointe tilgt, die Bücher im Plural neu interpretieren muss als Hl. Schrift und zudem noch jede Kommunikation im Gericht, sei es zwischen Gott und Mensch oder der Menschen untereinander, ausschließt:»Durch die Erinnerung wird jeder sein eigener Richter, liest in sich sowohl das Buch des Gesetzes als auch die Chronik seiner Handlungen« (H. Blumenberg, Lesbarkeit, 30).

Den Werkprotokollen steht das Buch des Lebens als das »Buch der Seligkeit« gegenüber. Auch dieses Buch ist Teil der Gerichtsakten: Es dient der Verteidigung und der Urteilssprechung, die nur ein *Freispruch* sein kann, weil das Gericht bereits stattgefunden *hat*, weil der Feind – die Sünde, der Teufel, die Hölle, der Tod – bereits gerichtet ist und die Schuld, mit der Menschen bei diesen lebensfeindlichen Mächten in der Kreide standen, bezahlt ist. Das namentliche Eingeschriebensein in dieses Buch verdankt sich demnach nicht eigenen menschlichen Werken, sondern allein dem Kreuzestod Jesu, der als stellvertretende Lebenshingabe den Freikauf aus der Schuldknechtschaft erwirkt hat. Mag das Gericht nach den Werken auch eine göttliche Verurteilung zur Folge haben, dann übernimmt – so die eschatologische *Gewissheit* des Lieddichters, die sich angemessen allein im Sprechakt der *Bitte* ausdrückt – Christus mit dem aufgeschlagenen Lebensbuch in der Hand die Verteidigung des Angeklagten. Warum aber sollte sich Gott an den Freispruch des Verteidigers halten, warum diesem und nicht dem Gericht über die Werke das letzte Wort lassen? Zur Beantwortung dieser Frage soll nun 2Mose 32,32f., die erste Erwähnung eines göttlichen Buchs im biblischen Kanon, als *Intertext* herangezogen werden:

Als sich Israel angesichts der langen Abwesenheit Moses am Sinai Götter aus Gold gemacht hat, will Israels Gott das eigene Volk vernichten, aber Mose zu einem großen (anderen?) Volk machen (2Mose 32,10). Gerade noch rechtzeitig hat Mose Gott davon abhalten können, sich in einer gegen Israel gerichteten Vernichtungsaktion, mit der Gott den einmal gegebenen Verheißungen und damit sich selbst untreu werden würde, zum Gespött anderer Völker zu machen (32,11-14). In einem zweiten Schritt versucht er nun, Gott selbst zum Tragen der Sünde des eigenen Volkes zu bewegen:

»Und nun, wenn du ihre Sünde trägst … Wenn aber nicht,
dann lösche mich doch aus deinem Buch, das du geschrieben hast, aus!«
Und Jhwh sprach zu Mose:
»Wer an mir gesündigt hat, den werde ich auslöschen aus meinem Buch«
(2Mose 32,32f.)

Moses Bitte als Angebot einer stellvertretenden Lebenshingabe im Sinne eines Sühnopfers für die Verfehlung seines Volkes zu verstehen[32], ist die häufigste, aber nicht die einzig mögliche Lesart dieser Stelle. Wenn der Fall eintreten sollte, dass Gott nicht bereit ist, seinem Volk selbst die Sünde abzunehmen – eine Sünde, die vielleicht zu groß ist, als dass Menschen sie überhaupt tragen können –, will Mose nicht *anstatt*, sondern *mit* seinem Volk aus dem Lebensbuch gelöscht werden. Mose will nicht ohne sein Volk überleben, wenn Gott nicht vergebungsbereit ist. Diese Offerte, die Mose Gott macht, ist zwar kein unmoralisches, aber ein in spezifischer Weise un*theo*logisches Angebot und eine theologische Provokation ersten Ranges.

---

32 Vgl. dazu etwa auch Dietrich Bonhoeffers autobiographisches Gedicht »Der Tod des Mose«, in: ders., Widerstand und Ergebung. Briefe und Aufzeichnungen aus der Haft, hg. von Christian Gremmels u. a. (DBW 8), Gütersloh 1998, 590-598.

Denn ihr Appell ist offenkundig: Wenn *ich*, Mose, nicht ohne mein Volk (über-)leben will, wie kannst *du*, Gott, dies wollen, wo doch dein Gottsein steht und fällt mit der von dir selbst erwählten Beziehung zu diesem Volk? Das ist die *Theo*logik der Bitte Moses, ihn aus dem Buch des Lebens zu löschen. Würde schon eine Vernichtung des *sündigen* Volks Gottes Gottsein tangieren, um wieviel mehr wäre dieses durch die Auslöschung eines *Gerechten*, der Mose in den Augen Gottes hier offenkundig ist, gefährdet! Lässt sich die Rolle des Anwalts Christus im Jüngsten Gericht nicht analog zum Eintreten Moses für sein Volk deuten? Wenn schon Mose sich – selbst durch Gott – nicht von seinem Volk hat trennen lassen, das er in die Freiheit geführt hat, wie könnte sich Christus scheiden lassen von den Menschen, für die er sein Leben gegeben hat! Würde Gott der in den Freispruch mündenden Fürsprache Christi widersprechen, widerspräche er der Auferweckung des Gekreuzigten. Denn:»Wer an mir gesündigt hat, den werde ich auslöschen aus meinem Buch« (2Mose 32,33). Wenn nämlich die Sünde derer, die an Gott gesündigt haben, stellvertretend getragen und gesühnt worden ist von dem, den Gott von den Toten auferweckt hat, würde mit deren endgültiger Verurteilung der stellvertretende Sühnetod Christi zunichte gemacht und wäre mit der Auferweckung Christi dem Tod nicht endgültig und für alle gültig der Stachel gezogen. Als Anwalt der Menschen wird Christus so gleichzeitig zum Anwalt Gottes und wiederholt die forensische Doppelrolle Moses – nun vor dem Forum des Jüngsten Gerichts. Trinitarisch gedacht wäre dies die letzte Auseinandersetzung zwischen Vater und Sohn um Leben und Tod, der letzte messianische Dienst Jesu, bevor Gott alles in allem sein wird (1Kor 15,28).

Das Buch des Lebens ist – so verstanden – eine Metapher für die unhintergehbare Anwaltschaft des auferweckten Gekreuzigten im Jüngsten Gericht, die die»Toten« zum ewigen Leben freispricht – ohne dass Gott selbst noch einmal in Revision gehen könnte oder auch nur wollte. Dass es Menschen geben mag, die sich diesen Freispruch nicht gefallen lassen, mag nach menschlichem Ermessen ein bedenkenswertes Problem darstellen. Im umsichtigen Kommunikationsereignis des Jüngsten Gerichts wird es sich klären. [33]

Die irdischen Bücher des Lebens, in denen hier und heute (gefährdetes oder bereits ausgelöschtes) Leben *auf Zeit* wie in einer Arche geschützt ist,

---

33 Die bisherigen Überlegungen gehen – eg 149 folgend – davon aus, dass der Freispruch aus dem Buch des Lebens *nach* dem Gericht über die Werke erfolgt. Dann würde die Agende des Jüngsten Gerichts der Reihenfolge von *Gesetz und Evangelium* folgen. Dagegen möchte ich hier zumindest fragen: Ist die Konfrontation mit der eigenen Lebensgeschichte im Jüngsten Gericht auszuhalten ohne den Blick in das geöffnete *andere* Buch? Mehr noch: muss die *Verlesung* dieses Buches des Lebens des Lammes nicht das erste (und letzte) Wort haben, damit Menschen überhaupt in der Lage sind, sich dem Gericht über die Werke, in dem Recht Recht und Unrecht Unrecht genannt wird, zu stellen? Ist nicht das geöffnete, für alle lesbare Lebensbuch des Lammes, das die je eigenen Lebensgeschichten ins Licht des Christusereignisses rückt, die Bedingung der Möglichkeit, ihnen *heilvoll* begegnen zu können, ihre Lektüre als *Erlösung* wahrzunehmen?

erweisen sich angesichts dieser eschatologischen Hoffnung als tröstend-trotzige *Hinweise* auf jenes himmlische Lebensbuch, das denen, die in es eingeschrieben sind, Leben *für immer* verbürgt. Anders als die entmetaphorisierende Rezeption des Lebensbuch-Motivs im Bereich der Genetik, die mit der gefährlichen Möglichkeit *menschlicher* Umschreibung des Codes, ja einer *zweiten Schöpfung* spielt[34], ist das »Buch des Lebens des Lammes« eine Metapher, die die *Erlösung* irdischen Lebens allein als in Christus sich ereignendes Tun Gottes erhofft: »... lies mich aus dem Buche frei«!

---

34 »Nicht länger als Metapher verstanden, war das chimärenhafte Buch des Lebens [...] zum Leitsymbol der Suche nach Bio-Macht geworden, nach genomischer Herrschaft, die von nun an ›DNA-Alphabetismus‹ und die Kontrolle des Worts voraussetzte. Es erweist sich als Schöpfung und Offenbarung zugleich« (L. E. Kay, Buch des Lebens, 420).

Die heilvolle Heimsuchung des Gottes Israels

Predigtmeditation zu Lukas 1,67-79 [1]

I. Die erinnerte Zukunft und erhoffte Vergangenheit der Heimsuchung Gottes – oder: vom Ort des Textes im Kirchenjahr

In der Adventszeit verknüpfen sich in besonderer Weise Erinnerung und Erwartung. Als Zeit der Erwartung des uns *entgegenkommenden* Gottes ist der Advent zugleich eine Zeit der Erinnerung an den uns immer schon *zuvorgekommenen* Gott. Im Advent verschränken sich die Zeiten, die *chronologisch* unumkehrbar gegeneinander abgeschottet sind, *kairologisch* und öffnen sich damit füreinander. Das wehrt einer blinden Zukunftsgläubigkeit ebenso wie einer nostalgischen Verklärung der Vergangenheit, die beide in der Gefahr stehen, die Gegenwart zu überspringen, den Kairos des Hier und Heute zu verpassen. Im Advent leben heißt *geistesgegenwärtig* leben (V. 67). [2]

Die adventliche Verschränkung von Eingedenksein und Hoffnung nährt sich mit Lk 1,67-79 von einem Text, in dessen Zentrum das Lob *göttlichen Gedenkens* gesungen wird (V. 72f.). Wo Israels Gott sich auf die gegebenen Versprechen besinnt, da ist das Vergangene nicht einfach vergangen, da erschließt sich eine vertane Zukunft neu: Das Alter wird fruchtbar (V. 13.24f.57), Verstummte brechen in Gotteslob aus (V. 64.67); Erkenntnis der Rettung (V. 77a) wächst, wo Angst herrschte; erdrückende Sündenlasten werden abgenommen (V. 77b); ins finstere Todesschattenland bricht Licht ein (V. 79a) und die Schritte derer, die von Feindschaft und Hass bedrängt waren (V. 71.74), werden auf den Weg des Friedens gelenkt (V. 79b).

Dem Gedenken Gottes (doppelter Genitiv!) ist es »nicht um die Konservierung der Vergangenheit, sondern um die Einlösung der vergangenen Hoffnung [...] zu tun«[3]. Wo Gott gedenkt und dessen gedacht wird, bleibt Gott sich – rettend eingreifend – treu, steht zum gegebenen Wort und hält, was ER verspricht. Adventliche Erinnerung und Erwartung fließen im Lob der *Treue Gottes* zusammen.

---

1 Erstveröffentlichung in: GPM 61 (2006), 11-18 (deutlich erweitert).
2 Vgl. V. 15.35.41.80; 2,25.
3 Max Horkheimer/Theodor W. Adorno, Dialektik der Aufklärung. Philosophische Fragmente (Neuausgabe), Frankfurt a.M. 1969, 4.

Worauf sich Gedenken und Hoffen im Advent richten, bringt der Predigttext gleich doppelt auf den Begriff des göttlichen »Heimsuchens« (*episkeptesthai* – V. 68.78).[4]

»Heimsuchung« hat in unserem gegenwärtigen Sprachgebrauch keine gute Presse: Heimgesucht werden Menschen von Katastrophen und Krankheiten, von Feinden oder bösen Vorahnungen (und manchmal auch der sog. ›lieben Verwandtschaft‹); heimgesucht werden Länder oder Landstriche von Unwettern oder Erdbeben, Krieg oder Seuchen. Heimsuchung wird durchweg negativ als Unheil, Strafe, Gericht oder zumindest als Störung, Belästigung und eine Art ›Hausfriedensbruch‹ empfunden. In ihrer wörtlichen Grundbedeutung meint »Heimsuchung« zunächst schlicht »jemanden zuhause besuchen«. Heimsuchen ist ein *intensives Besuchen*, das auch die Bedeutung von »untersuchen«, »prüfen«, »mustern« sowie von »ansuchen« und »begehren« annehmen kann.[5] Für Martin Luther ist »Eyn heymsucher [jemand], der tzu den leutten geht und sihet, was yhn gepricht«[6]. Das hebräische Äquivalent *pqd* steht, wo es sich auf Gott bezieht, häufig für Gottes erbarmende Ankunft und gnädige Zuwendung.[7]

Für das adventliche Entgegenkommen Gottes ist »Heimsuchung« ein treffliches Wort: Es bezeugt zum einen, dass Gott die denkbar größte Nähe zu uns Menschen eingeht. Indem das Wort Fleisch und Gott Mensch wird, sucht Gott uns nicht nur in unseren Häusern aus Stein, sondern auch aus Fleisch und Blut, also in unserer geschöpflichen Leiblichkeit heim: »Gott ist im Fleische: wer kann dies Geheimnis verstehen?« (eg 41,4); »Schöpfer, wie kommst du uns Menschen so nah!« (eg 66,1). Eine adventliche Predigt über die Heimsuchung Gottes wird diese inkarnationschristologische Pointe nicht verschweigen.

Indem »Heimsuchung« aber neben zurecht bringender, heilender Nähe und umsichtiger Fürsorge auch Gottes Prüfung und Aufsicht mit einschließt, ist in diesem Wort zugleich Raum für den adventlich zentralen Aspekt der Bereitung und Buße, auch wenn dieser am ersten Adventssonntag nicht im Vordergrund steht. Hier gibt der Jubel über das machtvolle, weil aus der Not befreiende und rettende Kommen Gottes den Ton an.

---

4 In V. 68 steht »Heimsuchen« im Aorist, in V. 78 im Futur, was die Verknüpfung von Erinnerung und Erwartung verstärkt: Der Aorist kann sich darauf beziehen, dass Maria bereits mit Jesus schwanger ist, kann aber auch überhaupt den ›Besuchsdienst‹ Gottes in der Geschichte und Gegenwart seines Volkes Israel im Blick haben; das Futur blickt voraus auf die Geburt und die irdische Geschichte des Messias. Vgl. auch Lk 7,16.

5 Vgl. Jacob Grimm/Wilhelm Grimm, Deutsches Wörterbuch IV/2, Leipzig 1877, 857f.883.

6 WA 10,143,33f. Zur kirchenleitenden Aufgabe des »Heimsuchens« siehe Magdalene L. Frettlöh, Achtsame DRaufsicht – oder: das superintendere des Landessuperintendentenamtes beim Wort genommen, in: Die kleine Prophetin Kirche leiten. Gerrit Noltensmeier gewidmet, hg. von Martin Böttcher u.a., Wuppertal 2005, 67-91.

7 Dazu: Willy Schottroff, Art. *pqd*/heimsuchen, in: Theologisches Handwörterbuch zum Alten Testament II, München/Zürich ³1984, 466-486, bes. 476f.

II. Gott segnen mit geliehenen Worten – oder: vom Betenlernen in der Schule Israels

Das »Benedictus« des Zacharias ist ein Segen, eine dem Gott Israels geltende Benediktion, Eulogie oder Beracha. Darin begegnen wir der Grundgestalt jüdischen Gotteslobs.[8] Wo Menschen Gott segnen, geben sie jenen Segen, den sie selbst von Gott empfangen haben, an Gott zurück. Sie geben Gott, was sie nicht haben: »Ja [...] aus deiner Hand haben wir dir gegeben!« bekennt David paradox (1Chr 29,14). Das gilt auch und gerade für unser Gottsegnen. Wo wir das *brk* (hebr.) oder *eulogein* (griech.) ›nur‹ mit »loben« oder »preisen« verdeutschen, trifft dies zwar den *Sprechakt*, doch theologisch sagt es zu wenig: Diese Übersetzung verschweigt, dass Menschen an Gott tun können, was Gott zuvor an ihnen getan hat. Gottes Segen – das ist nicht nur der Segen, den Gott uns schenkt, damit wir ihn untereinander teilen, sondern auch der Segen, den wir Gott geben.

Besonders eindrücklich lässt sich dies außer in vielen Psalmen am Ende des Lukasevangeliums erkennen: Beim Abschied in Bethanien segnet Jesus, der selbst am Anfang des Evangeliums von Elisabeth (Lk 1,42) bereits pränatal im Bauch seiner gesegneten Mutter (Lk 1,28) und beim Einzug in Jerusalem (19,38; vgl. Mt 21,9; Mk 11,9f.; Joh 12,13; Mt 23,39; Lk 13,35) – die Erzählung vom Einzug Jesu in Jerusalem ist in der Matthäus-Fassung (Mt 21,1-11) das *Evangelium* des 1. Adventssonntags (und des Palmsonntags) – gesegnet worden ist, die JüngerInnen (Lk 24,50f.). Gesegnet kehren sie mit großer Freude nach Jerusalem zurück, sind allezeit im Tempel – dort nun ihrerseits *Gott segnend* (Lk 24,52f.). Der Segen Gottes legt sich wie ein Rahmen um das Lukasevangelium. Das Gottsegnen des Zacharias wie der JüngerInnen ist transparent für das segnende Gotteslob der lukanischen Gemeinde und jeder Gemeinde, die (auf) diesen Text hört.

Was hat es mit dem Gottsegnen, mit dem »Benedictus dominus« des Zacharias, das im kirchlichen Stundengebet zum Morgenlob gehört, auf sich? Achten wir auf die Grundregel jüdischer Segenspraxis: »Es ist dem Menschen verboten, von dieser Welt ohne Segensspruch zu genießen; wer von dieser Welt ohne Segensspruch genießt, begeht eine Veruntreuung« (Babylonischer Talmud. Traktat Berachot [=bBer] 35a) oder deutlicher noch: »Wenn jemand von dieser Welt ohne Segensspruch genießt, so ist dies ebenso, als beraube er den Heiligen, gesegnet sei Er, und die Gemeinde Israel« (bBer 35b). Diese Regel ergibt sich aus der Konfiguration zweier Psalmverse, die auf den ersten Blick widersprüchlich erscheinen: In Ps 24,1 – Psalm 24 ist der *Wochenpsalm* der ersten Adventswoche – heißt es: »Adonaj gehört die Erde und ihre Fülle, das Festland und die auf ihm wohnen.« Nach Ps 115,16 ist »der Himmel ein Himmel für Adonaj, aber die Erde gab

---

8 Zum Folgenden ausführlich: Magdalene L. Frettlöh, Theologie des Segens. Biblische und dogmatische Wahrnehmungen, Gütersloh (1998) [5]2005, 384ff.; dies., Gott segnen. Systematisch-theologische Überlegungen zur Mitarbeit des Menschen an der Erlösung im Anschluß an Psalm 115, in: EvTh 56 (1996), 482-510.

ER den Menschenkindern«. Wie kann das zusammengehen, dass die Erde Eigentum Gottes *und* der Menschen ist, denen Gott sie übergab? Die rabbinische Antwort ist verblüffend einfach: Ps 24,1 gilt *vor*, Ps 115,16 *nach* der Beracha. Gott segnend *aner*kennen wir Gott als Geber aller Gaben, die wir zum Leben nötig haben, und geben Gott Gewicht. Gott segnend *be*kennen wir, dass wir unser Leben nicht selbst machen und erhalten können[9], darum sind wir nie menschlicher als bei dieser intensivsten Form des Gotteslobs. Gott segnend *er*kennen wir, dass unsere Lebensmittel, wozu alles gehört, was wir nötig haben für ein gelingendes Leben, keine Eigenproduktion zu bedenkenlos eigenmächtigem Genuss, sondern unverfügbare Gaben zu ver*antwort*lichem Gebrauch sind. Der *gedanke*nlose Umgang mit ihnen wäre Raub an dem göttlichen Geber und denen, die bleibend die ersten AdressatInnen seiner Gaben sind, wäre Veruntreuung dessen, was anderen gehört.

Doch nicht nur der *Form* nach, sondern auch in der *Sache* nimmt uns das Benedictus des Zacharias ins Gebet Israels hinein. Das Benedictus ist – wie auch das Magnificat der Maria – eine Zitatcollage aus Worten der Psalmen, der Prophetie, der Tora, aus der rabbinischen Auslegung und jüdischen Gebetsliteratur, insbesondere den Benediktionen des »Schemone Esre Berachot«, des Achtzehn(bitten)gebets.[10] Neu ist ›nur‹ die Komposition und hier und da eine aktuelle lukanische Einfügung und Fortschreibung[11], womit die Tradition ins eigene Leben, in die eigene Gegenwart gezogen wird. Gebrauchstexte sind zum wiederholten Gebrauch da. Sie vermögen Sprache zu verleihen, wo Not stumm oder Freude sprachlos gemacht hat. Sie schenken Worte, wo eigene Worte fehlen. Nicht zufällig sind es vor- und eingegebene Worte, die Zacharias aus der Sprachlosigkeit heraus führen. Es gibt auch eine Überanstrengung durch Authentizität. Wir müssen nicht alles selbst erfinden, schon gar nicht beim Beten. Die biblischen Gebete, mit denen Generationen von BeterInnen ihr Leben vor Gott in die Sprache gerettet haben, nutzen sich nicht ab durch Wiederholung, sondern werden im Gegenteil reicher und hilfreicher, machen wir doch mit ihnen nicht selten die Erfahrung, wie sehr sich die Worte *anderer* für eine befreiende Aussprache der *eigenen* Situation *eignen*. Auch und gerade im Beten geht es darum, dass »wir mehr als wir selber«[12] werden.

---

9 Vgl. etwa Ps 103,2: »Segne, meine Kehle, Adonaj und vergiss nicht all' SEINE Wohltaten!«

10 Einen informativen Überblick über das traditionsgeschichtliche Material und den Entstehungsort des Benedictus bieten Joachim Gnilka, Der Hymnus des Zacharias, in: BZ NF 6 (1962), 215-238, und Heinz Schürmann, Das Lukasevangelium. Erster Teil: Kommentar zu Kap. 1,1–9,50, Freiburg u. a. 1969, 84-94.

11 Am auffälligsten ist die Wendung in V. 69, dass Israels Gott das Horn des Heils »erweckt« habe. Sonst wird das »Horn des Heils« aufgerichtet oder erhöht. *egeiren keras* nimmt die göttliche Erweckung eines Retters auf (vgl. Ri 2,16) und präludiert die Auferweckung Jesu von den Toten. »Durch das Verbum verliert das Bildwort vom Horn, das eine Macht sinnbildlich darstellt, weitgehend seinen bildhaften Charakter und wird fast zum Eigennamen für den Messias« (J. Gnilka, Hymnus, 221). Zu V. 70 vgl. Apg 3,21.

12 Fulbert Steffensky, Der alltägliche Charme des Glaubens, Würzburg ²2002, 9.

Wie kärglich wäre unser Beten, wenn wir uns an unseren eigenen Worten genügen lassen und uns mit uns selber begnügen müssten, wenn wir keinen Zugang zum erfahrungsgesättigten Schatz der Tradition hätten. Zacharias ist mit seiner Beracha-Collage der jüdische Vorbeter der christlichen Gemeinde. Wie sein Sohn Johannes mit dem ihm anvertrauten Umkehrevangelium (vgl. Lk 1,16f.), so bereitet Zacharias dem Messias den Weg, indem er Gott für dessen Ankunft segnet.

III. Das Gotteslob eines sprachlosen alten Mannes – oder: vom Mehrwert der Poesie

Das zweistrophige Gotteslob, das eine Eulogie (V. 68-75) mit einem prophetisch eingefärbten Geburtslied (V. 76-79) verknüpft, ist das erste, was der Priester Zacharias zu singen und zu sagen weiß, nachdem ihm sein mangelndes Vertrauen in die wunderbare Verheißung Gottes monatelang die Sprache verschlagen hatte (V. 20.22).[13] Dabei entfaltet die Eulogie die Notiz vom Gotteslob (V. 64), während das Geburtslied auf die verwunderte Frage der Leute:»Was also soll aus diesem kleinen Kind werden?«(V. 66) antwortet. Die Reihenfolge der beiden Strophen ist unmkehrbar: Der Anrede an den eigenen Sohn (V. 76) geht die Benediktion not-wendig voraus. Beide sind durch die von Gott erweckte messianische Rettergestalt (V. 69), deren Vorläufer Johannes sein wird (V. 76)[14], und durch viele Stichwort- und Motivbezüge[15] zu einer *Kompositionseinheit* verbunden.

Die Gestalt des alten Mannes Zacharias, der – trotz Betens (V. 13) – nicht mehr daran glaubte, dass Gott noch einmal Neues mit ihm anfangen könnte, lädt zur Identifikation[16] ein: sein *Alter*, die resignative Sorge, selbst für *Gottes* Möglichkeiten *zu alt* zu sein (eine Identifikationsfigur für alle, die in unserer Gesellschaft alt aussehen, weil sich ihre Hoffnungen, Sehnsüchte und Träume nicht erfüllen, weil sie augenscheinlich ohne Zukunft sind; für alle, die im Schatten stehen, deren Lebenskraft erschöpft ist, deren Lebensmut gebrochen wurde), sein *Verstummen* (gerade wo Vertrauen schwindet, wächst die Sprachlosigkeit, haben wir einander nichts mehr zu sagen, sterben mit der Kommunikation die Beziehungen ab), aber dann auch seine *Begeisterung* (V. 67), die ihn Gott segnen lässt und ihn prophetisch auskunftsfähig macht. Dem Gott Israels gilt sein erstes Wort, weil dieser ihm die Zunge gelöst hat, ihn vor Freude jubeln lässt (V. 64), weil Gott ihm und sei-

---

13 Im Vergleich zur Antwort Marias auf die Engelbotschaft merkt Karl Barth an:»Der Mann erweist sich also auch hier (wie in der Manoah-Geschichte Richt. 13,2f.) als der unbegabtere Partner des Engels«(Die Kirchliche Dogmatik. Bd. III/3, Zollikon-Zürich 1950, 590).

14 Vgl. Jes 40,3; Mal 3,1.

15 »Heimsuchen«V. 68.78;»Erbarmen«(*eleos*) V. 72.78;»Heil«/»Rettung«(*soteria*) V. 69.77; heilige Propheten V. 70 – »Prophet des Höchsten«V. 76;»Israels Gott«(V. 68) – »unser Gott«(V. 78).

16 Vgl. dazu die eindrückliche Predigt Eberhard Jüngels in: Unterbrechungen. Predigten IV, München 1989, 98-105.

ner Frau in aller Ausweglosigkeit Hoffnung und Zukunft geschenkt, sich ihrer beider und darüberhinaus ihres ganzen Volkes – Persönlich-Familiäres und Politisches liegen auch hier ineinander – erbarmt hat (V. 78). Zacharias hat am eigenen Leib die heilvolle Heimsuchung Gottes erfahren, von der er singt. Mit der *Erzählung* ist offenbar nicht alles gesagt. Die *Poesie* sagt mehr: »Die hinter diesem Abschnitt stehenden Verfasser wissen um das ›Mehr‹ des poetischen Bildes und gestalten den höchst bedeutsamen Lobgesang des Zacharias zu einem Text, der die in der Narration nur angedeutete Begegnung von Gott und Welt [...] formuliert.«[17] Dass eine Predigt über einen poetischen Text selbst Poesie sein muss, mag kaum der Begabung jedes Predigers, jeder Predigerin entsprechen (lieber ansprechende Prosa als anspruchslose Poesie!). Aber die Predigt wird, vom Hymnus herkommend, zum Hymnus hinführen, wird ihrerseits – auf die Gegenwart der göttlichen Geistkraft vertrauend – das Gotteslob evozieren wollen, dem sie *nach*sinnt. Als Predigt über eine Benediktion wird sie selbst ein Segen sein wollen – für Gott und die Menschen.

IV. Israels Gott ist treu – oder:
Gottes Selbstbindung an Bund und Verheißung

Die sich im Messiasereignis aktuell vollziehende Heimsuchung Gottes verdankt sich der *Treue* Gottes, die sich im göttlichen Eingedenksein der Bundesbeziehung[18] erweist: Gott hat sich an Israel gebunden, sich ihm verschworen.[19] In der Rettung der (je) gegenwärtigen Generation erweist Gott Erbarmen an den Vätern und Müttern (V. 71f.) – auch dies eine Verschränkung der Zeiten. Die Vergangenheit ist nicht einfach abgetan. Gottes Treue hält sie offen. Die Mütter und Väter Israels, denen Gott sein Wort gegeben hat, sind nicht tot; sie leben, weil Gott bei ihnen im Wort ist. Israels Gott würde sich selbst untreu, käme er diesen in Freiheit selbst gewählten Verbindlichkeiten nicht nach. Würde er wortbrüchig, vergäße er mit den gegebenen Versprechen auch sich selbst. Das ist die Vorgabe jedes Gebets, *dass Gott im Wort steht*, bei IHREM Volk und im Messias Jesus auch bei uns. Darum ist jedes Gebet auch ein Erinnern Gottes an die Abraham/Israel zugedachte Verheißung, worin die Völker von Anfang an eingeschlossen sind (1Mose 12,3b; 22,18).

Müsste – so zur »Erkenntnis des Heils« (V. 78) gelangt – nicht unser christliches Benedictus damit beginnen, dass wir Gott für Israel danken[20] und dafür, dass wir im Messias Jesus *mit*gesegnet sind mit Israel (vgl. Gal 3,13f.), *mit*hören dürfen auf das, was Gott Israel Verheißungsvolles und

---

17 Lukas Bormann, Recht, Gerechtigkeit und Religion im Lukasevangelium (StUNT 24), Göttingen 2001, 225.
18 Vgl. 2Mose 2,24; 3Mose 26,42; Ps 105,8; 106,45
19 Vgl. 1Mose 22,18-20; Mi 7,20; Ps 105,9; Jer 11,5.
20 Ausführlich: Magdalene L. Frettlöh, Doppelter Dank für Judah. Andenkende Notizen zu *zwei* Deutungen *eines* Namens, in: Kirche und Israel 21 (2006), 47-63.

Wegweisendes zu sagen hat?![21] Wäre Gott *Israel* nicht treu, wie könnten wir darauf hoffen, dass Gott *uns* treu sei?! So sollte ein Gottesdienst zu Lk 1,67-79 Israels Gott dafür segnen, dass ER im Messias Jesus *zuerst* SEIN Volk heimgesucht und erlöst, Israels gnädig gedacht hat. Erst von daher gilt Gottes messianischer Besuch *allen* Menschen, die im Dunkeln und im Schatten des Todes wohnen. Das Benedictus entspricht darin dem Gotteslob des Simeon, das die doppelte messianische Aufgabe Jesu besingt:»... ein Licht zu erleuchten die Völker und zur Ehre (*doxa*) deines Volkes Israel« (Lk 2,32).[22]

V. Das »Horn des Heils« – oder: die messianische Rettergestalt und Israels Gott

Israels Gott, dem die Benediktion des Zacharias Anerkennung und Gewicht verleiht, kann und wird sich sehen lassen (V. 79), und zwar gerade bei denen, die Schattenexistenzen führen, die – vielleicht nicht nur, was ihre eigene Zukunft betrifft – im Dunkeln tappen, die bedroht sind, gar in Todesangst leben. Israels Gott ist machtvoll – im treuen Gedenken, im Erbarmen, in der Befreiung aus Bedrängnis und Schuld. Irdisch leibhaftig erfahrbar wird diese Macht in der Gestalt des Messias, im von Gott für Israel und alle Völker erweckten»Horn des Heils« im Haus Davids (V. 69).

Erstaunlich behutsam spricht Karl Barth davon, dass es im Benedictus (wie im Magnificat) um eine *indirekte Identität* zwischen dem rettenden Erbarmen des Gottes Israels und der Geschichte Jesu von Nazareth gehe. Der Skopus dieser Hymnen sei die»von *Gott* in Treue gegen sich selbst und so in Treue gegen sein Israel vollzogene barmherzige, errettende Heimsuchung«. Die *sôtêria* (V. 69.77), die Zacharias besingt, ist das Heil des Gottes Israels selbst, für dessen errettendes und erhaltendes, bewahrendes und befreiendes Handeln Jesus als»unmittelbare[r] und schlechthin vollmächtige[r] Zeuge« komme. Jesus ist der königliche Mensch,»in welchem das neue Tun des treuen Gottes Israels an seinem Volk seine menschliche Entsprechung gefunden hat, in welchem jene göttliche Heimsuchung irdische Geschichte geworden ist«[23].

Mit Lk 1,68-79 ist *Advents*geschichte nach Inhalt und Form *Israel*geschichte. Auch dies kann ein Anlass sein, adventliche Freude und adventliche Buße (angesichts der Israelvergessenheit so mancher Advents- und Weihnachtsgottesdienste) miteinander zu verbinden. Das Kind, das im

---

21 Dazu: Jürgen Ebach, Hören auf das, was Israel gesagt ist – hören auf das, was in Israel gesagt ist. Perspektiven einer Theologie des Alten Testaments im Angesicht Israels, in: EvTh 62 (2002), 37-53; ders., Hören auf das, was Israel gesagt ist – hören auf das, was in Israel gesagt ist. Bibelarbeit zu 5. Mose 6, in: ders., In den Worten und zwischen den Zeilen. Eine neue Folge Theologischer Reden (Erev-Rav-Hefte. Biblische Erkundungen Nr. 6), Wittingen 2005, 40-56.
22 Zur Israelzentriertheit des Benedictus siehe die Predigtmeditation von Jürgen Roloff in: GPM 55 (2000/01), 7-15.
23 Karl Barth, Die Kirchliche Dogmatik IV/2, Zollikon-Zürich 1955, 204f.

Bauch der Maria heranwächst, wird Israels Gott nicht verdrängen, sondern ihm *entsprechen*. Ps 24 besingt als Wochenpsalm das Königtum Adonajs.

Das dem Psalm nachgedichtete Adventslied »Macht hoch die Tür« (eg 1), das Jesus als König willkommen heißt, ist jeweils in seinen *theo*logischen Strophenschlüssen daraufhin transparent[24]: »Das munus regium Christi dient der Restitution des Königtums Gottes.«[25]

Wenn das Benedictus des Zacharias das *machtvolle* Kommen des Messias – mit der hebräischen Bibel und der jüdischen Gebetsliteratur[26] – auf die Metapher vom »Horn des Heils« bringt, der das kraftvolle Horn des Wildstiers als Bildspender gedient hat, dann konterkariert diese Metapher dialektisch die kitschig-süßlichen Bilder vom Kind in der Krippe »in reinlichen Windeln« (eg 43,2). In einem bedürftigen Kind zur Welt kommend, hat Israels Gott die Macht, Menschen der sie unterdrückenden Hand von Feinden[27] und der Gewalt des Todes zu entreißen und die ins rechte Licht zu rücken, die im Schatten hausen. Der Advent, die Heimsuchung Gottes, hat als rettendes Kommen politische Implikationen, oder es ist nicht das Kommen des Gottes Israels, der will, dass SEIN Volk und die Menschheit IHM in Heiligkeit und Gerechtigkeit dienen (V. 75) und darin SEINEM eigenen Tun entsprechen. Die aus dem gewaltsamen, tödlichen Zugriff ihrer Feinde befreit sind, sollen auch vor Gott keine Angst haben, sondern IHR furchtlos und aufrecht dienen (V. 71.74).

VI. »Wie soll ich dich empfangen?« – oder: dem uns heimsuchenden Gott entgegengehen

Nicht unser, sondern *Gottes* machtvolles Tun besingt der Hymnus. Adventlich leben heißt darum zunächst, sich über die immer schon geschehene und auf die je neu Ereignis werdende heilvolle Heimsuchung Gottes freuen, neugierig, vielleicht gar ungeduldig diesen göttlichen Besuch erwarten und sich von ihm beschenken lassen. Auch Warten und Empfangen will gelernt sein. Die christliche Gemeinde ist weder selbst das »Horn des Heils« noch dessen prophetischer »Vorläufer«. *Ethische* Aspekte adventlicher

---

24 Die Schlusszeilen der fünf Strophen sind trinitarisch aufgebaut: »Gelobet sei mein Gott, mein Schöpfer reich von Rat.«/»…, mein Heiland groß von Rat.«/»…, mein Tröster früh und spat.«/»…, voll Rat, voll Tat, voll Gnad.«/»Dem Namen dein, o Herr, sei ewig Preis und Ehr.« – Der trinitarische Gottesname legt den unaussprechlichen Eigennamen des Gottes Israels, das Tetragramm, aus.

25 Friedrich-Wilhelm Marquardt, Das christliche Bekenntnis zu Jesus, dem Juden. Eine Christologie Bd. 2, Gütersloh 1991, 153.

26 Vgl. etwa Ps 18,3; 112,9; 132,17; 1Sam 2,1.10; 2Sam 22,3; Ez 29,21; 1Chr 25,5. Die 15. Benediktion des Achtzehngebets lautet (in der babylonischen Version): »Den Spross Davids, deines Knechtes, lass bald erstehen und erhöhe sein Horn durch dein rettendes Handeln. Denn auf dein rettendes Handeln hoffen wir den ganzen Tag. Gesegnet seist du, Adonaj, der das Horn der Rettung sprossen lässt.« Im Hawinenu-Gebet, der Kurzform des Achtzehngebets, heißt es: »Die Gerechten mögen sich freuen […] am Aufsprossen eines Horns für David, deinen Knecht, und an der Bereitung einer Leuchte für den Sohn Isai's, deinen Gesalbten.«

27 Zitate aus Ps 18,1.18; 106,10; 2Sam 22,18 in V. 71.

Existenz sind in diesem Predigttext kein Hauptthema, aber sie fehlen auch nicht.

Die erste Antwort auf die Heimsuchung Gottes, die ja, obwohl erinnert und erwartet, ihren unfassbaren, Staunen *und* Verwunderung, Hoffen *und* Bangen hervorrufenden Charakter nicht verliert (nicht zufällig ist der Engelgruß jeweils ein »Fürchte dich nicht!« – V. 13.30), ist die Benediktion. Im Gott segnenden Hymnus lassen Menschen Gott bei sich ankommen, begrüßen Gott als *wunder*baren Besuch, lassen sich von Gottes Kommen *betreffen* als Menschen, die »diesem Kommenden willig und bereit entgegensehen und entgegengehen; als irdische Kreaturen, die sich das ihnen Gesagte zu *eigen* gemacht haben, obwohl und indem sie nicht darauf gefaßt sind, daß das ihnen Gesagte wirklich kommen und geschehen könne, obwohl und indem es ihnen vielmehr im Fall des Zacharias höchst unwahrscheinlich, im Fall der Maria sogar unmöglich, in beiden Fällen als ein Wunder erscheint«[28]. Adventlich leben heißt, auf das Wunderbare hoffen und Gott segnen, wenn es eintrifft. Dass diese Hoffnung und ihre Erfüllung nicht ohne Ver*wund*ung abgeht, haben Zacharias und Elisabeth, Maria und Josef je auf ihre Weise erfahren.

Sodann käme alles darauf an, sich auf die *Bewegung* des uns heimsuchenden Gottes einzulassen: Kommt Gott zu uns, müssen wir uns keine eigenen Wege zu Gott bahnen. Gottes Kommen weist unseren Schritten die Richtung. Gott entgegengehend, beschreiten unsere Füße Friedenswege (V. 79). Da Gottes Heimsuchung Klarheit in unsere finsteren und zwielichtigen Lebenswelten bringt, müssen wir Gott nicht im Dunkeln entgegentappen und -stolpern, ist der Weg, den wir gehen sollen, hell erleuchtet – und zwar durch Gottes wegweisendes Wort selbst (vgl. Ps 119,105). Gottes Kommen zur Welt im »Aufstrahlen aus der Höhe« (V. 78) lässt uns ein Licht aufgehen. Mit dem Heil kommt zugleich die *Erkenntnis* des Heils (V. 77). Doch die mit der Ankunft Gottes verbundene Aufklärung ist kein schonungs- und gnadenloses Ans-Licht-Zerren alles dessen, was wir am liebsten verbergen würden. Sie ermöglicht uns vielmehr Lichtblicke, die uns die Welt und das eigene Leben mit Gottes Augen und damit in einem milden Licht sehen lassen, im Licht der Gnade. Dieses Licht braucht niemand zu scheuen.

Im Benedictus (V. 72.78) ist wie im Magnificat (V. 50.54) zwei Mal vom *Erbarmen* Gottes die Rede. Während das deutsche Wort »Barm*herz*igkeit« das Erbarmen im Herzen lokalisiert – wenn Gott sich erbarmt, nimmt er sich unsere Not und Schuld zu Herzen –, hat es in der biblischen Anthropologie seinen Ort im Innern des Unterbauchs, hier: in den Eingeweiden (*splagna*). Im Hebräischen haben »Erbarmen« (*rachamim*) und »Mutterleib« (*rächäm*) dieselbe Wurzel. Das göttliche Erbarmen ist der für die Geschöpfe entbrannte Mutterschoß Gottes.[29] Gottes *intime Leidenschaft* für sein Volk

---

28 K. Barth, KD III/3, 590.
29 Vgl. dazu Magdalene L. Frettlöh, Gott Gewicht geben. Bausteine einer geschlechtergerechten Gotteslehre, Neukirchen-Vluyn 2006, 247-327.

und für die Menschheit bringt Gott dazu, sich aus dem himmlischen Wohnsitz in irdische Lebensverhältnisse zu begeben, die Welt gnädig heimzusuchen und zu erhellen. Gottes Erbarmen zieht Gott in Mitleidenschaft, doch nicht so, dass Gott selbst im Leiden mit, an und in der Welt unterginge. Gott nimmt das geschöpfliche Leiden auf sich, um es zu überwinden. Gottes Erbarmen ruft Gottes Macht auf den Plan. Im Advent sehen und gehen wir keinem ohnmächtigen Gott entgegen!

»Das Zeitliche segnen«

Die Bedeutung des Seg(n)ens als *rite de passage* angesichts des Todes[1]

Wer mit Hilfe einer Internet-Suchmaschine sich kundig machen will, was es denn mit dieser Wendung »das Zeitliche segnen« auf sich habe, erlebt eine doppelte Überraschung: Das Vorverständnis, es handele sich hier um eine antiquierte, gegenwärtig kaum noch gebrauchte euphemistische, also schönfärbende Umschreibung für den Vorgang des Sterbens, wird durch eine kaum zu überschauende Vielzahl von *aktuellen* Belegen unterlaufen. Es ist erstaunlich, wie häufig auch heutzutage umgangssprachlich »das Zeitliche gesegnet« wird. Beim näheren Hinsehen und Sichten auch nur eines kleinen Teils der Belege stellt sich dann die zweite Verwunderung ein: In den seltensten Fällen sind es Menschen, auf die diese Wendung Anwendung findet. Eine Mehrzahl der ins Netz gestellten Adressen bietet Werbeanzeigen von Firmen und Geschäften, die entweder Reparaturen von kaputten Geräten offerieren oder eher gleich neue Produkte anstelle der unbrauchbar gewordenen an den Mann und die Frau bringen wollen. Wie umgangssprachlich meistens *das* seinen Geist aufgibt, was gar keinen hat, so sind es nicht Menschen oder andere *Lebe*wesen, die das Zeitliche segnen, sondern Dinge, von Menschen selbst hergestellte Produkte. Nur in Einzelfällen verweist die Internet-Recherche demgegenüber an kirchliche Angebote und theologische Texte, in denen es um Sterbe- und Trauerbegleitung, um eine Einübung in die Kunst des Sterbens für Sterbende *und* Zurückbleibende geht.

Ist unsere Alltagssprache auch in diesem Fall aufschlussreich, ja verräterisch? Ein Blick etwa in Röhrichs »Lexikon der sprichwörtlichen Redensarten« erinnert uns an die ursprüngliche Bedeutung der Wendung: Zum Stichwort »zeitlich«[2] findet sich dort eine ausführliche, mehrseitige Erörte-

---

1 Vortrag anlässlich der Tagung der Evangelischen Akademie Arnoldshain, der Ev.-luth. St. Paulsgemeinde Frankfurt a.M. und des Zentrums für Ethik in der Medizin am Markus-Krankenhaus Frankfurt a.M.:»Ars moriendi – Die Kunst des Sterbens« am 1. November 2003 in der Alten Nikolaikirche am Römerberg/Frankfurt a.M.; Erstveröffentlichung in: Ars moriendi – die Kunst des (gesegneten) Sterbens (Arnoldshainer Texte 128), hg. von Andrea Baumberger-Myers/Kurt W. Schmidt, Frankfurt a.M. 2004, 41-65. Dem Verlag Haag & Herchen, Frankfurt a.M. danke ich für die Abdruckgenehmigung des Textes.
2 Lutz Röhrich, Lexikon der sprichwörtlichen Redensarten. Bd. 5, Freiburg/Basel/Wien [5]2001, 1764-1769. Unter dem Stichwort »zeitlich« werden – ausgehend von »das Zeitliche segnen« – ausschließlich Redewendungen zu Tod und Sterben genannt. Heißt dies, dass die Besinnung auf die Zeit und das Zeitliche erst dann statthat, wenn kaum noch Zeit zu leben bleibt? Bedenken wir erst angesichts des nahe

rung über »das Zeitliche segnen« im Zusammenhang mit anderen umschreibenden Ausdrücken für Tod und Sterben: »*Das Zeitliche segnen* [… ist] eine seit der 2. H[älfte] des 17. Jh. belegte r[e]d[ens]a[rt]l[iche] Umschreibung, die von der alten Sitte ausgeht, daß der Sterbende sich auf den Tod vorbereitete und von der irdischen Welt, der ›Zeitlichkeit‹, Abschied nahm, indem er Gottes Segen auf sie herabwünschte. Der eigentlich Segnende ist also Gott, der dabei den für besonders wirksam gehaltenen letzten Wunsch des Sterbenden erfüllt.« Jörg Zink hat mit den folgenden Worten an den alten Sinn dieser Wendung erinnert:

»Es gibt ein schönes und wichtiges Wort, das unsere Voreltern gebrauchten,
wenn sie ein gutes Abschiednehmen meinten.
Sie sagten: Er oder sie ›segnet das Zeitliche‹.
Der Sinn dieses Worts ist uns verloren gegangen
mit vielem anderen, das kostbar gewesen ist.
Segen ist die Kraft, die Fruchtbarkeit bewirkt, Wachstum und Gedeihen.
Segnen heißt das Leben fördern und bejahen.
So segnet der Abschiednehmende sein vergehendes Leben.
Er segnet das Zeitliche und alles, was er geliebt hat.

Er schaut alles noch einmal dankbar und freundlich an.
Er wendet seine abnehmenden Kräfte den Zurückbleibenden zu
und gibt ihnen seine Liebe mit auf ihren Weg.
Er gönnt ihnen ihre weitere Zeit. Er wünscht ihnen Glück.
Er vertraut sie der Güte Gottes an.

So schließt er sein Leben in Liebe ab.
Und wird dabei zuletzt noch das Schönste, das er werden kann:
Ein Mensch, von dem Segen ausgeht.« [3]

Im gegenwärtigen Sprachgebrauch scheint nicht nur die *religiös-theologische* Dimension der Redewendung, ihr Gottesbezug, der vor allem im Begriff des »Segnens« aufleuchtet, verloren gegangen zu sein. Ebenso fällt auf, dass die Wendung den *interpersonalen* Bereich des menschlichen Handelns und Sprechens verlassen hat und in die Welt des homo faber, des herstellenden Menschen abgewandert ist. Das Segnen wirkt in der zur Floskel verkommenen Redewendung nicht mehr wie jedes menschliches Handeln *personifizierend* – ich greife hier auf das Verständnis des Handelns in Hannah Arendts philosophisch-politischem Hauptwerk »Vita activa oder Vom tätigen Leben« zurück[4] –, vielmehr bezeichnet es nun die *Funktionsuntüchtig-*

---

gekommenen Todes unsere Lebenszeit? Setzt überhaupt die Reflexion auf Zeit erst dann ein, wenn uns der »Umgang« mit ihr und unser Erleben der Zeit Probleme bereitet, sei es, dass uns die Zeit fehlt oder davonläuft, so dass wir keine Zeit haben, sei es, dass sie uns zu lang wird, so dass wir sie totschlagen müssen?

3 Zitiert nach: Deine Güte umsorgt uns. Segen empfangen und weitergeben. Gedanken, Segenswünsche und Gebete, ausgewählt und hg. von M. Schmeisser, Eschbach 1989, 90.
4 Hannah Arendt, Vita activa – oder Vom tätigen Leben, München [7]1992, 164ff.

keit und *Unbrauchbarkeit* von menschlichen Gebrauchsgegenständen. Die Redensart bedient die Zweck-Mittel-Relation der Dingwelt, stiftet aber keinen Sinn, erlaubt es nicht, Lebensgeschichten zu erzählen. Was nicht mehr funktioniert, hat seinen Wert verloren.

Lässt sich nun diese umgangssprachliche Sinnentleerung der Redewendung als ein Hinweis darauf lesen, dass auch die *Sache* selbst verkümmert oder gar ganz aus unseren alltäglichen Lebenswelten verschwunden ist? Ist es in einer Zeit, wo »plötzlich und unerwartet« und »für uns alle unfassbar« gestorben wird, wo Menschen jäh mitten aus dem Leben »gerissen« werden, wo das gelebte Leben allemal als zu kurz, abgebrochen und unvollendet erscheint – ist es in einer solchen Zeit unmöglich geworden, das Zeitliche zu segnen? Hat in einer Welt, in der Sterben und Tod zum lukrativen medialen Großereignis geworden sind, das Millionen von Zuschauern und Leserinnen in einer Art »Angstlust« konsumieren, die Vorbereitung auf den eigenen Tod keinen Platz mehr? Ist angesichts der publikumswirksamen Veröffentlichung des Todes und der schamlosen Zur-Schau-Stellung von Toten das individuelle Sterben um so einsamer geworden?

Ich möchte im Folgenden die Wendung »das Zeitliche segnen« beim Wort nehmen und sie von ihrem verbalen Element her, dem Segnen, in ihrer buchstäblichen und ursprünglichen Bedeutung erschließen. Was ist Segen eigentlich? Was geschieht uns, wenn wir gesegnet werden? Was tun wir selbst, wenn wir anderen Segen wünschen oder gar spenden? Die Fokussierung auf den Segensbegriff ermöglicht es, sowohl die Situation der Sterbenden als auch der Zurückbleibenden in den Blick zu nehmen. Während die Sterbenden mit dem Zeitlichen auch und gerade die Zurückbleibenden segnen, geht es beim Sterbe- und Totensegen um ein Handeln der Lebenden an den Sterbenden und Gestorbenen. Das Segnen angesichts des Todes ermöglicht ein *wechselseitiges* Abschiednehmen und Loslassen. Eine Einübung in die *ars moriendi* als einer sozialen und kommunikativ-sinnlich-somatischen Kunst muss die Sterbenden wie die Weiterlebenden im Blick haben. Sie sollte Anleitung nicht nur zu einem getrosten und gelassenen Sterben, sondern ebenso zu einem getrosten und gelassenen Sterben*lassen* sein.

Wenn ich versuche, die Wendung »das Zeitliche segnen« entgegen ihrer gegenwärtigen Verwendung vom *Segnen* her zu verstehen, kehre ich damit nicht nur zur personal-kommunikativen Grundbedeutung des Ausspruchs zurück. Die Deutung vom Segensmotiv her lässt auch fragwürdig werden, ob es sich hier wirklich um eine euphemistische, also schönfärbende und die wahre Realität von Tod und Sterben verhüllende Redensart handelt. Gegenüber der Identifizierung ihres Wortlauts als euphemistische Rede möchte ich in sieben Schritten zeigen, dass das, wovon sie spricht, nämlich die *Segens*rituale zwischen Sterbenden und Weiterlebenden den Tod gerade nicht verdrängen und tabuisieren, sondern bewusst gestaltete Abschiede *im Angesicht des Todes* sind, die die Gewalt, den Schmerz und die Härte des Todes nüchtern und realistisch, ungeschönt und ungeschminkt wahrnehmen helfen, ihm aber zugleich nicht das letzte Wort lassen.

I. Am Anfang: ein Bild und eine Erzählung – der Jakobssegen

Die Wendung »Das Zeitliche segnen« hat sich kaum irgendwo so nachhaltig eingebildet wie in Rembrandts Gemälde »Der Segen Jakobs« von 1656[5], das seit einiger Zeit wieder in der Galerie Alter Meister in den Staatlichen Museen Kassel auf Schloss Wilhelmshöhe zu sehen ist. Rembrandt hatte sich bereits in mehreren Zeichnungen um eine Interpretation der Erzählung in 1Mose 48 bemüht, bevor er – übrigens im Jahr seines finanziellen Ruins, seiner völligen Zahlungsunfähigkeit – dieses Gemälde schuf. Es lebt aus seiner biblischen Vorgabe und steht zugleich in Spannung zu ihr, genauer: es löst deren Spannung und Konflikte in einer versöhnlichen, friedlichen, lichtvollen Abschiedsszene, in der der Sterbende und die Zurückbleibenden aufmerksam einander zugewandt sind.

Es ist kein äußeres Licht, das diese Szene erhellt; sie leuchtet von innen heraus. Ihre Lichtquelle ist die Segenshandlung des alterschwachen, kranken und erblindeten Jakob. Der Segen lässt es auf diesem Sterbebett licht/Licht werden. Er schafft überhaupt erst den *Raum* dieses Gemäldes, sein Bildraum ist ein Segensraum. Die Segensgeste Jakobs lenkt unsere ganze Aufmerksamkeit auf sich. Gestützt von seinem Sohn Joseph richtet sich der Erzvater mit beinahe letzter Kraft und mit großer Anstrengung auf, um sich seinen beiden Enkeln Ephraim und Manasse, den Söhnen Josephs, zuzuwenden. Seine rechte Hand liegt, von Joseph gehalten, auf dem Kopf eines blonden Jungen, während die Finger seiner Linken am Kopf eines dunkelhaarigen Jungen zu sehen sind. Dieser schaut als einziger aus dem Bild heraus, während alle anderen Personen mit leicht geneigtem Kopf ganz auf das Segensgeschehen hin orientiert sind. Die entgegenkommende Haltung, die Zuneigung Josephs, seiner Frau Asenath und des von der Rechten Jakobs gesegneten Jungen unterstreicht noch das Gewicht des zum Segnen aufgerichteten Erzvaters. Aus ihr spricht Zustimmung, Einverständnis, ja Empfänglichkeit für die Gabe des Segens.

Im Kasseler Segensbild Rembrandts kommt das Leben des Patriarchen Jakob, das als ein einziger Kampf um den Segen, der im nächtlichen Ringkampf mit einem anonymen Mann am Jabboq auf Leben und Tod (1Mose 32,23-32)[6] kulminiert, verstanden werden kann, zur Ruhe, zum Frieden. Nurmehr behutsam angedeutet sind die Konflikte und das Drama seiner biblischen Lebensgeschichte und dieser vorletzten Segensszene:

Sterbenskrank nimmt Jakob noch einmal seine ganze Kraft zusammen, um seinen Segen weiterzugeben, zunächst an seinen Lieblingssohn Joseph, den er segnet, indem er dessen Söhne segnet, dann – im nächsten Kapitel, 1Mose 49, seine anderen elf Söhne. Bevor er seinen Segen und damit seine

---

5 Rembrandt van Rijn, Der Segen Jakobs. Einführung von Herbert von Einem, Stuttgart 1965.

6 Vgl. dazu Jürgen Ebach, Der Kampf am Jabboq. Genesis 32,23-33. Eine Geschichte voller Verdrehungen, in: Jabboq 1, Gütersloh 2001, 13-43, und die weiteren Auslegungen der Erzählung in den folgenden Bänden der Jabboq-Reihe.

Lebenskraft an die nächsten Generationen weitergibt, erinnert Jakob noch einmal sein *eigenes Gesegnetsein*, die großartigen Verheißungen, die Gott ausgerechnet ihm, der den Segen seines Vaters erschlichen und seinen Bruder Esau betrogen hatte, geschenkt hat. Und noch einmal begräbt er seine geliebte Rachel. Der sterbende Erzvater holt sein Leben wieder, um es dann getrost loszulassen. Er *wiederholt* den Segen seines Vaters Isaak und *korrigiert* ihn doch zugleich. Auch er, Jakob, segnet den Jüngeren vor dem Älteren, Ephraim mit seiner Rechten, Manasse mit links. Aber er weiß, was er tut; obwohl erblindet, handelt er nicht blind. Er wird nicht getäuscht, irrt sich nicht selbst und lässt sich auch vom ärgerlichen und unwilligen Einspruch seines Sohnes Joseph, der ihm in den Arm fällt, nicht beirren und von seinem Tun abhalten. Jetzt geschieht es rechtens, als letzte, bewusste Verfügung eines Sterbenden. Jakob wünscht und gönnt seinen Kindern und Enkeln nun die Gotteserfahrungen, die sein eigenes Leben so reich gemacht haben, und er ist sich gewiss, dass Gott seine Verheißungen auch an ihnen wahr machen wird. Gerade weil er sein gelebtes Leben, auch seine Schuld, seinen Betrug, sein Versagen *nicht verdrängt* und dem eigenen Tod ins Auge sehen kann, muss er denen, die er zurücklässt, ihr Lebensglück nicht missgönnen:»Siehe, ich sterbe, aber Gott wird mit euch sein und euch zurückführen in das Land eurer Väter« (1Mose 48,22).

Wie Rembrandt hier den Jakobssegen über Ephraim und Manasse ins Bild gesetzt hat, erinnert an Luthers»Sermon von der Bereitung zum Sterben«vom Herbst 1519[7]. Dieser gehört zu den sprechendsten Trostschriften des Reformators und ist überhaupt einer der eindrücklichsten Erbauungstexte aus der Frühzeit der Reformation. Luther eröffnet den Sermon mit der Differenzierung des Sterbens in einen *leiblichen* und einen *geistlichen* Abschied:

»*Zum ersten. Dieweil der Tod ein Abschied ist von dieser Welt und allen ihren Händeln, ist not, daß der Mensch sein zeitlich Gut ordentlich verschaffe wie es damit werden soll oder er es gedenkt zu ordnen, daß nicht bleibe nach seinem Tod Ursach zu Zank, Hader oder sonst einem Irrtum unter seinen nachgelassenen Freunden. Und dies ist ein leiblicher oder äußerlicher Abschied von dieser Welt und wird Urlaub und Letze [=Abschied] geben dem Gut.*

Zum andern. Daß man auch geistlich ein Abschied nehme, das ist, man vergebe freundlich, lauterlich um Gottes willen allen Menschen, wie sie uns beleidigt haben, wiederum auch begehre Vergebung lauterlich um Gottes willen von allen Menschen, deren wir viel ohne Zweifel beleidiget haben, zum wenigsten mit bösem Exempel oder zu wenig Wohltaten, wie wir schuldig gewesen nach dem Gebot brüderlicher christlicher Liebe, auf daß die Seel nit bleib behaft mit irgend einem Handel auf Erden.«[8]

7 WA 2, 685-697, hier zitiert nach: Martin Luther, Ausgewählte Werke, hg. von H. H. Borcherdt und G. Merz, Bd. 1: Aus der Frühzeit der Reformation, München ²1938, 347-362. 533-544.
8 Ebd., 347.

Sein Haus bestellen *und* die zwischenmenschlichen, mit der Schuld von Versäumnissen und Verfehlungen behafteten Beziehungen ins Reine bringen – in einen solchen Abschied aus dem irdischen Leben will Luther einüben. Dabei fällt auf, dass auch die Verfügung über den eigenen Besitz, über das irdische Hab und Gut im Dienst eines versöhnten und friedlichen Zusammenlebens der zurückbleibenden Angehörigen und Freunde steht. Nun kann dieser doppelte Abschied, der von den irdischen Gütern wie der von den nahen und vertrauten Menschen, auf die Wendung »das Zeitliche segnen« gebracht werden. Denn nach biblischem Verständnis ist der Segen sowohl materiell als auch spirituell konnotiert:

Es geht beim göttlichen und zwischenmenschlichen Segnen um das *irdische* Leben des Menschen, um den Menschen in seiner *Leiblichkeit* und *Sinnlichkeit*, denn, so hat es Dietrich Bonhoeffer formuliert: »Der Segen ist ja nicht etwas rein Geistliches, sondern etwas in das irdische Leben tief Hineinwirkendes. Unter dem rechten Segen wird das Leben gesund, fest, zukunftsfroh, tätig, eben weil es aus der Quelle des Lebens, der Kraft, der Freude, der Tat heraus gelebt wird.«[9]

II. Segensbedürftigkeit auf der Schwelle: das Segnen als *die* rite de passage

Seit einigen Jahren ertönt ein immer deutlicher vernehmbarer Ruf nach Segen – und das keineswegs nur innerhalb der Kirchenmauern und im Binnenraum der kirchlichen Gemeinden. Menschen artikulieren ihre Segensbedürftigkeit. Sie nehmen einen Mangel in ihrem Leben wahr – an Lebenskraft und -fülle, an Gesundheit und Glück, an Gelingen und Zufriedenheit. An immer mehr Punkten unserer Lebensgeschichte erkennen wir, wie gefährdet unser Leben ist, wie brüchig unsere Beziehungen, wie anfällig unsere Gesundheit, wie vorläufig unser Erfolg, wie eingeschränkt unsere Möglichkeiten, wie verletzlich unsere Seele ... Die Erfahrung, dass wir selbst unser Leben nicht machen und erhalten können, nicht in der Hand haben, dass es glückt, *und* die Ahnung, dass es mehr geben muss als alles, was wir haben und sind, weckt die Sehnsucht nach diesem *Überschuss*, nach dem Segen Gottes.

Segnen ist dabei – nach evangelischem Verständnis – kein Privileg der Kirche oder gar ihrer AmtsträgerInnen. Vielmehr wird in den vielfältigen Segensworten, Segenswünschen und Segensgesten, in alten und neuen Ritualen das PriesterInnentum *aller* Glaubenden Ereignis. Selbst Gesegnetsein – das ist die hinreichende Voraussetzung zum Segnen: Das Segenshandeln Gottes soll, ja wird seine Entsprechung im Verhalten der Gesegneten finden, denn – so ist etwa Dietrich Bonhoeffer von der *bezwingenden Attrak-*

9 Dietrich Bonhoeffer, Konspiration und Haft 1940–1945 (DBW 16), hg. von Jørgen Glenthøj (†) u.a., Gütersloh 1996, 350 (Brief an Ruth von Wedemeyer vom 25. 8. 1942). Zu Bonhoeffers Segensverständnis vgl. Magdalene L. Frettlöh, Theologie des Segens. Biblische und dogmatische Wahrnehmungen, Gütersloh ⁵2005, 189-214.

tivität des Segens überzeugt: »Wer [...] selbst gesegnet wurde, der kann nicht mehr anders als diesen Segen weitergeben, ja er muß dort, wo er ist, ein Segen sein«[10].

Segnungen sind in den meisten Fällen *Gottesdienst im Alltag der Welt*. Wir segnen ein und segnen aus. Wir kennen Morgen- und Abendsegen, Tauf- und Sterbesegen, Trau- und Trennungssegen, Reise-, Tisch- und Erntesegen, Segenswünsche zum Geburtstag oder zu Neujahr, zum Umzug in eine neue Wohnung oder anlässlich einer beruflichen Veränderung, vor einer wichtigen ärztlichen Untersuchung oder für eine Prüfung ... Bei den wenigsten davon handelt es sich um pfarramtliche kirchliche Segenshandlungen.

Nie sind wir segensbedürftiger als in den Passagen, an den Schwellen unseres Lebens. Das hängt mit dem spezifischen Phänomen der Schwelle zusammen. Die Schwelle[11] ist ja ein merkwürdiger Ort, kein ungefährlicher noch dazu, markiert sie doch nicht einfach eine scharfe Grenzlinie, sondern vielmehr eine Zone, einen Raum und eine Zeit zwischen Drinnen und Draußen, Heute und Morgen, Eigenem und Fremdem, Vertrautem und Ungewissem ... im Extremfall zwischen Leben und Tod. Im Überschreiten von Schwellen begeben wir uns – zumindest für einige Schritte – ins Niemandsland und zwischen die Zeiten. Und über manche Schwellen kann man nicht einmal hinweg schreiten, sondern muss sie überspringen und befindet sich im Sprung in der Schwebe über der Kluft. Zur Schwelle gehört das Zögern vor dem Überschritt, das dankbare und/oder traurige Zurückblicken auf das, was wir verlassen, ebenso wie der neugierige und/oder bange Blick in die Zukunft. Wo uns das Loslassen und Verlassen des Gewohnten schwerfällt, versuchen wir, auf der Schwelle zu verweilen. Wo uns nichts mehr hält, bemühen wir uns, sie so schnell wie möglich hinter uns zu lassen. So oder so steht auf der Schwelle unsere *Identität* auf dem Spiel, ist die *Kontinuität* unseres Lebens gefährdet. Das macht das Unkalkulierbare der Schwelle aus, das macht jeden Übergang so riskant. »Schwellenerfahrungen spotten jeden Gleichgewichts«[12], und sie bringen uns aus dem Gleichgewicht, allemal aus dem gewohnten Rhythmus. Um sie zu bewältigen, bedürfen wir der Vergewisserung, dass jemand uns im Sprung hält, unser Leben diesseits und jenseits der Schwelle zusammenfügt und unsere Identität bewahrt, indem er oder sie uns hier wie dort treu bleibt.

Das Begehen der Schwelle stellt also eine dreifache Herausforderung dar: es fordert von uns die *Trennung* von einer bis jetzt gültigen Lebensstruktur und -phase, Abschiednehmen und Loslassen. Es mutet uns sodann den *Überschritt* vom Vertrauten ins Unbekannte zu. Dieser Übergang ist

---

10 Dietrich Bonhoeffer, Konspiration und Haft 1940–1945, 658 (Auslegung der Losung und des Lehrtextes vom 8. Juni 1944: Ps 34,30 und 1Petr 3,9).

11 Vgl. zur Phänomenologie der Schwelle Bernhard Waldenfels, Ordnung im Zwielicht, Frankfurt am Main 1987, 28-31; ders., Der Stachel des Fremden, Frankfurt am Main ²1991, 28-40; ders., Sinnesschwellen. Studien zur Phänomenologie des Fremden 3, Frankfurt am Main 1999.

12 B. Waldenfels, Ordnung im Zwielicht, 31.

ek-statisch, mit ihm verlassen wir die gewohnte Ordnung, die Normalität des Alltags, geraten in einen außer-ordentlichen Zwischenraum und zwischen die Zeiten. Und schließlich gehört zur Schwellenerfahrung die *Ankunft* an einem neuen Lebensort, die Eingliederung in ein neues Lebensgefüge. In seinem schon zitierten »Sermon von der Bereitung zum Sterben« hat M. Luther diese zeiträumlichen Dimensionen des Todes anschaulich beschrieben, indem er das Sterben mit dem *Geburtsvorgang* vergleicht und – so paradox das klingen mag – von der *Vorfreude im Sterben* sprechen kann:

»... *hier hebt an die enge Pforte, der schmale Steg zum Leben, des muß sich ein jeglicher fröhlich erwägen, denn er ist wohl sehr enge, er ist aber nit lang und es geht hier zu, gleichwie ein Kind aus der kleinen Wohnung seiner Mutter Leib mit Gefahr und Ängsten geboren wird in diesen weiten Himmel und Erden, das ist auf diese Welt. Also geht der Mensch durch die enge Pforten des Tods aus diesem Leben; und wiewohl der Himmel und die Welt, darin wir jetzt leben, groß und weit angesehen wird, so ist es doch alles gegen den zukünftigen Himmel viel enger und kleiner, denn der Mutter Leib gegen diesen Himmel ist. [...] Aber der enge Gang des Tods macht, daß uns dies Leben weit und jenes enge dünkt. Drum muß man das glauben und an der leiblichen Geburt eines Kindes lernen, wie Christus sagt: ›Eine Frau, wann sie gebiert, so leidet sie Angst, wann sie aber genesen ist, so gedenkt sie der Angst nimmer, dieweil ein Mensch geboren ist von ihr in die Welt.‹ [Joh 16,21] Also im Sterben auch muß man sich der Angst erwehren und wissen, daß darnach ein großer Raum und Freud sein wird.«* [13]

Ich möchte nun im Folgenden mit einer Besinnung auf einige Grundbedeutungen des Seg(n)ens zeigen, dass und warum das Segnen als *die* rite de passage die Schwelle *begehbar* macht, auch die Schwelle vom Leben durch den Tod ins Leben.

III. Glück und Segen – Glück als Segen: Von der alltäglichen Wiederentdeckung des Segnens

Inbegriff des Wunsches ist der *Glück*wunsch. »Glück« – darin scheint alles versammelt zu sein, was Menschen sich an Gutem nur wünschen können. Und doch können wir seit einigen Jahren zunehmend beobachten, dass sich wieder öfter zum gewohnten *Glück-* ein ausdrücklicher *Segens*wunsch hinzufügt, etwas zaghaft bei den einen, vollmundiger bei anderen. »Viel Glück und viel Segen auf all' deinen Wegen ...« singen wir zum Geburtstag, aber auch zu anderen Anlässen. Glück *und* Segen – da gehen die guten Wünsche nicht im Glückwunsch auf, da deutet sich an, dass mit dem Segen noch eine andere Dimension in den Blick und zur Sprache kommt und dass es beim Segnen um mehr als Wünsche(n) gehen könnte.

Glück *und* Segen – beides ist nicht zu trennen und meint doch nicht einfach ein und dasselbe. Segen, so schrieb Dietrich Bonhoeffer in seinen Brie-

---

13 M. Luther, Sermon von der Bereitung zum Sterben, 347f.

fen aus der Haft, sei der »theologische Zwischenbegriff im AT zwischen Gott und dem Glück [...] des Menschen [...] Dieser Segen ist die Inanspruchnahme des irdischen Lebens für Gott, und er enthält alle Verheißungen«[14].

Im Segen gehören also – und das können wir offenbar nirgendwo besser als in der hebräischen Bibel lernen – Gott und das irdische Glück des Menschen zusammen. Wer Glück *und* Segen, genauer: Glück *als* Segen wünscht, bringt das Leben und Sterben seiner Mitmenschen (und das eigene) mit Gott zusammen, nimmt Glück als *Gabe*, gelingendes Leben und gelassenes Sterben als *empfangenes* wahr. Wer Segen wünscht, dem ist das Leben und Sterben nicht länger selbst-verständlich und Autarkie, Selbstgenügsamkeit im Leben wie im Tod, zum Un-Wort geworden. Denn wo ein guter Wunsch als *Segens*wunsch ergeht, bleiben Menschen nicht bei und unter sich. Sie bleiben nicht beschränkt auf ihre eigenen Möglichkeiten, auf das, was sie sich selber machen und erhalten können, nicht eingeschlossen in ihre eigene kleine Welt mit ihren Sachzwängen und ihrer Routine, ihrer Kümmerlichkeit und ihren Gemeinheiten, ihrer Enge und ihren Ängsten. Sie lassen sich – auch und gerade im Angesicht des Todes – öffnen für die Lebensfülle *Gottes*. Das als Segen gewünschte Glück wehrt jedem zwischenmenschlichen Kurzschluss: der vermeintlichen Sicherheit, selbst am besten zu wissen, was zu unserem Besten dient, der sprichwörtlichen Überzeugung, dass jeder seines eigenen Glückes Schmied sei. Segenswünsche setzen auf einen Dritten, genauer: auf die Erste, denn:

IV. Die der Schöpfung *eingeschriebene* Gegenwart des Schöpfers und ihre Wiederholung im Segensritual: Segen als Gottes *Unterschrift*

Wünsche (wie Bedürfnisse) entstehen nicht aus dem Nichts; sie erwachsen aus einer *Differenzerfahrung*. Um zu erkennen, was mir fehlt, muss ich wissen, dass es mehr gibt als meine Lebenswirklichkeit, anderes als das, was ich sehe. *Mangel* nehme ich nur wahr, wo ich eine Ahnung von *Fülle* habe, wobei alles darauf ankommt, woher ich die Bilder dieser Fülle gewinne, wer meine Bedürfnisse mit welcher Absicht, zu welchem Zweck und Ziel und mit welchen Mitteln weckt. Wir kranken heute, so scheint mir, nicht in erster Linie daran, dass wir zuviel wollen und wünschen, also gleichsam unverschämte Bedürfnisse haben, sondern dass wir die große Sehnsucht und die starken Wünsche verloren haben, uns zu schnell begnügen mit dem, was wir haben und sind und können. Wir haben uns die bewegenden Utopien und die begeisternden Visionen längst abmarkten lassen. Vielleicht sind wir gerade deshalb so anfällig für suggerierte Bedürfnisse und leere Heilsversprechen.

---

14 Dietrich Bonhoeffer, Widerstand und Ergebung. Briefe und Aufzeichnungen aus der Haft (DBW 8), hg. von Christian Gremmels u. a., Gütersloh 1998, 548.

Diesem Sich-Zufrieden-Geben mit dem falschen oder auch nur halben Leben, dem jähen und gewaltsamen Tod begegnen unsere Segenswünsche. Sie nähren sich von der antitotalitären Hoffnung: »Es muss doch mehr als alles geben!« im Leben wie im Sterben. Sie sind bewegt von der Gewissheit, dass Gott uns mit IHREM Segen immer schon *zuvor*gekommen ist, *begleitet* und *entgegen*kommt – und zwar in einer von unseren Wünschen, Erwartungen und Bedürfnissen nie einzuholenden Fülle. Nicht unsere Mangelerscheinungen, sondern die Verheißungen Gottes sind der Stoff, aus dem wir unsere Segenswünsche weben. Mit anderen Worten: als segens*bedürftig* im Leben wie im Sterben können wir uns nur wahrnehmen, weil wir von Anfang an und »jeden Morgen neu« aus dem Segen Gottes leben. Die klassische Theologie hat in diesem Zusammenhang von der providentia Dei, der Fürsorge Gottes für SEINE Schöpfung als Erhaltung, Begleitung und Leitung gesprochen. Gottes Segen ist *das* Medium dieser Fürsorge, die göttliche Gegenwart in jedem Geschöpf, Gottes förmlich materialisiertes Interesse an ihm. Segnend hat sich Gott der Schöpfung eingeschrieben (das deutsche Wort »segnen« stammt vom lateinischen »signare«: zeichnen, bezeichnen, auszeichnen, und dieses hängt eng mit »secare«: schneiden zusammen). Der Segen ist der Namenszug Gottes unter IHREM Schöpfungswerk, mit dem Gott sich in die Schöpfung eingraviert, ja eingeschnitten hat. Das deutet auf die somatische Dimension der Präsenz Gottes im Segen. Als Gesegnete sind die Geschöpfe in ihrer *Leiblichkeit* unverwechselbar als zu Gott gehörend *ausgezeichnet*.

Wer Segen wünscht, wiederholt den Schöpfungssegen, holt ihn wieder als erhoffte Vergangenheit und erinnerte Zukunft. Wer Segen wünscht, gerade auch auf der Schwelle des Todes, spricht Menschen auf Gottes ursprüngliches »Ja«, das »Sehr gut« des Anfangs (1Mose 1,31) an und gönnt anderen wie sich selbst die Lebensfülle, die innere, beziehungsreiche Lebendigkeit des biblischen Gottes. Segenswünsche erwachsen aus der Wahrnehmung, dass das, was der *Fall* ist, nicht dem Gutachten der Schöpferin entspricht, dass das Gegebene gerade *nicht* das *Gott*gegebene sein und deshalb auch nicht so bleiben muss! Unserem Segnen eignet damit eine *kritische* und eine *affirmative* Funktion: Wer Segen wünscht, entlarvt das beschädigte Leben und den enteigneten Tod, bestreitet den bestehenden Verhältnissen im Namen einer anderen Wirklichkeit ihre Allmacht und *segnet* sie damit nicht länger *ab*.

Im Licht biblischer Verheißungen ließe sich in Abwandlung eines Satzes von Theodor W. Adorno (»Nur wenn, was ist, sich ändern läßt, ist das, was ist, nicht alles.«[15]) sagen: »Weil das, was ist, nicht alles ist, läßt das, was ist, sich ändern«[16]. Die Wiederholung des Schöpfungssegens lebt aus eben dieser Gewissheit und protestiert damit gegen die, die wollen, dass alles so

---

15 Theodor W. Adorno, Negative Dialektik (Gesammelte Schriften 6), Frankfurt a.M. 1970, 391.
16 Vgl. Jürgen Ebach, Weil das, was ist, nicht alles ist! Theologische Reden 4, Frankfurt a.M./Bochum 1998.

bleibt, wie es ist. Segnen ist – so gesehen – ein *widerständisches* Tun. Segnende Menschen sind MitarbeiterInnen Gottes an der Heraufführung eines weltweiten Schalom. Schalom, der biblische Inbegriff des Segens (vgl. etwa 4Mose 6,26; Ps 29,11), geht über das individuelle, persönliche Glück weit hinaus, ohne dieses jedoch zu denunzieren. Er zielt auf befriedete, gerechte Lebensverhältnisse weltweit, in denen allen *Genugtuung* widerfahren ist, jede/r genug, Leben zur *Genüge* hat und darum auch *vergnügt* sein kann. Segen macht vergnügt – die Gesegneten wie die Segnenden und Gott mit beiden. Auch beim Segnen gehören Ethik und Ästhetik untrennbar zusammen.

V. Segnen als intensivster Abschiedsgruß: einander A-dieu sagen

Wiederholt sich in unserem zwischenmenschlichen Segnen das ursprüngliche »Ja«, mit dem Gott die Lebensgeschichte SEINER Geschöpfe eröffnet hat – Segnen ist ja die erste Tat Gottes an IHRER Schöpfung –, dann erschöpft sich unsere Segenspraxis nicht in Segens*wünschen*. Wer sich selbst als gesegnet erfährt, gibt anderen segnend an dieser Begabung Anteil. Wie sich der Schöpfungssegen als ein ursprüngliches Grüßen verstehen lässt, mit dem Gott die Geschöpfe willkommen heißt und zur Lebensgemeinschaft mit sich einlädt, so ist auch zwischenmenschlich der *Gruß* die elementarste Form des Segens: Im Gruß achten und würdigen wir einander, signalisieren Aufmerksamkeit und Interesse. Wer grüßt, lässt die anderen nicht links liegen, geht nicht achtlos an ihnen vorüber, nimmt sie nicht leicht und behandelt sie nicht wie Luft (eben das wäre Fluch!), sondern gibt ihnen Gewicht und Ehre. Segen eröffnet Gemeinschaft, Fluch exkommuniziert. Und: segnend legen wir einander nicht auf unsere Vergangenheit fest, sondern sprechen uns auf die Möglichkeiten an, die Gott in uns angelegt hat. Der Segen ist die göttliche Lebenskraft in uns, die unsere Talente und Potentiale katalysiert, bewirkt, dass wir sie dem Willen Gottes entsprechend realisieren können.

Grußformeln, bei denen Gott im Wort ist, erinnern an die Segenshaltigkeit des Grüßens: Ein »Grüß' Gott!« überbringt die Anerkennung Gottes, erinnert die Gegrüßten an das hohe Ansehen, das sie bei Gott haben. Wer zum Abschied »Gott befohlen!« oder »Adieu!« sagt, vertraut die Scheidenden der schützenden und bergenden Nähe Gottes an, orientiert ihre Schritte an Gottes Wegweisungen.

Ein solcher Segens*gruß* ist weit mehr als »nur« ein guter Wunsch, er ist zugleich ein *Bekenntnis*, und er ist *Zuspruch* und *Gabe*. Sinnenfällig wird dies, wo das Segens*wort* von der Segens*geste* begleitet und verstärkt wird. Ist der Segen die gleichsam leibhafte, mit allen Sinnen spürbare Gegenwart Gottes unter uns, dann kann er nicht durch Worte allein weitergegeben werden. Segnen ist nicht nur ein Mund-, sondern auch ein Handwerk.

Der Segen im Angesicht des Todes lässt sich folglich als eine *wechselseitige* Anerkennung und Würdigung von Sterbenden und Weiterlebenden *vor Gott* verstehen, als Wiederholung des Gutachtens der Schöpferin, das als Vorzeichen vor jedem Leben steht und die Verheißung enthält, dass Gott für die *Güte* jedes Lebens einsteht und es zu Ehren bringt. »Der du die Zeit in Händen hast, Herr, nimm auch dieses Jahres Last und wandle sie in Segen ...!« so singen wir zum Jahreswechsel mit einem Lied Jochen Kleppers (eg 64,1). Auf das Ende nicht nur eines Jahres, sondern eines Lebens bezogen, könnten wir auch bitten: »Der du die Zeit in Händen hast, Herr, nimm auch dieses *Lebens* Last und wandle sie in Segen!« Als Segensbitte im Mund und der Hand der Sterbenden wie der Zurückbleibenden mag diese Liedzeile zu einem getrosten Sterben und Sterbenlassen anleiten: Sie begegnet dem Zukurzgekommenen, Abgebrochenen, Fragmentarischen mit der Hoffnung, dass Gott aus den Bruchstücken ein Ganzes machen wird; sie schöpft aus der Zuversicht, dass das, was Menschen einander schuldig geblieben sind und worin sie aneinander schuldig geworden sind, dass ihre Versäumnisse und Verfehlungen nicht für immer zwischen ihnen stehen, dass Gott vielmehr Schuldige und SchuldnerInnen, Opfer und TäterInnen je auf eigene Weise zurechtbringen wird.

Als göttliche Lebensmacht verbindet der Segen Sterbende und Weiterlebende. Um eines der starken Bilder des aaronitischen Segens zu gebrauchen: unter dem leuchtenden Angesicht, Inbegriff der freundlichen Zuwendung Gottes, bleiben Tote und Lebendige diesseits und jenseits der Todesgrenze miteinander verbunden. Der Tod ist nicht Verhältnislosigkeit, nicht das Ende der Gemeinschaft, sondern eine Fortsetzung der Beziehung unter veränderten Bedingungen.

Segnend sagen Sterbende und Lebende einander Adieu. A-dieu, so lässt sich von Emmanuel Lévinas und Jacques Derrida lernen, orientiert jede Begegnung mit einem anderen Menschen auf den oder die ganz Andere hin. Es ist »ein ›bei Gott‹, ›für Gott‹ oder ›vor Gott‹, vor allem anderen und bei jeder Beziehung zum Anderen [...]. Jede Beziehung wäre vor und nach allem anderen ein Adieu«[17], ein Zu-Gott-hin, das den oder die Andere Gott anvertraut und überlässt. A-dieu sagen zu können, befreit von Allmachtsphantasien, sowohl von der Vorstellung, alles zu können, über alles zu verfügen und alles im Griff zu haben, als auch von der Überzeugung, an allem schuld zu sein. (Es gibt ja auch so etwas wie einen Allmachtswahn der Schuld: Wenn ich schon nicht alles kann, dann will ich wenigstens an allem schuld sein.) Wer A-dieu sagt, weiß um die eigenen Grenzen und setzt zugleich auf die immer noch größeren Möglichkeiten Gottes.

---

17 Jacques Derrida, Adieu. Nachruf auf Emmanuel Lévinas. Aus dem Französischen von Reinhold Werner, München/Wien 1999, 23. Vgl. ders., Den Tod geben. Aus dem Französischen von Hans-Dieter Gondek, in: Gewalt und Gerechtigkeit: Derrida – Benjamin, hg. von Anselm Haverkamp, Frankfurt a.M. 1999, 331-445; Emmanuel Lévinas, Diachronie und Repräsentation, in: ders., Zwischen uns. Versuche über das Denken an den Anderen. Aus dem Französischen von Frank Miething, München/Wien 1995, 194-217, bes. Abschnitt 6: »A-Dieu: Hin zu Gott«.

VI. Segnen im Zeichen des Gekreuzigten: Einbildung von heilsamen Trostbildern

Auch in M. Luthers »Sermon von der Bereitung zum Sterben« nimmt das Loslassen-Können, ja das Gut-sein-Lassen eine zentrale Funktion ein, und zwar in einer doppelten Bewegung: in der Abkehr von den Schreckensbildern des Todes, der Sünde und der Hölle und dem Einbilden, ja sich Einverleiben des Lebens, der Gnade und des Himmels[18]:

»Im Leben«, so räumt Luther ein, »sollt man sich des Todes Gedanken üben und ihn zu uns fordern, wann er noch ferne ist und nicht treibt. Aber im Sterben, wann er von selbst schon allzu stark da ist, ist es gefährlich und nichts nutz. Da muß man sein Bild ausschlagen und nit sehen wollen.«[19]

Es gibt eine unzeitige und eine übermäßige Besinnung auf und Vertiefung in den Tod, die das Sterben nur schwerer und gefährlicher macht, so wie es auch ein Zuviel der Beschäftigung mit dem eigenen Versagen und der eigenen Schuld gibt und eine übertriebene Sorge um das eigene Heil, die es unmöglich machen, das Zeitliche zu segnen und loszulassen. Für Luther ist es geradezu das Werk des Teufels, dass wir uns in der Enge des Sterbens noch zusätzlich durch Todes-, Sünden- und Höllenbilder ängstigen lassen, anstatt uns auf die tröstlichen Gegenbilder zu besinnen. Schon die Auseinandersetzung mit jenen male den Teufel an die Wand und mache das Sterben unerträglich. Der Streit mit ihnen gehört ins Leben, nicht ins Sterben:

»Die Kunst ists, ganz und gar sie fallen lassen und nichts mit ihnen handeln. Wie geht aber das zu? Es geht also zu: Du mußt den Tod in dem Leben, die Sünd in der Gnaden, die Höll im Himmel ansehen und dich von dem Ansehen oder Blick nit lassen treiben«[20].

Nur in der unbeirrbaren inneren Einbildung der Gegenbilder verlieren die Schreckensbilder, die sich unser im Sterben bemächtigen, ihre Gewalt über uns. Schreckensbilder lassen sich nur durch Trostbilder entmächtigen und unwirksam machen. Das dreifache Gegenbild zu Tod, Sünde und Hölle findet Luther im Gekreuzigten. Der auferweckte Gekreuzigte

»ist das lebendig und unsterblich Bild wider den Tod, den er erlitten und doch mit seiner Auferstehung von den Toten überwunden in seinem Leben. Er ist das Bild der Gnaden Gottes wider die Sünd, die er auf sich genommen und durch seinen unüberwindlichen Gehorsam überwunden. Er ist das himmlisch Bild, der als ein Verdammter von Gott verlassen war und durch sein allermächtigst Liebe die Höll überwunden und damit bezeugt hat, daß er der liebste Sohn sei und uns allen dasselb zu eigen geben will, so wir also glauben.«[21]

---

18 Vgl. dazu Hans-Martin Gutmann, Mit den Toten leben – eine evangelische Perspektive, Gütersloh 2002, bes. 86 ff.
19 M. Luther, Sermon von der Bereitung zum Sterben, 349.
20 Ebd., 351.
21 Ebd., 354.

Wo mit der Verinnerlichung des Bildes vom auferweckten Gekreuzigten die Trostbilder von Leben, Gnade und Himmel einverleibt werden, müssen die Schreckensbilder, die das Sterben zur unerträglichen Qual machen, weichen. Nun, und auch darin kommt der Realismus des Reformators zum Ausdruck, nun reicht die innere Einbildung, die Eingravierung der hoffnungsvollen Gegenbilder ins menschliche Herz nicht aus. Damit wir ihnen wirklich gewiss werden, bedarf es äußerlich wahrnehmbarer, sinnlich erfahrbarer Zeichen. Wir müssen diese Gegenbilder auch sehen und hören, tasten und schmecken können, um ihnen zu vertrauen. Der inneren Einverleibung der Trostbilder muss die äußere Inkorporation des Trostbedürftigen in die leibhaft erfahrbare Gemeinschaft anderer Glaubenden entsprechen. Dem dienen die Sakramente, vor allem das Abendmahl:

»*Christi Leben soll deinen Tod, sein Gehorsam soll dein Sünd, sein Lieb deine Höll auf sich genommen haben. Darzu wirst du durch dieselben Sakrament eingeleibet und vereiniget mit allen Heiligen und kommest in die rechte Gemeinschaft der Heiligen, also daß sie mit dir in Christo sterben, Sünde tragen, Höll überwinden.*«[22]

Die Heiligen, die Mitchristen und -christinnen werden dem Sterbenden zum Christus, indem sie die heilvolle Gegengeschichte zu den Schrecken des Todes, der Last der eigenen Schuld und der quälenden Sorge um das eigene Ansehen bei Gott gerade zu verkörpern. Inkorporiert in diese sakramentale Gemeinschaft ist das Sterben kein einsames Geschehen mehr. Dem ins Herz eingebildeten dreifachen Trostbild des Gekreuzigten wird die Sterbende in der tröstlichen Gegenwart ihrer Brüder und Schwestern ansichtig.

Ich möchte – Luthers Anleitung aufgreifend – an dieser Stelle nur an *ein* Bild des Gekreuzigten erinnern, das, gerade indem es die Schrecken, die Gewalt und die Härte des Todes nicht im mindesten weichzeichnet und verklärt, als ein *Gegen*bild dazu gelesen werden kann, nämlich als ein Segensbild, ja als eine Ins-Bild-Setzung der Wendung »das Zeitliche segnen«. Es ist eine der prominentesten Darstellungen des Gekreuzigten, die Sie vermutlich alle kennen werden, aber wohl kaum als *Segens*bild: die Kreuzestafel des Isenheimer Altars von Mathias Grünewald.[23] Für heute geht es mir nur um *ein* Motiv dieser unerschöpflichen Szene:

Die Arme des Gekreuzigten sind am Querbalken des Kreuzes über die Menschen auf *beiden* Seiten ausgespannt. Wenn nach dem Zeugnis des Johannesevangeliums, das in Grünewalds Kreuzigungsbild mehrfach zitiert wird, Jesus im Augenblick seines Todes seinen Geist an die Menschen unterm Kreuz weitergibt (Joh 19,30), Karfreitag und Pfingsten hier also zusammenfallen, und wenn wir bedenken, dass in der Bibel Segen und Geist

22 Ebd., 356.
23 Vgl. Magdalene L. Frettlöh, Rechts und links vom Kreuz stehen. Die Kreuzestafel des Isenheimer Altars feministisch-theologisch wahrgenommen, in: Erinnern und aufstehen – antworten auf Kreuzestheologien, hg. von Claudia Janssen und Benita Joswig, Mainz 2000, 107-127, und die dort angegebene Literatur.

ganz eng zusammen gehören[24], dann können wir die ausgespannten Arme des Gekreuzigten mit den geöffneten Händen und gespreizten Fingern sogar als Segensgeste verstehen. Der Gekreuzigte segnet noch im Tod die Menschen auf beiden Seiten des Kreuzes.

Und er segnet das Zeitliche, indem er noch vom Kreuz aus neue Beziehungen stiftet – Beziehungen, die über seinen Tod hinausweisen, und dass seine Sorge seiner Mutter gilt: »*Als nun Jesus die Mutter sah und neben ihr den Jünger stehen, den er lieb hatte, sagte er zur Mutter: ›Frau, siehe, dein Sohn!‹ Hierauf sagt er zum Jünger: ›Siehe, deine Mutter!‹ Und von jener Stunde an nahm sie der Jünger in sein Haus*« (Joh 19,26f.). Zwei Menschen, mit denen Jesus selbst tief verbunden ist, verweist er vor seinem eigenen Tod aneinander. Die Beziehung, die er zu ihnen gehabt hat, wird weiterleben in der neuen Gemeinschaft zwischen Maria und dem Jünger Johannes, die füreinander Mutter und Sohn sein werden – ohne blutsmäßige Verwandtschaftsbindungen, verbunden vielmehr über das, was sie mit Jesus verbindet. Das ökonomisch und sozial gefährdete Leben der Witwe, deren ältester Sohn als politischer Verbrecher hingerichtet wird, vertraut dieser dem geliebten Jünger an. Und Johannes nimmt die ihm zugemutete Verantwortung wahr und Maria in sein Haus auf. Sie werden füreinander sorgen, sich gegenseitig trösten und bestärken, werden versuchen, Jesu Tod im Licht *der* Gotteserfahrungen sehen zu lernen, die sie zu seinen Lebzeiten gemacht haben ... Ein Kreuzigungsbild als Segensbild.

VII. Das Zeitliche segnen – die Zeit segnen: Sabbatliches Leben als Einübung in eine ars moriendi

Wie jede Kunst, so muss auch die Kunst des Sterbens gelernt werden, und zwar »mitten im Leben«, nicht erst an seinen Grenzen, seinem Ende. Die Kunst des *Sterbens* ist eine *Lebens*kunst. Entsprechend gilt es, das Segnen als Mund- und als Handwerk zu erlernen, uns in die Praxis von Segens*worten* und Segens*gesten* einzuüben.[25] Nur so sind wir mit ihnen vertraut, wenn wir sie nötig haben. Im Ernstfall, und das heißt in letzter Konsequenz: im Sterbe- und Todesfall wird es uns kaum gelingen, die Worte zu *erfinden*, die anderen zum Segen werden, wenn wir sie nicht zuvor *gefunden* haben.

Es ist ein falsches Verständnis von Authentizität, von Echtheit und Stimmigkeit, wenn wir meinen, nur eigene Worte verwenden zu dürfen und für ihre Wahrheit selbst einstehen zu müssen. Gerade beim Segnen führt das nicht selten zu einer Inflation der Worte, zu einer Segensgeschwätzigkeit. Stattdessen käme es eher darauf an, sich bewährten, kurzen, prägnanten Segenstexten anzuvertrauen, uns in alten Segensworten und -bildern zu bergen, die bedeutungsschwer sind von Erfahrungen gelingenden Lebens

---

24 Vgl. Jes 44,3; Gal 3,14.
25 Zur Anleitung: Manfred Josuttis, Religion als Handwerk. Zur Handlungslogik spiritueller Methoden, Gütersloh 2002, 161-175; ders., Segenskräfte. Potentiale einer energetischen Seelsorge, Gütersloh 2000, bes. 94 ff.

und gelassenen Sterbens. Der aaronitische Segen ist ein solches erfahrungs-getränktes Lebens- und Sterbenswörtchen, ähnlich wie manche Psalmen, etwa der 121. Psalm. Entsprechend verhält es sich mit den Segensgesten. Auch sie bedürfen der Einübung und Erfahrung, wollen sie tröstlich und befreiend sein und nicht peinlich berühren, verunsichern oder gar be-klemmen.

Für ein als *ars moriendi* verstandenes *Segnen des Zeitlichen* und einen ihm korrespondierenden Sterbesegen geht es aber über das Erlernen des Seg-nens als eines Mund- und Handwerks hinaus zugleich um so etwas wie die Einübung in eine Grundhaltung, eine lebensförderliche Orientierung des Alltags. Was ich damit meine, möchte ich auf den Satz bringen: »Nur wer die Zeit segnet, vermag auch das Zeitliche zu segnen.« Oder anders formu-liert: *Das Zeitliche zu segnen lernt, wer sich in einen sabbatlichen Lebensrhyth-mus einübt.* Die Schöpfungserzählung zu Beginn der Bibel kennt nicht nur den Segen Gottes über die Tiere und über die Menschen, sondern auch ein Segnen der Zeit, genauer: ein Segnen des siebten Tages:

Und Gott hatte vollendet am siebten Tag sein Werk, das er gemacht,
und er ruhte am siebten Tag von all seinem Werk, das er gemacht.
Und Gott segnete den siebten Tag und heiligte ihn,
denn an ihm ruhte er von all seinem Werk, das Gott geschaffen hatte,
um es zu machen (1Mose 2,2f.).

Aus dem linearen Fluss der Zeiten wird der Sabbat als Ruhetag, zunächst Gottes und dann auch der Menschen, ausgesondert und geseg-net. Im Dekalog, in den Zehn Worten, erhält das Sabbatgebot eine doppel-te Begründung. In 2Mose 20,8-11 wird an eben dieses Ruhen Gottes, an das Aufhören mit der Schöpfungsarbeit erinnert. Als Schöpfer ist Gott kein unermüdlicher, unersättlicher Macher. Gott kann das eigene Tun unterbre-chen, von der Arbeit ablassen. Dieser Ruhe Gottes sollen die Menschen ent-sprechen, in dem sie selbst ihre Arbeit ruhen lassen und den siebten Tag als Sabbat, als Ruhetag für ihren Gott begehen.

Gegenüber dieser schöpfungstheologischen Begründung im zweiten Mosebuch verbindet sich in 5Mose 5,12-14 das Sabbatgebot mit der Erinne-rung an den Exodus:

Beachte den Sabbattag, um ihn zu heiligen, wie dir geboten hat Adonaj, dein Gott.
Sechs Tage kannst du arbeiten und alle deine Werke tun. Aber der siebte Tag ist ein
Sabbat für Adonaj, deinen Gott, da sollst du kein Werk tun – du und dein Sohn
und deine Tochter und dein Knecht und deine Magd und dein Ochse und dein Esel
und all dein Vieh und dein Fremder, der in deinen Toren weilt, damit dein Knecht
und deine Magd ruhe wie du. Da sollst du bedenken, dass du Knecht gewesen bist
im Land Ägypten und dass Adonaj, dein Gott, dich von dort herausgeführt hat mit
starker Hand und ausgestrecktem Arm; darum hat dir Adonaj, dein Gott, geboten,
den Sabbattag zu halten.

In der Einhaltung des Ruhetages – so die befreiungstheologische Be-gründung – bewahrt und bewährt sich die Befreiung aus dem SklavInnenhaus. Nur wer die eigene Arbeit unterbrechen kann, wer von ihr ausruhen kann, versklavt sich nicht an sie. Dem Gott, dessen Gottsein in der Befreiungstat des Exodus gründet, entspricht der Mensch, der nicht unaufhörlich weiterarbeitet, der weder sich noch andere gnadenlos ausbeutet, sondern aufatmen kann und aufatmen lässt, sich und andere sein und leben lässt. Die Segnung und Aussonderung des siebten Tages rhythmisiert die Zeit, macht aus dem *Chronos*, der leeren, gleichgültig vergehenden Zeit, den *Kairos*, die erfüllte Zeit. Als Ruhetag ist der Sabbat nicht nur die Vollendung des Alltags, sondern auch ein Fest der Freiheit. Die gesegnete Zeit des Sabbats macht den Alltag allererst fruchtbar.

In der Praxis des Sabbats lässt sich das Aufhören- und Loslassen-Können erlernen, denn sie unterbricht den Zwang, immer *weiter* machen und immer weiter *machen* zu müssen. In der Wahrnehmung der gesegneten Zeit des Ruhetages bricht so *mitten im Leben* die Möglichkeit auf, *angesichts des Todes* das Zeitliche zu segnen, d. h. bereitwillig und freudig, zufrieden und vergnügt aufhören und loslassen zu können, es sich mit dem Getanen und Erreichten genügen zu lassen. Vielfach – so scheint mir – ist die entscheidende Frage heute nicht:»Was sollen wir tun?«, sondern:»Was müssen wir lassen?«Das Zeitliche segnen, heißt, es zu lassen, es los und sein zu lassen und es damit anderen zu überlassen, ihnen von Herzen und mit Freuden zu gönnen. Das, was Gott gut geheißen hat und was Gott gut machen wird, *ist* gut. Lassen auch wir es *gut* sein!

Ewigkeitssonntag

Fest der Gemeinschaft von Verstorbenen und Lebenden[1]

I. Hoffnung verantwortlich bewähren

Nach 1Petr 3,15 sollen ChristInnen allezeit bereit sein zur Verantwortung gegenüber allen, die sie nach dem *Grund*, ja der *Logik* ihrer Hoffnung fragen. Christliche Hoffnung ist nicht unvernünftig, nicht boden- und haltlos, nicht sprachlos. Ihr eignet eine spezifische Rationalität. Sie hat ein Fundament, auf dem sie steht. Sie kann zur Sprache, gar auf den Begriff gebracht werden und sucht nach ihr entsprechenden Ausdrucks- und Lebensformen. Nirgendwo bedrängt die Fraglichkeit der Hoffnung uns so sehr wie an der Grenze, die der Tod, der letzte Feind Gottes und des Menschen, zieht. Es ist ja nicht wenig, wenn wir mit der Weltweisheit bekennen: »Die Hoffnung stirbt zuletzt.« Und keine/r sollte das gering schätzen. Doch christlicherseits zu verantworten wäre eine Hoffnung, die nicht stirbt, weil sie sich aus der Gewissheit nährt, dass der *Tod* selbst getötet ist und werden wird (1Kor 15,55-57.26; Offb 20,14; 21,4). So sind die Wochen am Ende des Kirchenjahres eine *Hoffnungszeit* par excellence. Aber diese Hoffnung haben *wir* nur in irdenen Gefäßen, nur unter eschatologischem Vorbehalt. Ihre *Bewahrheitung* durch Gott selbst steht aus. Was *wir* hier und heute nicht bewahrheiten können, weil dies allein *Gottes* Tat sein kann, ist uns jedoch zur *Bewährung* aufgegeben. Bewährung ist der menschenmögliche und gebotene Umgang mit der uns anvertrauten Wahrheit, auch und gerade der Wahrheit unserer Hoffnung.

Von einem liturgischen Experiment, die Hoffnung auf die Gemeinschaft zwischen Verstorbenen und Lebenden im Rahmen eines Gottesdienstes zum Ewigkeitssonntag zu bewähren, berichtet dieser Beitrag. Und er versucht, den von Gott gelegten Grund dieser Hoffnung zu verantworten und damit zugleich theologische Rechenschaft über die getroffene liturgische Entscheidung abzulegen. Die der christlichen Hoffnung entsprechende Rationalität ist eine *responsive*. Sie trägt *Antwort*charakter.

---

1 Erstveröffentlichung in: Zeitschrift für Gottesdienst und Predigt 24/4 (2006), 10-13 (geringfügig erweitert). Bertold Klappert hat mich darauf aufmerksam gemacht, dass der christlichen Hoffnung in Gestalt der individuellen Eschatologie nicht die Rede von den Toten, sondern von den »gestorbenen Lebenden« entspricht. Darum ist von den »Toten« hier nur in Anführungszeichen die Rede.

II. »Toten«gedenken am Ewigkeitssonntag

Ein konstitutives liturgisches Element der Gottesdienste am *Ewigkeitssonntag* ist die Verlesung der Namen der im Laufe des Kirchenjahres verstorbenen Gemeindeglieder. Mit dieser *Namenlitanei* dokumentiert die Gemeinde ihre Solidarität mit den Menschen, die um ihre »Toten« trauern, und erinnert zugleich die Lebensgeschichten der Verstorbenen, sind doch Eigennamen verdichtete Biographien. Die liturgische Namenlitanei ist ein Gedenken der »Toten«, in dem diese selbst *lebendig* bleiben. Nur wer vergessen wird, ist tot – eine anamnetische Anthropologik, die auch so manchem Versprechen in Todesanzeigen und Nachrufen zugrunde liegt! Die Gemeinschaft zwischen Verstorbenen und Lebenden wird so allein von den *Lebenden* wahrgenommen. Welch' eine ungeheure Verantwortung der Lebenden für ihre »Toten«! Und wenn wir sie doch vergessen oder ihrer nicht gedenken wollen oder können?!

Nun ist aber die Wendung vom »Gedenken der Verstorbenen« sprachlich ein doppelter Genitiv, den wir nicht vorschnell einseitig auflösen sollten. »Gedenken der Verstorbenen«: Unter den Lebenden wird der »Toten« gedacht *und* die »Toten« selbst gedenken der Lebenden. Könnte nicht eine Entlastung unseres Gedenkens (nicht vom Gedenken!) in der Einsicht liegen: Die Verschiedenen sind nicht deshalb nicht tot, weil *wir* uns *ihrer* erinnern, sondern weil *sie* nicht tot sind, können sie *unser* bei Gott gedenken?! Haben wir Grund, so zu hoffen? Kann die Gemeinschaft von Lebenden und »Verstorbenen« als eine *gegenseitige* verstanden werden? Und wie gewinnt diese Hoffnung, die nicht nur Hoffnung *für*, sondern *mit* den Verstorbenen ist, am Ewigkeitssonntag Gestalt?

III. Ver-rücktes Sendungslied

»Zieht in Frieden eure Pfade. / Mit euch des großen Gottes Gnade
und seiner heilgen Engel Wacht! / Wenn euch Jesu Hände schirmen,
geht's unter Sonnenschein und Stürmen / getrost und froh bei Tag und Nacht.
Lebt wohl, lebt wohl im Herrn! / Er sei euch nimmer fern spät und frühe.
Vergesst uns nicht in seinem Licht, / und wenn ihr sucht sein Angesicht.«

Eg 258 ist von seinem ursprünglichen Sitz im gottesdienstlichen Leben her ein Sendungs- und Segenslied, das sich die Gemeinde zum Abschied zusingt, mit dem sie sich den Frieden Gottes auf den Wegen im Alltag der Welt wünscht und sich dem gegenseitigen Gedenken vor Gott, etwa in Gestalt der Fürbitte, anbefiehlt. Es ist ein Lied, in dem das PriesterInnentum aller Glaubenden Ausdruck findet. Ich habe diesem liturgischen Schlusslied einen anderen gottesdienstlichen Ort gegeben: Nach der Verlesung der Verstorbenen wurde die Gemeinde eingeladen, diese Strophe ihren zuvor beim Namen genannten Gestorbenen *zuzurufen*, wohlgemerkt nicht als *Nach*ruf *auf* die »Toten«, sondern als *An*ruf *an* die »Toten«.[2] Nach der Me-

---

2 Vgl. Magdalene L. Frettlöh, Engel sind Lebensbotinnen und Lebensboten. Gottes-

lodie von »Wachet auf, ruft uns die Stimme« (eg 147) gesungen, erklingt das Lied wie ein *Weckruf* an die »Toten« (oder gar der »Toten« an die Lebenden?). Wovon singt das an die Verstorbenen umadressierte gottesdienstliche Sendungslied? Welche Hoffnungen sprechen sich in ihm aus?

IV. Ewigkeit: nicht Ruhe in Frieden, sondern Leben zur Genüge

Da ist zunächst die Rede von dem, was die Gemeinde ihren Verstorbenen *gönnt*: nämlich einen Lebensweg »in Frieden«, in Schalom. Also kein »*Ruhe* in Frieden!*«, nicht die Vorstellung eines langen, gar ewigen Schlafes, sondern ein weiteres Auf-dem-Weg-Sein der Verstorbenen – hinein in die göttliche Lebensfülle. Die Gestorbenen sollen im Lebensraum der Gnade des groß(zügig)en Gottes *Leben zur Genüge* haben: Wo Scheitern war, wird Gelingen sein. Verkehrtes wird zurechtgerückt. Was versäumt wurde, kann nachgeholt werden. Abgebrochenes wird wieder aufgenommen. Fragmentarisches wird ganz. Schulden werden beglichen, Schuld vergeben. Verletzungen heilen. Angefangenes kommt zu einem guten Ziel. Die Verstorbenen werden in einem umfassenden Sinne von Gott nach dem Tod zurecht/zu ihrem Recht gebracht. Ihnen widerfährt *Genugtuung*. Gott hat eine eigene Geschichte mit ihnen. »Die Gestorbenen schlafen nicht, sondern sie wachen […], sie warten im offenen Zeit-Raum der Verheißung mit Abraham und Sara und in der Gemeinschaft Christi – wie Hebr 11 sagt – auf die Zukunft der Auferweckung aller Toten und auf das Leben der zukünftigen Welt Gottes.«[3]

Die durch den Tod Gegangenen stehen – auch das verbindet sie mit den Lebenden, die ihnen dies zusagen – unter dem Schutz Gottes, IHRER Engel und in der Obhut des guten Hirten. Die selbst ihre Verstorbenen nicht mehr begleiten können, befehlen sie der anmutigen Nähe Gottes und SEINEM Segen an. Sie sagen ihnen damit gleichsam *A-dieu*: »hin zu Gott!«[4] Die Gemeinde weiß ihre Verstorbenen nicht verlassen, sondern heilvoll geborgen unter der Wacht des achtsamen Gottes. Darum können die Lebenden ihnen buchstäblich *Leb*wohl sagen, sie loslassen und ihnen die *Vollendung* ihres

---

dienst zum Ewigkeitssonntag, in: Erhard Domay (Hg.), Gottesdienstpraxis. Reihe A: Volkstrauertag, Buß- und Bettag, Ewigkeitssonntag, Gütersloh 2006, 102-119, 115.

3 Bertold Klappert, Was dürfen wir hoffen, wenn wir hoffen dürften?, in: Deutscher Evangelischer Kirchentag Stuttgart 1999. Dokumente, hg. im Auftrag des Deutschen Evangelischen Kirchentages von Konrad von Bonin und Anne Gidion, Gütersloh 1999, 328-344, 336.

4 Siehe dazu Emmanuel Lévinas, Diachronie und Repräsentation, in: ders., Zwischen uns. Versuche über das Denken an den Anderen. Aus dem Französischen von Frank Miething, München/Wien 1995, 194-217, bes. Abschnitt 6: »A-Dieu: Hin zu Gott«. Jacques Derrida, Adieu. Nachruf auf Emmanuel Lévinas. Aus dem Französischen von Reinhold Werner, München/Wien 1999, 23. Vgl. ders., Den Tod geben. Aus dem Französischen von Hans-Dieter Gondek, in: Gewalt und Gerechtigkeit: Derrida – Benjamin, hg. von Anselm Haverkamp, Frankfurt a.M. 1999, 331-445. Dazu auch oben Text 7, Abschnitt V.

irdischen Lebens gönnen. Dabei mag auch dieser von göttlicher Hut umfangene Weg der Gestorbenen einer gewissen *Dramatik* nicht entbehren – wie kann die ausbleiben, wenn Gott auf unser irdisches Leben zurückkommt und uns mit ihm konfrontiert?! Es ist aber ein Weg in der denkbar größten Nähe dessen, der auch auf Erden die Kirche erhält, begleitet und lenkt: »Lebt wohl, lebt wohl *im Herrn* ...«. Die Verstorbenen leben – *in Christus.*

V. Die Verstorbenen gedenken der Lebenden – bei Gott!

Eben weil die Verstorbenen *in* Christus leben und weil sie in Christus *leben*, darum sind sie hellwach und können ihrerseits derer gedenken, die auf Erden zurückgeblieben sind: »Vergesst uns nicht in seinem Licht, und wenn ihr sucht sein Angesicht.« Nicht von ungefähr hat Dietrich Bonhoeffer die Worte des aaronitischen Segens vom leuchtenden und freundlich zugewandten Angesicht Gottes als Band zwischen Lebenden und Verstorbenen interpretiert.[5] Ihrerseits im Licht Gottes stehend, werden die Verstorbenen gebeten, jene in Erinnerung zu bringen und Gottes Glanz auf sie zu lenken, die auf Erden in manchem Dunkel tappen und allemal viel Zwielichtigem ausgesetzt sind und darum der erhellenden göttlichen Klarheit bedürfen. In ihrem Nicht-Vergessen der noch in irdischen Verhältnissen Lebenden nehmen die in Christus lebendigen »Toten« einen *priesterlichen* Dienst an uns wahr. Das als Anruf an die Verstorbenen neu verortete Sendungslied zielt so verstanden auf ein *wechselseitiges Gedenken* und eine *gegenseitige Tröstung* der Lebenden und der Verstorbenen.[6] Auf diese Weise verbindet es Menschen diesseits und jenseits der Todesgrenze in einer »Hoffnungsgemeinschaft«[7], einer »Weggemeinschaft und Unterwegsgemeinschaft«[8].

Wie lässt sich diese liturgische Verrückung eines Sendungsliedes theologisch verantworten? Auf welchem Grund steht die Hoffnung, die sich in ihr ausspricht?

---

5 Siehe Dietrich Bonhoeffer, Konspiration und Haft 1940-1945 (DBW 16), hg. von Jørgen Glenthøj u.a., Gütersloh 1996, 350f.; dazu: Magdalene L. Frettlöh, Theologie des Segens. Biblische und dogmatische Wahrnehmungen, Gütersloh ⁵2005, 208-214.

6 Wenn Bertold Klappert den Dienst der Verstorbenen an den Lebenden einseitig betont: »Nicht wir hoffen für die Gestorbenen, sondern sie hoffen für uns. Nicht wir müssen ihre Gegenwart suchen, sondern sie sind uns in Christus gegenwärtig. So sind auch die in Rauch und Asche verbrannten jüdischen Menschen in die Abraham- und Sara-Gemeinschaft hinein versammelt« (Was dürfen wir hoffen, 336f.), dann geht es ihm um den größtmöglichen Trost, gerade auch im Blick auf das gewaltsam abgebrochene Leben von Menschen, und um die Abkehr überkommener Vorstellungen wie jener von körperlosen Zwischenzuständen der Seele, vom Seelenschlaf oder von der Auferstehung im Tod.

7 Jürgen Moltmann, Im Ende – der Anfang. Eine kleine Hoffnungslehre, Gütersloh 2003, 131 u.ö.

8 B. Klappert, Was dürfen wir hoffen, 337.

VI. Hoffnungs-Logik: die Öffnung der Zeiten in der Auferweckung des Gekreuzigten

Die wechselseitige Gemeinschaft von Verstorbenen und Zurückbleibenden setzt eine *Gleichzeitigkeit* beider voraus. Es ist die Gleichzeitigkeit von Gottes *Eigenzeit*, der *Ewigkeit* als Fülle der Zeit, mit jeder unserer *Gegenwarten*. *Chronologisch*, im Sinne eines linearen Zeitverständnisses mit der unumkehrbaren Abfolge von Vergangenheit, Gegenwart und Zukunft, ist dies nicht zu denken.»Immer ist die leere Zeit / hungrig / auf die Inschrift der Vergänglichkeit«.[9] Das Wesen des Chronos, der messbaren, berechenbaren Zeit ist ihre Unumkehrbarkeit, ihr unaufhaltsames Verrinnen. Die Gleichzeitigkeit von Verstorbenen und Lebenden lässt sich nur *kairologisch* denken und hoffen: als Einbruch der Ewigkeit Gottes, die nicht nur die Leere unserer homogenen Zeit füllt und jeden Augenblick unverwechselbar und einzigartig macht (vgl. Gal 4,4), sondern auch das Vergangene nicht einfach vergangen sein lässt. In der Auferweckung des Gekreuzigten hat Gott mit der Entmachtung des Todes auch die gegeneinander abgeschlossenen Gezeiten füreinander geöffnet. Ostern ist ein Ereignis auch *an* der Zeit, indem die Zeit selbst aus ihrer Todesverfallenheit befreit wird:»Jesus ist der Mensch, dem Gott alle Zeiten sperrangelweit geöffnet hat.«[10] Darum ist Jesus derselbe zu allen Zeiten (Hebr 13,8). Marquardt spricht von der »*zeitzentrierende*[n] *Kraft Jesu*, der in sich die Zeiten zusammenzuhalten vermag, in dem sie darum die ihnen eigentümliche Macht verlieren: ihre *Fliehkraft* und so ihre auseinanderreißende und zerstörende Gewalt«.[11]

Der Tod hat seine Macht auch über die Zeit verloren. Wo aber die Gezeiten füreinander offen stehen, fällt Vergangenes nicht länger dem Vergehen und Vergessen anheim. Gott kommt auf unsere Vergangenheit(en) zurück. Wenn Gottes Ewigkeit uns entgegenkommt (Zukunft als *Advent*, nicht als *Futur!*), werden uns die *in Christus* lebenden Verstorbenen gleichzeitig.

»... hinabgestiegen in das Reich des Todes« – präludiert wird die in der Auferweckung des Gekreuzigten sich ereignende Öffnung der Zeiten durch die (räumlich vorgestellte) Gegenwart Christi bei den »Toten«. Im Bekenntnis zum Abstieg des gekreuzigten Gottessohnes in das Reich des Todes, dem uns so unverständlich gewordenen Satz unseres apostolischen Glaubensbekenntnisses, liegt ein deutlicher Hinweis auf die Macht Christi in Gestorbenen und Lebenden (vgl. Röm 14,9), die beide auch untereinander verbindet. Im Weg des Gekreuzigten zu den »Toten« geht das Heilsereignis seines Todes über die stellvertretend sühnende Lebenshingabe hinaus: Als »*Bruder der Toten*«[12] gibt der Gekreuzigte den Verstorbenen An-

---

9 Nelly Sachs, Späte Gedichte, Frankfurt a. M. 1965, 180.
10 Friedrich-Wilhelm Marquardt, Das christliche Bekenntnis zu Jesus, dem Juden. Eine Christologie. Bd. 2, München 1991, 287.
11 Ebd., 284.
12 Jürgen Moltmann, Der Weg Jesu Christi. Christologie in messianischen Dimensionen, München 1989, 213.

teil an der göttlichen Lebensfülle und erschließt ihre Vergangenheit für Gottes Zukunft.

Lässt sich dieses *Leben* der »Toten«, das allererst eine Gemeinschaft zwischen Lebenden und Verstorbenen möglich macht, noch näherhin verorten?

VII. Hoffnungsgemeinschaft als *Leibgemeinschaft*

»Lebt wohl, lebt wohl *im Herrn*!« Bis zur Auferweckung aller leben die Verstorbenen »in Christus«, im *Leibraum* des Christus. Es käme darauf an, die paulinische Metapher vom Leib Christi nicht auf die irdische Gemeinde zu beschränken. Die Gemeinschaft der Heiligen übergreift die Generationen, schließt die Lebenden mit den Verstorbenen zusammen. Sind aber auch die Verstorbenen Glieder am Leib Christi, dann sind sie nicht tot, sondern nehmen in Christus teil an seinem Auferstehungsleben, über das der Tod einfürallemal seine Macht verloren hat. Mehr noch: beziehen wir die christologisch-ekklesiologische Leibmetaphorik auf die Gemeinschaft von Verstorbenen und Lebenden, dann »bleiben auch die Verstorbenen am Aufbau des Leibes Christi beteiligt« – und zwar uns zugute, dann können »die Lebenden nicht zu den Verstorbenen [sagen]: Wir brauchen euch nicht«[13], dann sind sie beide aufeinander angewiesen.

Ob allerdings die Leibgemeinschaft von Verstorbenen und Lebenden in Christus eine direkte Adressierung der »Toten« ausschließt, weil die »Toten« von den Lebenden *geschieden* seien[14], ist mir fragwürdig. Wird damit nicht eine neue Apartheid in den Leib Christi eingetragen? Gewiss: Die in Christus lebenden Verstorbenen sind unseren Blicken, unserer Verfügung und unserem Zugriff heilsam entzogen. Diese Grenze gilt es ebenso zu achten wie die reformatorische Erkenntnis, dass es keine Bußleistung der Lebenden für die »Toten« geben kann, dass Gottes Gnade frei und bedingungslos ist und kein Mensch für sich oder andere das Heil *besorgen* kann. Doch der Leibgedanke impliziert die freie Kommunikation seiner Glieder (vgl. 1Kor 12,15f.). Die Einheit des einen Leibes wird gespalten, wo die Anrede an die Verstorbenen ausgeschlossen ist. Jene bewährt sich aber in der gegenseitigen Fürsorge der Glieder füreinander (V. 25). Die Verstorbenen sind buchstäblich *Ver*schiedene, aber nicht *Ge*schiedene!

Auf diesem Grund steht unsere Hoffnung, wenn wir unseren Verstorbenen zusingen: »Vergesst uns nicht in seinem Licht, und wenn ihr sucht sein Angesicht!« und der Ewigkeitssonntag zum Fest des Lebens mit den Verschiedenen wird, die – bei Gott! – in Christus *leben*.

---

13 Gregor Etzelmüller, Wo sind die Toten? Eine Spurensuche beim jungen Dogmatiker Karl Barth, in: Alles in allem. Eschatologische Anstöße. J. Christine Janowski zum 60. Geburtstag, hg. von Ruth Heß und Martin Leiner, Neukirchen-Vluyn 2005, 55-68, 67f.
14 So G. Etzelmüller, Wo sind die Toten?, 67.

Erev-Rav

ist ein Netzwerk europäischer Christen und Christinnen, die an einem gemeinsamen Gespräch über die Bedeutung der Bibel interessiert sind.

Der Name Erev-Rav geht zurück auf die hebräische Bibel. Er bezeichnet das „zahlreiche Menschengewimmel" nichtjüdischer Herkunft, das mit Israel aus der Unterdrückung zieht (Exodus 12,38). Der Name will diesen Aufbruch und die für die Kirche notwendige Weggemeinschaft mit dem jüdischen Volk in Erinnerung rufen. Er verweist auf eine Befreiungstheologie im Kontext Europas als Zielsetzung der Arbeit.

Neben der Herausgabe von Büchern führt der Verein internationale Bibelwochen durch. Er hat einen Frauenförderungsfonds und organisiert zwei Lehrhäuser.

Weitere Informationen unter:
Erev-Rav · Tel. & Fax 0581-77 666
www.erev-rav.de / erev-rav@t-online.de

Die Junge Kirche

✦ ist eine der ältesten theologischen Zeitschriften Deutschlands, in der Tradition der Bekennenden Kirche

✦ weiß sich der ökumenischen Losung „Gerechtigkeit, Frieden und Bewahrung der Schöpfung" verpflichtet

✦ ist dem christlich-jüdischen Gespräch und der feministischen Theologie verbunden

✦ erscheint vierteljährlich unter dem Dach von „Erev-Rav, Verein für biblische und politische Bildung e.V."

Ein Jahresabonnement der Jungen Kirche kostet 26 Euro.
Wir schicken Ihnen gerne ein Probeexemplar zu.

Erev-Rav
verlag@jungekirche.de
www.jungekirche.de

Die Bibel erzählt …

- ◆ stellt biblische Texte auf verständliche Weise vor,
- ◆ enthält Beiträge aus Judentum, Christentum, Islam, Kunst und Literatur,
- ◆ mit Beiträgen von u. a. Klara Butting, Marie-Theres Wacker, Rainer Kessler, Gesa Ederberg, Halima Krausen, Christoph Goldmann
- ◆ ist gebunden, farbig und preiswert,
- ◆ ist als Geschenkbuch sehr geeignet,
- ◆ kostet 11 Euro.

Bestellung:
Erev-Rav · Luisenstraße 54 · 29525 Uelzen
Telefon & Fax 05 81 / 77 666
erev-rav@t-online.de · www.erev-rav.de